PROFECÍAS DEL MUNDO Y LA IGLESIA: EL GRAN REINICIO DE DIOS

Desde diciembre de 2015 –
1 de marzo de 2024

Por Tiffany Root
y
Kirk VandeGuchte

Profecías del mundo y la Iglesia: El gran reinicio de Dios

Copyright © 2025 por Tiffany Root y Kirk VandeGuchte
Todos los derechos reservados.
Publicado por
Destiny House Publishing, LLC.
P.O. Box 19774
Detroit, MI 48219
inquiry@destinyhousepublishing.com
www.destinyhousepublishing.com
404.993.0830
Portada de Kingdom Graphic Designs
Esta obra no puede ser utilizada en ninguna forma ni reproducida por ningún medio, total o parcialmente, sin el permiso por escrito del editor o del autor. A menos que se indique lo contrario, todas las citas bíblicas son de la Nueva Versión King James (NKJV).

Las opiniones y puntos de vista expresados en este libro son los de los autores y no reflejan necesariamente los puntos de vista o posiciones de Destiny House Publishing, LLC ni de ninguna de las entidades que representan.

Impreso en los Estados Unidos.

ISBN: 978-1-963020-14-4

Nota de la traductora al español:
Estimados hermanos en Cristo:

Quisiera contaros cómo se llegó a realizar la traducción al español de los libros de MINISTERIOS BUSCANDO LA GLORIA DE DIOS (SGGM), tanto éste como los demás que se están traduciendo.

Como hermana en Cristo, y ante la dificultad de conseguir que me fueran remitidos los libros en versión original (inglés) a España, me puse en contacto con Ministerios Buscando la Gloria de Dios (SGGM) a fin de que me los hicieran llegar de otro modo y no a través de la página web. Ellos recibieron mi petición y oraron –como siempre hacen- y el Espíritu les dio la palabra "CONVERSION", que curiosamente es igual en español, y me preguntaron por la posibilidad de traducir los libros al español. Al consultarlo yo misma con el Espíritu me llevó al significado epistemológico de la palabra CONVERSION. Lo siguiente, es lo que el Señor me dijo:

Cuando Tiffany y Kirk oraban por la traducción al español de los libros y palabras que Yo les he dado, les di la palabra "CONVERSION", y la di con una intención y un significado concreto: "CON" significa "juntamente" y/o "en unión con alguien" (conmigo), y VERSIÓN (acción de traducir o "modo que tiene cada uno de referir un mismo suceso"). Con ello quiero significar que las traducciones de Mis palabras han de hacerse "Junto conmigo", con Mi Espíritu, en trabajo conjunto, y no sin más, como una traducción normal más de cualquier otra cosa. De este modo se evitarán "desviaciones" o "versiones distintas" de mi Palabra que dan lugar a lo mismo que lo de "yo soy de Pablo y yo de Apolos", lo cual no deseo que ocurra nunca más.

Yo Soy El Camino y La (única) Verdad, y la Palabra de Dios. No hay otra ni debe haber otra "Versión" de lo que Yo Soy (Mi Carácter, mi personalidad, mi corazón y mi forma de comportarme). Aquellos que me conocen mejor, por cercanía y por relación conmigo, Son UNO conmigo, como MI ESPOSA será una conmigo. Estos primeros pasos en lo que es Mi RELACIÓN con mi verdadera Esposa, la que será sin mancha ni arruga, son cruciales y hemos de recorrerlos juntos, caminando juntos como Enoc caminó conmigo antes de ser llevado conmigo para la eternidad.

Tenemos mucho trabajo por hacer, pero no preocuparos, pequeña manada, porque no lo haréis en vuestras fuerzas, sino CONMIGO, pues UNO (EN UNIÓN) seremos en todo.

Ahora es el momento en que los pueblos del mundo deben verme y conocerme tal y como soy realmente, pues he dicho - y se hará- que El Mundo me verá y todo el Mundo se llenará del conocimiento de la Gloria de Dios, como las aguas cubren el mar. No habrá más velos, ni más secretos (excepto los que el Padre se reserva en cuanto a tiempos y acciones y sucesos determinados) ni interpretaciones (y mal interpretaciones) acerca de mí y de cómo Yo Soy por boca y mano de los autodenominados "pastores" o «predicadores» a los que yo realmente no llamé. He dado a la Iglesia (y, por consiguiente, al Mundo) mis dones (los cinco ministerios) y lo que espero de ellos es que me muestren al mundo tal cómo Yo Soy, ya que soy Amor, y amé y amo tanto al mundo que me entregué en sacrificio por ellos. He puesto en ellos mi corazón e incluso mis ojos, para que puedan verme y ver a los demás como yo los veo. Dentro de muy poco tiempo, Me derramaré sobre ellos. Sí, como he dicho, sobre todos aquellos que quieran ser portadores de Mi Gloria. Pero Mi Gloria conlleva un "extra" de responsabilidad, porque incluso Mi Autoridad hay que saber llevarla y ejercerla, con mano de hierro, sí, pero también y siempre con amor y delicadeza, por vuestro bien y por el de los que os rodean. Esa "prudencia" que habéis de tener y guardar está siendo enseñada por mí a cada uno de mis escogidos, porque Yo escojo a los míos. Esa prudencia no es falta de valentía, porque Fe es Riesgo, y Fe necesariamente ha de haber para poder agradarme."

Maria José Candreu

Profecías del Mundo y de la Iglesia: El Gran Reinicio de Dios

TABLA DE CONTENIDOS

Introducción 1

2015-2019

El Fin de ISIS - Diciembre de 2015 4

    Mujer En La Corte Suprema – 27 De Septiembre De 2018 4

    Partido Demócrata. Pocos y Débiles – 5

    1 de noviembre de 2018 5

    La Iglesia como Elí e Hijos – 22 de noviembre de 2018 6

    Ángeles que Vienen del Este – 7 de diciembre de 2018 6

    Aumento del Conocimiento Revelador Entre el Pueblo de Dios - 21 de diciembre de 2018 7

    Los Falsos Maestros Y Profetas En La Iglesia Pierden Poder – 13 De Junio De 2019 8

    Visión viniendo a Jesús como un Niño – 15 de junio de 2019 .. 9

    Las Profecías De Destrucción No Son Definitivas – 24 De Junio De 2019 10

    El Redoble de la Profecía Religiosa – 10

    27 de junio de 2019 10

    Profecía para 2020 – 9 de diciembre de 2019 12

2020

Deja el Intelecto y Adéntrate en lo Profundo – 17 de enero de 2020 14

    Línea Divisoria entre Aquellos a Quienes cl Señor Ama y Aquellos que Han Atraído Su Ira – 4 de febrero de 2020 15

La Ira de Dios y Cómo Está Levantando a Otros Como Trump – 11 de febrero de 2020 16

Palabra de juicio sobre el coronavirus – 15 de marzo de 2020 18

Profecía del Movimiento de Mil Millones de Jóvenes – 15 de Marzo de 2020 19

Visión de Jesús como Hermano Mayor –17 de Marzo de 2020 19

Sueño sobre la Vacuna contra el Coronavirus– 22 Marzo de 2020 20

Profecía sobre que el Coronavirus Alcanza Su Límite – 24 de Marzo de 2020 21

Saludo del SEÑOR – Alza Tus Ojos – 22

26 de Marzo de 2020 22

!Regocijaos¡ ¡La Justicia está en Camino¡ – 23

1 de Abril de 2020 23

La Sacudida se Prolonga. – 3 de Abril de 2020 23

Trump Señala el Fin del COVID – 4 Abril de 2020 24

Conoce a Jesús como YO SOY – 6 Abril de 2020 24

Palabra Profética: El Temor de Dios – 9 Abril de 2020 25

Cómo Surgirá la Iglesia de los Últimos Días – 27

17 Abril de 2020 27

No Habrá Recesión Económica – 25 Abril de 2020 27

Trump Jugará Sabiamente Su Carta Ganadora – 29 de Abril de 2020 28

Una Señal y Un Milagro – 29 de Abril de 2020 28

El Ángel de los Vientos del Cambio – 10 de Mayo de 2020 ... 29

Profecías del Mundo y de la Iglesia: El Gran Reinicio de Dios

Vientos Del Cambio Ha Tomado La Mano Del Ungido Del Señor – 12 de Mayo de 2020 30

Cree Que Escuchas a Dios – Él Te Está Llamando A Cosas Que Nunca Has Imaginado – 17 de Mayo de 2020 31

Profecía. Las Puertas de Heichal (Hekhal) están Abiertas.– 19 de Mayo de 2020 32

Santos de los Últimos Días – La Trompeta Mormona ha Sido Eliminada – 5 de Junio de 2020 33

Vientos del Cambio Ha Comenzado Su Obra Y los Ángeles han sido Enviados – 9 de Junio de 2020 34

Los Ángeles Van a la Batalla y lo que Hace el diablo es Irrelevante – 15 de Junio de 2020 35

El Primer Contingente de Ángeles ha Llegado – Terremoto de Tulsa – 21 de Junio de 2020 36

Palabra Profética: 2020-2040 – 23 de Junio de 2020 36

Obediencia para Salvación – 25 de Junio de 2020 38

Cuando El Polvo se Asiente Por Segunda Vez– Profecía Haitiana – 28 de Junio de 2020 39

Jesús es Nuestro Descanso Sabático –30 de Junio de 2020 40

Una Visión de la Ciudad Santa – 5 de Julio de 2020 41

Visión de los Vientos del Cambio en el Cielo Medio 10 de Julio de 2020 43

Profecía de la Carta de Triunfo – 31 de Julio de 2020 44

No Seáis Engañados Acerca de Los Tiempos del Fin. – 7 de Agosto de 2020 45

Profecía sobre el Segundo Disparo que se Escuchó en Todo el Mundo – 5 de Septiembre de 2020 46

7 Años y 7 Años – 9 de Septiembre de 2020 47

Sueño: Despertando en Primavera –26 de Septiembre de 2020 48

El Señor Está Poniendo Su Dedo en la Balanza de Justicia –16 de Noviembre de 2020 48

Visión del Tren de Trump – Parte 1 – Cine – 49

27 de Noviembre 2020 49

Posicionamiento en Diciembre de 2020 – 7 de Diciembre de 2020 51

Trump Envalentonado y lleno del Espíritu Santo – 12 de Diciembre de 2020 52

El Tren de Trump – Parte 2 –Amor y Justicia – 13 de Diciembre 2020 52

2021

2021 Año del Gran Reinicio – 1 de enero de 2021 54

Pueblo Mío ¿Estáis Ya Cansados de Ganar? – 3 de Enero de 2021 55

Algo en Georgia a Tener en Cuenta – 5 de Enero de 2021 56

Salmo 34. Instrucciones a la Iglesia – 10 de Enero de 2021 .. 56

Los Fieles reciben las Llaves del Reino de Dios – 14 de Enero de 2021 58

¿Está tardando demasiado lo de Trump? – 21 de Enero de 2021 59

Los Profetas Darán un Suspiro de Alivio – 25 de Enero de 2021 60

La Tierra Temblará en D.C. – 27 de Enero de 2021 60

Cómo son Dadas las Palabras Proféticas - Cadena de Montaje – 28 de Enero de 2021 61

Los Justos Cosecharán los Frutos – Recompensa Rápida y Severa – 5 de Febrero de 2021 62

Las Arenas del Tiempo – El Anillo del Sello del Espíritu Santo – 9 de Febrero del 2021 64

El Señor está Tratando con el Sistema Mundial – 20 de Febrero de 2021 66

Águilas a Punto de Emprender el Vuelo – 26 de Febrero de 2021 66

Alegraos de los Juicios y las Bendiciones incluso en los Años de Escasez – 2 de Marzo de 2021 69

Trump Puesto en Su Legítimo Lugar y Empuñará la Espada de Justicia – 6 de Marzo de 2021 70

Visión de la Máquina del Tiempo – 9 de Marzo de 2021 72

Como Nabucodonosor, Biden Siempre Llevará el apodo de Lunático – 16 de Marzo de 2021 73

La Bondad de Dios – 18 de Marzo del 2021 74

¡Ahora Brota! – 22 de Marzo de 2021 76

La Fe ve más allá de lo Temporal y es Obediente hasta el Final – 23 de Marzo de 2021 76

Profecía: Es hora de Abandonar Sitim – 14 de Abril de 2021. 77

Profecía sobre la Iglesia según el Ejemplo de Jesús. – 17 de Abril de 2021 81

El Tiempo de los Apóstoles – 23 de Abril de 2021 83

¿Dónde está Joe Biden? Y El Verdadero Estado Profundo se vuelve contra la clase del "Medio". – 1 de Mayo de 2021 84

Sueño: El Gobierno Incrementa la Presión sobre la Vacuna – 5 de Mayo de 2021 86

Arenas del Tiempo – José hijo de Jacob – Guardando la Fe – Promesas en Promesas – 6 de Mayo de 2021 87

Ángel de los Vientos del Cambio Agitado – 16 de Mayo de 2021 88

Vientos del Cambio y la Caída de la Fachada – 23 de Mayo de 2021 90

Jesús Interviniendo en los Asuntos de los Hombres – 25 de Mayo de 2021 91

Iglesia en Casa Estilo Artesanal: –Abierta y Limpia – 27 de Mayo de 2021 92

Nubes de Ángeles – YO SOY Ganará por Completo – 1 de Junio de 2021 93

El Señor Enviando Legiones y Legiones de Ángeles y Su Recompensa – 5 de Junio de 2021 94

Visión de Estilo Artesanal 2 – Cómo Opera la Iglesia – 10 de Junio de 2021 95

Un Gran Engaño y Un Jubileo del Fin de los Tiempos – Parte 1 – 13 de Junio de 2021 97

Un Hedor y la Ira de Dios Arde con Fuerza – 17 de Junio de 2021 98

Un Gran Engaño, Como una Pluma Llevada por el Viento – Parte 2 – 24 de junio de 2021 99

El Señor está Haciendo Una Cosa NUEVA – 1 de Julio de 2021 100

Trump Administra Justicia – 2 de Julio de 2021 102

Cascada Empezando en Agosto de 2021 – 9 de Julio de 2021 103

Derribando el Sistema Mundial – 11 de Julio de 2021 105

Dios es Bueno – 20 de Julio de 2021 106

El Señor Espera Respeto para Su Ministerio Quíntuple, Especialmente para Sus Apóstoles – 27 de Julio de 2021 108

Horizonte de Sucesos – 30 de Julio de 2021 110

Visión de los Tribunales del Cielo – Jesús es el Evangelio 5 de Agosto de 2021 111

El Sistema Mundial Colapsando Por Ambos Extremos – 12 de Agosto de 2021 113

No Hay Temor en la Sabiduría de Dios – 12 de Agosto de 2021 114

Él Nos ha dado Gracia en Estos Tiempos – 19 de Agosto de 2021 115

El Tiempo del Señor – Decide Creer al Espíritu – 24 de Agosto de 2021 117

El Tren de Trump – Parte 3 – Abandonando la Estación – 27 de Agosto de 2021 119

Visión del Valle Fértil. La Prueba de los Santos – 31 de Agosto de 2021 120

Visión de un Vertedero de Basura– 7 de Septiembre de 2021 122

Tiempos y Épocas – 10 de Septiembre de 2021 123

Visión de los Barcos – Parte 1 – 19 de Septiembre de 2021 . 124

Visión de Jesús con Sus Ejércitos – 26 de Septiembre de 2021 126

Visión de los Barcos – Parte 2 – 7 de Octubre de 2021 128

Visión de los Barcos – Parte 3 – 11 de Octubre de 2021...... 130

El Señor se Establece en USA Y Otras Tierras – 19 de Octubre de 2021 131

Jesús con la Horquilla de Aventar –26 de Octubre de 2021 .. 133

Sueño: La Administración Trump Sube al Escenario – 27 de Octubre de 2021 133

Halloween Será un Fracaso – 29 de Octubre de 2021........... 135

¡Mirad hacia arriba! – 30 de octubre de 2021 135

Discernir el Tiempo de la Visitación del Señor – 6 de noviembre de 2021 y 3 de abril de 2019 137

La Cosecha del Fin de Los Tiempos – Mil Millones de Jóvenes – Primera Parte – 12 de noviembre de 2021 139

La Cosecha del Fin de los Tiempos – Mil Millones de Jóvenes – Segunda Parte – 18 de noviembre de 2021 140

Todo Gozo en vez de Miedo – 16 de noviembre de 2021 141

Todo Cambiando y los Impostores de la Casa Blanca Se Marchan – 23 de noviembre de 2021 143

Recuperación Ocurriendo Durante la Última Parte de la Sacudida – 30 de noviembre de 2021 145

El Sistema Médico – 2 de diciembre de 2021 146

¡Ya casi Ha Terminado!– 9 de Diciembre de 2021 148

Visión de Iglesias en Casa – Apóstoles y Nodos – 14 de Diciembre de 2021 149

¿Se Pondrá Mucho Peor? – 16 de diciembre de 2021 150

Sabiduría – No llaméis Falsos a los Profetas – 28 de Diciembre de 2021 152

2022

Vientos del Cambio: Destapando el Mal y El Juicio Venidero – 4 de enero de 2022 154

Sueño: El Lunático dice "Dennis". – 5 de Enero de 2022 155

Visión: Ángeles en la Sala De Guerra. – 11 de Enero de 2022 156

Dios no ha cambiado Su Opinión – 18 de Enero de 2022 158

Sueño: Trump Elegido como Líder Mundial – 18 de Enero de 2022 159

El Diablo Deseaba Ser Incluido – 20 de enero de 2022 160

El Espíritu de Vida Trae Sanidad – 25 de enero de 2022 161

La Entrada y la Salida – 1 de febrero de 2022 162

Poder pacífico: Fijaos en los Camioneros Canadienses – 12 y 15 de febrero de 2022 164

La Justicia de Jesús Salva al Mundo – 18 de Febrero de 2022 165

Tened Fe en las Cosas Más Grandes – 25 de febrero de 2022 167

Actores – 8 de Marzo de 2022 168

Profecía de la Bola de Nieve – 14 y 15 de Marzo de 2022 ... 170

Profecía del Big Bang – 17 de marzo de 2022 171

Visión del Lagarto en China – 18 de Marzo de 2022 171

Inteligencia Artificial– 1 de Abril de 2022 173

Última llamada del Pastor al Arrepentimiento – 7 de Abril de 2022 175

Lo Mejor de los Tiempos / Los Peor de los Tiempos – 8 de abril de 2022 176

Una Palabra Para las Naciones y la Iglesia – 13 de abril de 2022 177

Rapto: Explicación del Trigo y la Cizaña – 15 de abril de 2022 178

"Pastores" – 28 de Abril de 2022 180

"Pastores" Continuación…– 29 de Abril de 2022 181

Visión del Árbol de la Vida – 6 de mayo de 2022 182

Comunidad – Jesús es el Modelo – 7 de Mayo de 2022 187

Los Judíos Piden Señales y los Griegos Buscan Sabiduría – 13 de mayo de 2022 188

¡Tened fe! – 13 de mayo de 2022 190

La Verdad Abunda Más – 19 mayo 2022............................. 191

Una Palabra de Ánimo – 26 de mayo de 2022 192

¡Dadle a los Ángeles Algo con lo que Trabajar: Fe! – 28 de mayo de 2022 194

La Justicia Venidera – 31 de mayo de 2022 195

Amad como Ama Jesús – 3 de junio de 2022........................ 197

Todos están Luchando, pero la Palabra de Dios PREVALECERÁ – 14 de junio de 2022 199

La Biblia Contra Mi Iglesia – 20 de junio de 2022 200

El Espíritu derramado en mayor medida – 21 de junio de 2022 – 201

La Perspectiva – 24 de junio de 2022................................... 202

El Gusano ha Girado – 28 de junio de 2022 203

La Novia Guerrera – 6 de julio de 2022 205

El Mal Siendo Traído a la Luz – 8 de julio de 2022 206

Acoger un Movimiento del Espíritu de Dios: el Objetivo de SGGM – 21 de julio de 2022.. 207

Tres Ramas de Gobierno, Un Solo Espíritu – 17 de julio de 2022 209

Sueño: Ten Fe para Liberar a los Rescatados del Tráfico de Personas – 19 de julio de 2022 210

Visita a la Sala de Guerra – 21 de julio de 2022................... 211

Tiempo peligroso y confuso – 26 de julio de 2022............... 213

El Gran Reinicio se Adelanta: 11 de agosto de 2022 a las 11:00 a. m. 214

Vientos de Cambio: Vienen Grandes Cambios – 24 de agosto de 2022 216

Profecías del Mundo y de la Iglesia: El Gran Reinicio de Dios

Involución de la Tecnología – 31 de agosto de 2022 218

Tiempo y Tecnología – 9 de septiembre de 2022 220

Novia guerrera – Ejército del SEÑOR – 16 de septiembre de 2022 222

Palabra de juicio para los «Líderes» de las Naciones para el Año Nuevo Hebreo 2022 el 25 de septiembre de 2022 Dada el 23 de septiembre de 2022 224

Israel espiritual – Isaías 43 – 28 de septiembre de 2022 225

Trazando una Línea entre el Espíritu Santo y el Espíritu del Anticristo – 5 de octubre de 2022 228

¿Qué palabras proféticas provienen del Señor? – 14 de octubre de 2022 229

El Tiempo y lo Profético – 24 de octubre de 2022 231

El Comienzo del Juicio – 28 de octubre de 2022 232

Juicio para el Poder Judicial – 4 de noviembre de 2022 234

Una Reprimenda del Señor – 16 de noviembre de 2022 236

Fe para los Tiempos del Fin – 25 de noviembre de 2022 237

¡Despertad! Corred a la batalla – 9 de diciembre de 2022 239

Hecho en América – 10 de diciembre de 2022 241

Actualización de la Situación en la Sala de Guerra – 16 de diciembre de 2022 241

Visión de Kari Lake y Donald Trump Sosteniendo un Muro – 17 de diciembre de 2022 244

El Feroz Amor de Dios – 23 de diciembre de 2022 245

Movimiento de los Apóstoles – 23 de diciembre de 2022 245

Dios no ha Cambiado de Opinión (DJT y el Gran Reinicio de Dios) – 30 de diciembre de 2022 246

Por Tiffany Root y Kirk VandeGuchte

2023

Las cartas – 13 de enero de 2023 .... **248**

   Visión del Infierno – 20 de enero de 2023 249

   El momento se acerca – 27 de enero de 2023 250

   Decisiones Sobre las Bendiciones del Gran Reinicio – 3 de febrero de 2023 251

   La Separación se Encuentra en el Conocimiento de Cristo – 5 de febrero de 2023 253

   Su Gobierno y la Cosecha – 10 de febrero de 2023 254

   Visión de Manantiales en el Desierto, Guerra y Tierra Baldía – 24 de febrero de 2023 256

   La Ira del Señor se ha Despertado – 1 de marzo de 2023 258

   Los Apóstoles – 3 de marzo de 2023 259

   Los Enfermos y Débiles Espiritualmente – 3 de marzo de 2023 261

   Una Visión de los Apóstoles – 10 de marzo de 2023 262

   El Hedor de las Alimañas – 17 de marzo de 2023 264

   La Sala del Trono de Dios – 24 de marzo de 2023 265

   Atrévete a soñar (con Dios) – 24 de marzo de 2023 267

   Miedo y Alabanza – 31 de marzo de 2023 268

   El Gran Reinicio está Bien en marcha – 4 de abril de 2023 .. 270

   Una Petición del SEÑOR Para Juicio – 5 de abril de 2023 ... 271

   Planeta de Pergaminos – 7 de abril de 2023 272

   El Fin Está Cerca: Siente el Viento del Espíritu – 9 de abril de 2023 274

   Sueño: Mujeres Musulmanas Embarazadas del Evangelio – 9 de abril de 2023 274

Salmo 91 Hoy, 21 de abril de 2023 275

Ángel sobre Rusia – 28 de abril de 2023 278

Visión en Tiempo del Gran Reinicio de Dios – 12 de mayo de 2023 280

Departamento de Justicia de Trump 16 de mayo de 2023 284

Todos Esperando a los Apóstoles y Profetas – 17 de mayo de 2023 285

Todos Deben Elegir: el Árbol del Conocimiento del Bien y del Mal o el Árbol de la Vida – 19 de mayo de 2023 285

Sueño: Cura Fácil para Muchas Enfermedades – 24 de mayo de 2023 288

Visión de un Ritual en una Duna de Arena – 26 de mayo de 2023 288

El Sentido de la Vida – 27 de mayo de 2023 290

Pecado y Religión – 27 de mayo de 2023 291

El Gran Engaño – 2 de junio de 2023 292

Jezabel – 9 de junio de 2023 294

Misterio (y Palabra sobre los Tiempos del Fin) – 23 de junio de 2023 296

La Verdadera Iglesia – 30 de junio de 2023 298

Expectativas – 7 de julio de 2023 300

Trump juzgando como comandante en jefe – 7 de julio de 2023 301

Visión: Lágrimas de Sangre Sobre las Naciones – 14 de julio de 2023 302

Rescate de niños en Arizona – 21 de julio de 2023 303

Visión de Jesús con Cetro de Hierro y Dos Testigos – 28 de julio de 2023 305

Árbol del conocimiento, Iglesias y Sabiduría – 4 de agosto de 2023 307

El Ministerio Quíntuple Activo en Gobierno – 9 de agosto de 2023 308

El Trato – 11 de agosto de 2023 309

La Plomada y el Cetro de Hierro – 18 de agosto de 2023 311

Tomad Vuestra Autoridad – 25 de agosto de 2023 312

Visiones del Gran Engaño – 1 de septiembre de 2023 313

Visión: Toda Autoridad en el Cielo y en la Tierra – 8 de septiembre de 2023 315

Año Nuevo – 5784 – 15 de septiembre de 2023 316

Sueño: Desconexión con el tiempo – 11 de octubre de 2023 318

Dominio sobre el Tiempo – 13 de octubre de 2023 319

África También es Mi Amada – 13 de octubre de 2023 321

Cuando el miedo habla – 17 de octubre de 2023 321

Advertencia para Posicionarte a Tí Mismo ante lo que Viene – 30 de octubre de 2023 323

El espíritu de la Ley – 3 de noviembre de 2023 324

Visión del Principio – 10 de noviembre de 2023 326

YO SOY Verdad – 17 de noviembre de 2023 327

2024: La transición – 24 de noviembre de 2023 329

La gente se Unirá en Masa a Las Fuerzas Armadas – 25 de noviembre de 2023 331

Kenia – 29 de noviembre de 2023 331

Los Cuatro Vientos – 1 de diciembre de 2023 332

Rapto para los Cobardes – 8 de diciembre de 2023 333

Visión del Universo y la Diversidad – 15 de diciembre de 2023 334

Mensaje de esperanza – 15 de diciembre de 2023 336

Relación con el SEÑOR – 22 de diciembre de 2023 337

El Juicio – 30 de diciembre de 2023 338

2024

Oraciones Respondidas en 2024 – 7 de enero de 2024 340

Inunda la Tierra con el Espíritu Santo – 4 de febrero de 2024 341

Palabra profética: Atajo – 23 de febrero de 2024 341

El Criterio del Juicio Contra los Malvados es el Mismo que se Aplicó a la Casa de Elí – 28 de febrero de 2024 343

Obediencia, NO sacrificio – No me persigáis – 1 de marzo de 2024 344

Biografía de los autores 347

INTRODUCCIÓN

Jesús dijo: «*Pero cuando venga el Espíritu de la Verdad, él os enseñará todas las cosas y os anunciará lo que ha de venir*» (Juan 16:13 NVI). Cuando el Espíritu Santo nos revela lo que ha de venir, se llama profecía. A veces lo hace a través de «palabras». Otras veces, nos da visiones y sueños.

A veces estas profecías son cosas por las que el Señor quiere que su pueblo ore o declare. Otras veces, las profecías son «grabadas en piedra (o inmutables)», por así decirlo. En otras palabras, definitivamente van a suceder sin importar lo que pase. Este libro contiene ambos tipos de profecías: aquellas por las que necesitamos orar y las que definitivamente sucederán o ya han sucedido.

Mientras lees, escucha la voz del Espíritu Santo. Pídele que lea contigo. Él dará testimonio de La Verdad porque es el Espíritu de La Verdad que nos guía a toda la verdad.

En una palabra profética dada el 12 de agosto de 2019, titulada «El fin está cerca y no muy lejos», el Señor comienza haciendo referencia a Apocalipsis 6:12-14 (NVI).

Observé mientras Él abría el sexto sello. Hubo un gran terremoto. El sol se volvió negro como un saco de cilicio, la luna entera se volvió roja como la sangre, y las estrellas del cielo cayeron a la tierra, como caen los higos tardíos de una higuera sacudida por un fuerte viento. El cielo se retiró como un pergamino que se enrolla, y todas las montañas y las islas fueron removidas de su lugar.

Entonces el Señor dijo: «*Kirk, el fin se acerca y no está tan lejos como algunos creen. A medida que se acerque ese día, mirad hacia arriba, porque vuestra redención está cerca. Algunos podrían decir que parece que tú y Tiffany habéis estado enseñando lo mismo una y otra vez, que es escuchar al Espíritu Santo. Sí, es como entrenar a un pony para que haga un solo truco. Pero pronto escuchar esto no será opcional, sino muy necesario. Vuestro enemigo lo sabe. ¡Alejaos del engaño! El engañador está trabajando duro y engañará a muchos creyentes experimentados. Con cada uno que crea sus mentiras, se envalentona y se fortalece, ¡y su furia contra aquellos que se mantienen firmes o que se apartan de sus mentiras es grande! Como he dicho, habrá una profunda oscuridad, ¡pero la luz vencerá a la oscuridad! ¡No temáis!*

Miradme a Mí para ver las señales. Os mostraré lo que está sucediendo en los cielos y en la tierra. Escuchad Mi voz. Yo no miento y no soy engañado. ¡Vuestra esperanza está solo en Mí! Poned a prueba Mis palabras entre vosotros, porque de lo contrario el engaño se cuela sin ser detectado, un poco aquí y un poco allá. Estad alerta. Ayudaos unos a otros. Los tiempos son malos, y el orgullo espiritual es una gran trampa del engañador. Por último, ¡No temáis nunca! YO ESTOY con vosotros y YO ESTOY a vuestro favor. ¡No podéis perder!

¡Amén y amén!

Algunas notas:

Algunas de las profecías que leeréis aquí también se pueden encontrar en nuestro libro "Profecías de Trump". Todos nuestros libros se pueden encontrar en Amazon.com buscando «Tiffany Root».

Las profecías están ordenadas según el orden en que las recibimos, comenzando en diciembre de 2015 y terminando a principios de marzo de 2024. El Espíritu Santo sigue revelándonos cosas por venir, que pueden encontrarse en formato de vídeo en nuestro canal de YouTube, Seeking the Glory of God Ministries, y en nuestro canal de Rumble, Seeking the Glory of God (Prophecies). Si te interesan los devocionales diarios, también tenemos dos canales devocionales: **SGGM DEVOTIONALS** en YouTube y Rumble. Estos devocionales son excelentes herramientas para el discipulado, ya que contienen revelaciones profundas.

Que el Señor te bendiga y te dé Su visión para el futuro mientras lees lo que Él ha profetizado sobre el mundo y Su iglesia. Amén.

Por Tiffany Root y Kirk VandeGuchte

2015-2019

El Fin de ISIS - Diciembre de 2015

Isaías 16:13-14

Esta es la palabra que el Señor ha pronunciado sobre Moab desde aquel tiempo. Pero ahora el Señor ha hablado, diciendo: «En tres años, como los años de un jornalero, la gloria de Moab será despreciada con toda esa gran multitud, y el remanente será muy pequeño y débil.

El Señor está diciendo que ISIS no será nada, o prácticamente nada, dentro de tres años a partir de diciembre de 2015.

*Esta profecía se cumplió. En el momento en que fue dada, Obama ocupaba la presidencia. Pero cuando Donald J. Trump asumió el cargo, acabó con ISIS, y en 2018 ya habían desaparecido definitivamente, o prácticamente.

Mujer En La Corte Suprema – 27 De Septiembre De 2018

El Señor me hizo leer (a Kirk) Jueces 4 sobre Débora. Creo que el Señor está trayendo a una mujer para que ocupe un puesto en la Corte Suprema de los Estados Unidos. No estoy seguro de si vendrá en lugar de Brett Kavanaugh o más tarde, después de él. (Esto fue durante el tiempo en que Brett Kavanaugh estaba siendo investigado para el Tribunal Supremo). Ella será una seguidora de Jesús y una profeta, y ocupará el cargo de profeta. Su nombre podría ser Débora, y dominará el Tribunal Supremo. Su ascenso a este cargo parecerá al de Débora en Jueces.

Partido Demócrata. Pocos y Débiles – 1 de noviembre de 2018

La misma Escritura que el Señor aplicó a Moab y al ISIS, también la aplicó al Partido Demócrata. Dijo que en un plazo de tres años a partir de noviembre de 2018 serían pocos y débiles.

*Esta profecía se cumplió. Aunque no necesariamente parecía que el Partido Demócrata fuera poco numeroso y débil en 2021, sabemos que lo era. Las elecciones de 2020 fueron robadas, no solo a Donald J. Trump, sino a muchos de los candidatos de MAGA, y las elecciones de 2022 fueron robadas a una escala aún mayor. Por ejemplo, en Michigan, la gente acudió en masa como nunca antes se había visto para deshacerse de una trifecta del mal, entre otras cosas que se votaban. Sin embargo, no solo una abrumadora mayoría de escaños pasó a ser «demócrata», sino que las tres propuestas malvadas en las papeletas «se aprobaron». Todo esto fue una completa mentira. El Estado profundo hizo trampa para conseguir lo que quería. En este ejemplo, se nos ha dicho durante mucho tiempo que Michigan es un estado demócrata, pero eso no es cierto.

Veremos que esta profecía se ha cumplido, cuanto más se revelen las cosas en el futuro.

La Iglesia como Elí e Hijos – 22 de noviembre de 2018

El relato de Elí y sus hijos en 1ª de Samuel es profético sobre la iglesia y sus líderes.

Ángeles que Vienen del Este – 7 de diciembre de 2018

El Señor dijo: «*Mira hacia el este*». Así lo hice. Él dijo: «*¿Qué ves?*». En realidad, no veía nada. Él dijo: «*Es el Ángel que viene sobre la estrella brillante en el este*». Así que miré de nuevo y vi una estrella brillante. Él dijo: «*He aquí que Él (Jesús) viene con sanidad en Sus alas y para hacer guerra contra las tinieblas de este mundo*». Yo dije: «*¿Cómo será esto, Señor? ¿Qué sucederá?*».

Él dijo «*Las líneas de batalla están trazadas y yo prevaleceré. ¡Mira hacia arriba! Vuestra salvación viene. ¡No desesperéis! Yo, el Señor, vengo con poder. No seré rechazado ni engañado, ¡y no cederé! He escuchado vuestras oraciones y obtendré Mi victoria*».

Puedo ver a los ángeles venir con sus espadas desenvainadas. Brillan bajo el sol de la mañana. Los ángeles están emocionados por la batalla, empoderados con nuevo poder y fe. ¡Ellos también han estado esperando <u>este</u> día!

¡También veo a los demonios con miedo! Se quejan y discuten con el Señor, quejándose de la injusticia y cualquier otro argumento que se les ocurre.

Aumento del Conocimiento Revelador Entre el Pueblo de Dios - 21 de diciembre de 2018

El joven Samuel ministraba al Señor delante de Elí. En aquellos días, la palabra del Señor era escasa; no había revelaciones generalizadas. » (1 Samuel 3:1).

«*Y sucederá en los últimos días, dice Dios, que derramaré mi Espíritu sobre toda carne; vuestros hijos y vuestras hijas profetizarán, vuestros jóvenes verán visiones, vuestros ancianos soñarán sueños*». (Hechos 2:17)

De estos dos versículos, el Señor Dios de todos dice: «*Eso fue entonces; esto es ahora*».

«*Pero tú, Daniel, cierra y sella las palabras del rollo hasta el tiempo del fin. Muchos irán de aquí para allá y (a través del rollo) el conocimiento [del propósito de Dios revelado por Sus profetas] aumentará [en gran medida]*» (Daniel 2:14, NVI/AMP).

El Señor dice que está aumentando el entendimiento, la sabiduría y el conocimiento entre Su pueblo.

«¡Conocimiento revelador! Llegará a través de los Apóstoles y los Profetas. **No** habrá otra fuente. Nunca antes ha ocurrido este derramamiento, y el mundo académico y la intelectualidad se quedarán horrorizados. Porque incluso los necios que creen les superarán fácilmente en ingenio. Habrá conocimiento y comprensión de cosas nunca vistas e imaginaciones de soluciones que solo yo, el Señor, podría conocer. ¡Entonces el mundo sabrá que «YO SOY» es el Señor!».

Los Falsos Maestros Y Profetas En La Iglesia Pierden Poder – 13 De Junio De 2019

Una palabra para Kirk y Tiffany, pero también para la iglesia en general.

«Porque con mentiras habéis entristecido el corazón de los justos, a quienes yo no he entristecido; y habéis fortalecido las manos de los impíos, para que no se aparten de su mal camino y salven su vida. Por lo tanto, ya no veréis más futilidad ni practicaréis la adivinación, porque yo libraré a mi pueblo de vuestra mano, y sabréis que yo soy el Señor». (Ezequiel 13:22-23)

«Kirk, solo quiero decir que hay falsos profetas y falsos maestros por todas partes. Sin embargo, tú y Tiffany no estáis incluidos en este grupo. Sé que ya lo sabéis, pero quiero dejarlo claro».

El Padre está diciendo cuánto daña Su corazón que se le represente erróneamente.

«Las mentiras individuales de la teología y la doctrina (religión) son muchas, y también hay quienes afirman que Me conocen, pero no es así. Pero el poder obliga a tomar una decisión, y en estos días de lluvia tardía, estoy derramando mi Espíritu para obligar a la gente a decidir. Se verán obligados a buscar al Dador, o en su orgullo, estarán separados para siempre. Y Estoy hablando especialmente de los líderes de la iglesia. YO ESTOY quitando el «poder» de sus mentiras. La lógica no tendrá sentido y la exageración quedará eclipsada por el poder real. Se levantarán

contra Mis verdaderos seguidores, e incluso los más débiles de Mi reino serán diez veces más fuertes que los más fuertes de ellos».

Visión viniendo a Jesús como un Niño – 15 de junio de 2019

Yo, (Kirk) estaba escuchando al Señor y pensando en cómo Tiffany había podido subir al trono de Dios. Le pregunté si yo también podía hacerlo. Entonces oí: «*Sube aquí*», y lo hice.

Me encontré de pie frente a una enorme pirámide, y delante de mí había una puerta. Parecía muy pesada y grande. Oí una voz como un trueno, que supe que provenía de un serafín. Dijo: «Pon una mano sobre tu corazón y la otra sobre la puerta, porque solo aquellos con un corazón puro pueden entrar».

Así lo hice. Puse mi mano izquierda sobre mi corazón y mi mano derecha sobre la puerta. Oí un ruido de pestillo y la puerta se abrió ligeramente. Era muy pesada y grande y se abrió con dificultad. Entré y delante de mí había una larga escalera. El techo de la escalera estaba inclinado, como si siguiera el contorno exterior de la pirámide. En lo alto podía ver una luz.

Subí y, cuando llegué arriba, había una especie de rellano, caminé un poco y luego giré a la derecha para entrar en una sala enorme. La sala estaba inundada de luz blanca y humo. Entré en ella y giré lentamente a la izquierda. Entonces vi a mi padre con Jesús a su derecha. Pensé en cómo otras veces que había estado en la sala del trono me había sentido tan reverente. Esta vez era diferente.

Lo único que se me ocurrió fue correr a toda velocidad, como un niño, hacia Jesús. Así lo hice, y salté a sus brazos. Él dijo: «Oh, qué bueno. ¡Has venido a mí como un niño!».

Las Profecías De Destrucción No Son Definitivas – 24 De Junio De 2019

«Entonces Dios vio sus obras, que se habían apartado de su mal camino, y se arrepintió del mal que había dicho que les haría, y no lo hizo» (Jonás 3:10).

El Señor dice: «Cuando mis profetas profetizan la destrucción, no es un caso cerrado. Al igual que en la época de Jonás, Yo observo para ver si las personas se apartan de sus malos caminos, y si lo hacen, puedo arrepentirme y no hacer lo que había amenazado. No traigo simplemente la destrucción sobre las personas. Primero reciben una advertencia».

El Redoble de la Profecía Religiosa – 27 de junio de 2019

Isaías 66:3b-5 (TNIV) *Han elegido sus propios caminos y se deleitan en sus abominaciones; por eso yo también he elegido un trato severo para ellos y les traeré lo que temen. Porque cuando llamé, nadie respondió; cuando hablé, nadie escuchó. Hicieron lo malo ante mis ojos y eligieron lo que me desagrada. Escuchad la palabra del Señor, vosotros que tembláis ante su palabra:*

vuestro propio pueblo, los que os odian y excluyen por causa de Mi nombre, han dicho: «¡Que el Señor sea glorificado, para que veamos vuestro gozo!». Sin embargo, serán avergonzados.

Jeremías 6:16-19 (TNIV) **Esto dice el Señor: «Poneos de pie en la encrucijada y mirad; preguntad por los caminos antiguos, preguntad dónde está el buen camino, y andad por él, y hallaréis descanso para vuestras almas». Pero vosotros dijisteis: «No andaremos por él». Puse centinelas sobre vosotros y dije: «Escuchad el sonido de la trompeta». Pero vosotros dijisteis: «No escucharemos». Por tanto, escuchad, naciones; vosotros, testigos, observad lo que les sucederá. Escucha, tierra: voy a traer desastre sobre este pueblo, fruto de sus planes, porque no han escuchado mis palabras y han rechazado mi ley.**

«Kirk, escucha el redoble de los tambores de los religiosos. Escúchalos hablar sin cesar sobre cómo han «descubierto» el camino correcto. Pronuncian grandes discursos y practican la forma «perfecta» de pronunciarlos. Sus ovejas están muy impresionadas con su dominio de la historia, la Biblia, el Hebreo y el Griego. Su hambre de más ovejas es insaciable, al igual que su deseo de más dinero, edificios más grandes y más programas. Sus largas y fluidas oraciones son como miel para los oídos de los oyentes; todas las palabras religiosas adecuadas se utilizan a la perfección. Sus voces retumbantes crepitan con audacia y autoridad, ¡hasta el punto de que incluso ellos creen que me conocen! Sin embargo, sus ovejas son débiles y no me conocen. Sus líderes me conocen aún menos. Los líderes y sus ovejas miran a su alrededor y ven el éxito tal y como lo mide el mundo. Ven lo que han construido con sus manos. Miran el lugar abarrotado que presiden o al que pertenecen y declaran con orgullo que Dios está con ellos.

Pero mi justicia será rápida, y nadie escapará de ella. Kirk, ora para que estos renuncien a su estúpido oro y su plata falsa, y se vuelvan de sus malos caminos y se humillen, para que puedan desear las verdaderas riquezas de Mi Reino. Para aquellos que no rectifiquen, el tiempo de su desastre está cerca y no esperará para siempre. Yo no seré burlado, ¡ni tampoco Mis elegidos! Yo se lo reembolsaré, dice el Señor. El tiempo de la lluvia tardía está aquí. Mi Espíritu se está derramando. ¡Oren por la lluvia tardía! Él caerá sobre todos los que estén dispuestos a llevarlo. La oscuridad aumentará, pero la Luz aumentará más. Aquellos cuyo enfoque está en la oscuridad serán vencidos por ella, pero aquellos que caminan en la Luz nunca estarán en la oscuridad. Por lo tanto, ¡dirijan su rostro hacia la Luz y no hacia la oscuridad! Si habéis muerto a la oscuridad, ¡nunca volveréis a morir! Si no es así, no habrá final para la muerte que sufriréis.

Profecía para 2020 – 9 de diciembre de 2019

El Señor dice que el año 2020 será un año de «desbloqueo», un año en el que se desbloquearán las cosas prometidas.

También será un año en el que se producirá un gran giro hacia la derecha, tanto que incluso algunos de los que están a la derecha se sentirán incómodos.

«¡Mi trompeta será desatada y ya no será restringida! En 2020 se decidirán las elecciones de 2024.

¡La gran cosecha del fin de los tiempos tendrá sus raíces en el año 2020! Comenzará la era de la juventud y, a medida que madure, será más grande de lo que la tierra haya visto jamás.

La era de la «iglesia» pronto será olvidada. De hecho, la «iglesia» tal y como es ahora será vista como un mal recuerdo, y los edificios que la albergan serán considerados monumentos a un sistema fallido. Las iglesias que sobrevivan serán consideradas parias, casas de necios. Sin embargo, ¡Mis gloriosos brillarán con un esplendor nunca antes visto!».

Por Tiffany Root y Kirk VandeGuchte

2020

Deja el Intelecto y Adéntrate en lo Profundo – 17 de enero de 2020

Jesús estaba enseñando junto al lago de Genesaret. Se subió a una de las barcas de Simón y enseñó desde allí.

Cuando terminó de hablar, le dijo a Simón: «Rema mar adentro y echa tus redes para pescar». Pero Simón le respondió: «Maestro, hemos trabajado toda la noche y no hemos pescado nada; sin embargo, por tu palabra echaré la red». Y cuando lo hicieron, pescaron una gran cantidad de peces, y la red se rompía. Entonces hicieron señas a sus compañeros de la otra barca para que vinieran a ayudarlos. Y ellos vinieron y llenaron ambas barcas, de modo que comenzaron a hundirse. (Lucas 5:4-7)

El Señor quiere que sepamos que Pedro, en este relato, aprendió que debía dejar de lado la lógica, la razón, la experiencia y también un intento fallido de pesca. Además, necesitaba adentrarse en lo profundo. Por supuesto, Jesús podría haber hecho lo mismo en aguas poco profundas, pero era necesario el esfuerzo adicional y la fe que ello requería. Pedro también pidió ayuda porque la bendición era más de lo que podía manejar.

Jesús nos está llamando ahora. Nos dice: «*¡Adentraos en lo profundo! Dejad la comodidad y la facilidad a las que os habéis acostumbrado. Encontraréis bendiciones más allá de lo que podéis imaginar en las aguas profundas. ¡Deseo bendeciros* *abundantemente, más de lo que jamás encontraréis en aguas poco profundas! Haced lo que os pido, en contra de vuestro «mejor» juicio, más allá de vuestras oraciones superficiales, más allá de la lógica y la razón. Dejad los amarres de la letra. ¡Atreveos a creer! ¡Yo no puedo resistirme a la fe! Puede que os parezca una locura y que requiera esfuerzo, pero estas cosas se olvidarán rápidamente en la gloria de las bendiciones que encontraréis en mí».*

Línea Divisoria entre Aquellos a Quienes el Señor Ama y Aquellos que Han Atraído Su Ira – 4 de febrero de 2020

Dios es celoso, y el Señor se venga;

el Señor se venga y está furioso.

El Señor se vengará de sus adversarios;

y Él reserva su ira para sus enemigos;

el Señor es lento para la ira y grande en poder,

y no absolverá en absoluto al impío...

¿Quién puede resistir ante su indignación?

¿Y quién puede soportar la fiereza de Su ira?

Su furia se derrama como fuego,

Y las rocas son derribadas por Él. (Nahúm 1:2-3a, 6)

El Señor me pregunta (a Kirk): «¿No es esto lo que tú y tu Apóstol queréis saber? Esta ira y este juicio son mi reputación, ¿no es así? Tú (Profeta) has dicho que Yo no estoy en el cielo con un rayo en *la mano listo para fulminar a alguien, y sin embargo, ¿no es esta Mi reputación? ¿No descansa Mi ira sobre aquellos que no reciben a Mi Hijo? Por lo tanto, hijo Mío, Mi ira está justificada. ¡Yo no cambio, dice el Señor!*

Sin embargo, Mi amor es infinito. ¡Porque aquellos que han vuelto sus corazones hacia Mí nunca morirán! Mi Hijo ha vuelto su afecto hacia ellos y los ama, y mi corazón siempre está por ellos y nunca en contra de ellos, porque aquellos que lo han recibido a Él son Míos.

En estos últimos días será mostrado a quién amo y también quiénes han atraído mi ira. No habrá ninguna duda sobre esto».

La Ira de Dios y Cómo Está Levantando a Otros Como Trump – 11 de febrero de 2020

El Señor dice que su ira se ha despertado como en los días de Isaías (Isaías 3). Le recordó a Kirk una ocasión hace varios años cuando le mostró Su ira. Como testigo de ese suceso, yo (Tiffany) puedo asegurarles que no fue una experiencia agradable para Kirk. Estaba visiblemente tembloroso y lloroso, y dijo que no quería volver a ver la ira del Señor nunca más.

Después de este recordatorio de Su ira, el Señor nos llevó a Isaías 11:11.

Y pasará en aquel día

que el Señor volverá a extender su mano por segunda vez

para recuperar al remanente de Su pueblo, los que hayan quedado,

de Asiria y Egipto,

de Patros y Cus,

de Elam y Sinar,

de Hamat y las islas del mar.

El Señor Dios dice: «*En Mi ira volveré a tratar con los que obran iniquidad, aquellos que rechazan a Mi Hijo. Y una vez más, también tendré misericordia y expresaré Mi amor y favor hacia aquellos que amo.*

Quiero que conozcáis los tiempos y las estaciones. Por lo tanto, abrid los ojos para ver e inclinad los oídos para oír. Observad a Mi ungido, el que siempre tiene Mi carta ganadora y la juega con sabiduría. Observad cómo esta fiesta está en sus primeras etapas. ¡Esperad a que se sirva el mejor vino más tarde! ¡Ved! La fiesta de bodas está en sus primeras etapas, la novia está siendo preparada y será presentada sin mancha ni arruga. El novio está listo y no se le hará esperar mucho más. Los enemigos de la novia y del novio están siendo empujados al exterior de la fiesta y serán marginados aún más. No les temáis. El único poder que tienen son las mentiras, el miedo y la intimidación. Su ira se volverá grande, pero en su frenesí por el poder y su ansia de relevancia, se devorarán entre ellos y se verán deserciones masivas. Recibid a sus desertores con amor, y ellos también serán amados por mí.

Hijo, el tiempo de la sacudida está cerca. Aquellos cuya base es la Roca se encontrarán sin miedo, incluso a la muerte, ¡porque ellos ya han muerto! Se encontrarán arraigados y cimentados en la palabra de Dios, nutridos por la Lluvia Tardía, y con los ojos puestos solo en lo alto.

Abrid vuestros ojos y oídos y prestad atención, porque Yo, el SEÑOR, tengo a otros a quienes he ungido, y ellos también se levantarán en sus países, y el patrón de Mi Trompeta se repetirá una y otra vez, mientras Mi pueblo, que es llamado por Mi nombre, sea vindicado y Mi ira sea satisfecha. Así sea, dice el Señor».

Palabra de juicio sobre el coronavirus – 15 de marzo de 2020

«Kirk, el coronavirus es un juicio del Señor. YO SOY no es el autor de enfermedad y muerte. Sin embargo, yo establezco los límites y la amplitud de todo lo que permito que suceda. Además, todos los que son Míos ya han sido juzgados como «en Cristo», y en la medida de su fe en lo que Él ha hecho por ellos, no serán juzgados (afectados por este juicio).

Así que, Tiffany, mira a tu alrededor y observa a los que están afectados. Verás a través de Mis ojos y pronuncia Mi juicio de vuelta a Mí, y así será.

Si alguno de vosotros oye algo diferente sobre esto, será una mentira. YO SOY no está diciendo nada diferente a nadie, y la mayoría no está escuchando nada.

Mis ungidos serán exaltados debido a cómo se distribuye esta enfermedad, y se verá claramente dónde está Mi favor. El fin de este juicio llegará tan rápido como su comienzo, y debido al miedo, algunos sufrirán grandes pérdidas, y otros que me miran a Mí serán bendecidos. YO SOY ha hablado».

Profecía del Movimiento de Mil Millones de Jóvenes – 15 de Marzo de 2020

Jesús me muestra (a Kirk) que la gran cosecha de mil millones de jóvenes ha comenzado. Cada acontecimiento mundial, el clima, cada enfermedad, cada fiel seguidor: todo contribuye a este acontecimiento.

"Ahora, observen cómo se construye un automóvil. Primero se fabrican los tornillos y pernos, luego se purifica el metal y se le dan las piezas necesarias. Estas piezas no se parecen en nada a un automóvil. Necesitan ensamblarse en perfecto orden para crear el molde y la forma deseados.

Las piezas del movimiento que será el movimiento de mil millones de jóvenes aún están en pedazos. Solo puedes reconocer e intuir cómo y qué formarán estas piezas. Esto es lo que ves en lo natural, pero le he mostrado a mi siervo Bob Jones Mi sueño, y ahora os he dado a ti y a Tiffany este mismo sueño. Nunca fue el sueño de Bob, ni tampoco es el vuestro. Es Mi sueño, ¡Y YO SOY os ha invitado a ambos a participar en él! ¡Por lo tanto, soñad Conmigo!"

Visión de Jesús como Hermano Mayor –17 de Marzo de 2020

Yo (Kirk) tengo una visión de Jesús de pie en la sala del trono. Me acerco a Él y lo rodeo con el brazo. Pensaba en Él como mi Hermano Mayor. Luego, retiro el brazo porque se me ocurre que Él es el Señor de todo, Dios, Salvador, Maestro, ¡y que no debería ser tan familiar e irreverente con Él!

Entonces se me llenan los ojos de lágrimas porque sí, Él es todo eso. Él es el Rey de TODO, pero también me ve como un hijo del Padre. Me ve como un amigo. Me ama y me llama a hacer lo que Él hizo en la tierra. ¡A ser Jesús en la tierra si eso fuera posible! ¡Y luego Él dice que haré MÁS de lo que Él hizo!

¡Él sabe quién es! Su señorío y su divinidad no se ven amenazados por mi deseo de ser como Él. De hecho, ¡a eso estoy llamado! A Jesús le entristece cuando retrocedemos porque nos han dicho que nuestra relación debe ser de una cierta manera. El mundo y la religión dicen: «Bueno, después de todo, tú no eres Jesús».

Por eso, Él nos llama a ser VALIENTES, a actuar como si fuéramos Cristo en este mundo. Como Él es, ¡somos nosotros en este mundo! El Señor dice: «¡*Vamos! ¡Deja de acobardarte y de ponerte límites! ¡Estás en Cristo! ¡Vive tu vida como Yo viví la Mía!*».

Sueño sobre la Vacuna contra el Coronavirus– 22 Marzo de 2020

Yo (Tiffany) soñé esta mañana que el gobierno de Estados Unidos estaba inyectando algo a la gente. Los estaba matando, volviéndolos locos y abriéndolos al enemigo. Yo era la única en mi sueño que no lo hacía (no me ponía la inyección). Vi por lo que la gente estaba pasando y no podía creer que tanta gente estuviera de acuerdo con eso. Incluso un profeta conocido lo estaba haciendo. Familiares cercanos lo hacían. No entendía por qué todos iban voluntariamente a ello. Es como si no fuera obligatorio, pero la gente lo hacía porque el gobierno quería que lo hiciera. Me enojé mucho con lo que el enemigo estaba haciendo pasar a la gente. Era como si los estuviera volviendo locos o algo así. Salí del edificio para orar y usar mi autoridad. Conocí a un hombre que también debía tener el Espíritu Santo porque escuchaba a Dios. Estaba hablando con él y paseando a mi nuevo perro (un perro grande de pelo corto).

Interpretación del Espíritu Santo:

El Espíritu Santo dice que este sueño es profético. El gobierno lanzará una vacuna contra el coronavirus, pero estará contaminada. Esto no será deliberado por su parte, pero cuando salga, debemos oponernos y advertir a la gente que no es bueno.

* Obviamente, este sueño se cumplió. Algunas personas con "autoridad" sabían que estaba contaminada y otras no. Resulta interesante que incluso el perro grande de pelo corto se hizo realidad, ¡y eso definitivamente no estaba previsto!

Profecía sobre que el Coronavirus Alcanza Su Límite – 24 de Marzo de 2020

"Kirk, mira a tu alrededor. ¡Mira al miedo! ¿Viste las fotos de quienes, presas del pánico, hacían fila en el supermercado Jenison Meijer? ¡Los estantes estaban completamente vacíos de producto!

Pero ¿dónde está el temor del Señor? ¿Dónde están los que permanecen juntos y se unen para orar? ¿Dónde está aquél que tiene fe?

Por tanto, valientes guerreros, ¡ahora es el momento, mientras aún se llama Hoy! Clamad, pedid, suplicad al SEÑOR vuestro Dios. Como dice: Mil caerán a tu lado y diez mil a tu diestra, pero a ti *no se acercará. ¡El Señor tu Dios te llama <u>a ti</u> a la acción ahora, hoy! Por lo tanto, ora como se te ha instruido y observa la mano del Señor mientras actúa a tu favor.*

Por tanto, ¡Ordena vida! ¡Tu Salvador es el Camino, la Verdad y la VIDA! Decláralo, da la orden, y saldrá de ti mientras hablas. Este juicio ha alcanzado su límite, Y YO SOY está llamando a la acción a quienes solo se inclinan ante Su nombre. ¡Alabado sea Aquel cuyos juicios son buenos y cuyas misericordias perduran para siempre! ¡Amén!"

Saludo del SEÑOR – Alza Tus Ojos – 26 de Marzo de 2020

"La gracia, la misericordia y la paz estarán con vosotros, de Dios Padre y del Señor Jesucristo, Hijo del Padre, en verdad y amor." (2 Juan 3)

¡Este es el saludo del Señor esta mañana! ¡El Señor está lleno de gozo esta mañana! ¡Él está impartiendo MÁS gracia a quienes están en la luz! ¡Sí, Él te ve! ¡Sabes quién eres! Él ve su gozo en ti. Él conoce tu corazón. ¡Te llama "la luz"! ¿Hay oscuridad en el mundo? Él pregunta porque, de lo contrario, "la luz" (sí, tú) ¡Podrías no darte cuenta¡.

La misericordia y la paz son tus tarjetas de presentación, y tú las repartes libremente ahora. Sí, te ves caminando como Él lo hizo. En tu despertar y siguiéndote siempre, están la Verdad y el Amor.

¡Ahora, alza la vista y recibe! ¡Vamos! Es hora de brillar con todo tu esplendor, ¡el mismo Hijo del Dios viviente viviendo en ti por su Espíritu! ¡No puedes evitar brillar! Alza tus ojos abatidos. Mira a

La Verdad. Mírale a Sus ojos. No puedes estar abatido. ¡Escucha Su voz y VIVE! Tú eres Suyo y Él es tuyo. ¡Eres CONOCIDO por Dios! ¡Amén!

!Regocijaos¡ ¡La Justicia está en Camino¡ – 1 de Abril de 2020

"Si alguno viene a mí y no aborrece a su padre, madre, mujer, hijos, hermanos y hermanas, y hasta su propia vida, no puede ser Mi discípulo... Así pues, ninguno de ustedes que no renuncie a todos sus bienes puede ser mi discípulo." (Lucas 14:26, 33 NVI)

"*Tiffany, siempre ha sido importante escuchar y seguir. Sé que ya lo entiendes. Los versículos sobre la horquilla de aventar hablan de los últimos días. (Jeremías 15:7, Mateo 3:12, Lucas 3:17, Isaías 41:16) Así que sí, limpiaré la era y recogeré el trigo. Yo también estoy separando el trigo de la cizaña."* El Padre dice: "*¡Amo a mi Hijo y amo a los suyos! La copa de Mi ira está a punto de desbordarse y pronto será derramada. Lo han rechazado a Él, por lo tanto a Mí, y la sangre de los santos clama a Mí cada minuto. ¡Mi ira y Mi justicia no esperarán para siempre! ¡Yo Soy Amor! ¡Regocijaos! ¡La Justicia está en camino!*"

La Sacudida se Prolonga. – 3 de Abril de 2020

El Señor dice: "*El COVID terminará tan rápido como comenzó. Sin embargo, la sacudida está tardando más de lo que se*

pretendía". (El contexto era que la gente no oraba con fe, sino con miedo).

Trump Señala el Fin del COVID – 4 Abril de 2020

Trump hará algo sorprendentemente audaz, incluso para él. Será cerca de la Pascua y marcará el fin de la pandemia de COVID-19

Conoce a Jesús como YO SOY – 6 Abril de 2020

En el primer capítulo de Apocalipsis, Jesús aparece entre los candelabros en toda su gloria. Con esta imagen en mente, nos dice que hasta ahora Él se nos ha aparecido tal como Él era en la tierra. Pero ahora se nos aparecerá tal como ES. Debemos preparar nuestras mentes y nuestros corazones para esto. Su aparición tal como Él es será, o podría ser, un momento muy aterrador para nosotros. Debemos tener presente que nada ha cambiado realmente; Él solo ha cambiado en apariencia.

"Kirk, no apareceré igual que cuando me fui. Tendréis que acostumbraros a mí como YO SOY. El mundo, cuando me vea como YO SOY, temblará y será sacudido. Vosotros también empezaréis a presentarme a Mí como YO SOY, no como Yo era. Mirad directamente al fuego en Mis ojos, ved la espada que corta en ambos sentidos. ¡Miradme a Mí! YO SOY Jesús. YO SOY el Cordero. YO SOY Amor. YO SOY también Rey de reyes y Señor de

señores. El mundo no me ha conocido como Rey de reyes y Señor de señores, pero lo harán. Me verán como YO SOY y desfallecerán, caerán, llorarán, y en su gran temor, ¡conocerán la Verdad! Vosotros, en cambio, solo Me veréis en vuestro amor por Mí, porque estáis en Mí. Permaneceréis en pie porque Yo también os amo y os haré permanecer en pie. Ya habéis muerto. Por lo tanto, ¿Qué ha de temer un muerto? ¡Venid, miradme directamente a la cara! ¡Os amo! ¡*No temáis*! Ciertamente, el amor perfecto echa fuera todo temor."

Palabra Profética: El Temor de Dios – 9 Abril de 2020

Cuando sus discípulos Santiago y Juan vieron esto, dijeron: «Señor, ¿quieres que mandemos que descienda fuego del cielo y los consuma?». Pero él se volvió y los reprendió, [y dijo: « No sabéis de qué espíritu sois; porque el Hijo del Hombre no ha venido para destruir las vidas de los hombres, sino para salvarlas».] Y se fueron a otra aldea. (Lucas 9:54-56 NASB)

«Kirk, ¡Mi Hijo ciertamente vino a salvar a los hombres, y no a destruirlos!».

Entonces, en una visión, veo a Jesús siendo azotado, sí, recibiendo los latigazos por los que somos sanados. Luego lo veo a Él en la cruz. Veo cómo Él nos salvó de una muerte segura en nuestros pecados. Veo que la expiación lo hizo todo por nosotros. Somos salvos, sanados y liberados por lo que Él hizo. Sí, y también todo el mundo, ¡potencialmente todos! El Padre dice que nunca haría nada que minimizara de alguna manera lo que Su Hijo hizo en el Calvario.

Entonces recordé a Ananías y Safira, que mintieron al Espíritu Santo. También vi que el Espíritu Santo puede ser entristecido y también apagado. Jesús mismo dijo que la blasfemia contra el Espíritu Santo nunca será perdonada, ni en este mundo ni en el próximo. El Espíritu Santo es tenido en tan alta estima que ni siquiera la cruz, la sangre misma del Salvador del mundo, puede quitar este pecado.

Blasfemia (Merriam Webster) 1. El acto de insultar o mostrar desprecio o falta de reverencia hacia Dios.

Fue dicho de Jesús que Él hacía lo que hacía por el poder de Belcebú, - Sí, que Jesús estaba poseído por un demonio! (Podría ser un poco insultante para el Espíritu Santo).

Yo estaba contándole al Señor que mi deseo era no ofender nunca al Espíritu Santo de ninguna manera. Entonces oí la suave voz del Espíritu Santo que decía: «*Kirk, tú nunca podrías ofenderme. Aquellos que estáis «en Cristo» no podéis ofenderme a Mí*».

Le pregunté al SEÑOR si lo que parece estar sucediendo está realmente sucediendo en este momento. ¿Se está endureciendo todo para los seguidores de Cristo? (No sé qué preguntar exactamente).

El Señor dice: «*Sí, ahora mismo estáis viendo el comienzo de la Lluvia Tardía. Durante este tiempo, se espera que aquellos que están en Cristo brillen con intensidad. Cada vez se tolerará menos el comportamiento que no sea semejante al de Cristo. Del mismo modo, aquellos que vengan a la luz no tendrán tanto tiempo para venir como antes. Sin embargo, recibirán más gracia para venir. Volverá a haber temor al Dios Viviente sobre la tierra. La gente se sentirá atraída, pero también tendrá miedo debido a la santidad del Señor en la «Iglesia». Cuando la luz brilla intensamente, las obras realizadas en la oscuridad quedan al descubierto. Se avecinan tiempos temibles, pero nunca para aquellos que ya han muerto*».

Cómo Surgirá la Iglesia de los Últimos Días – 17 Abril de 2020

El Señor dice: «*Para comprender acerca de cómo surgirá la iglesia de los últimos días, simplemente mirad a Nehemías y también a Zorobabel. Tiempos de gran fe ante los gobernantes de vuestra época, sí, y un tiempo para poner la mano en el arado, en el trabajo humano en el Espíritu del Señor. Las tentaciones y las pruebas, los burlones, la perseverancia en el trabajo y en la santidad mientras escucháis el crepitar del rechazo a las cosas. ¡Construid el Templo y el Muro! Refutad y derribad a los detractores y traidores. Tan solo avanzad por Mi Espíritu. YO SOY estoy con vosotros. ¡No temáis, sino echad fuera el miedo! ¡El miedo es un mentiroso! ¡Id!*».

No Habrá Recesión Económica – 25 Abril de 2020

Había un titular en el Wall Street Journal diciendo que el Coronavirus provocaría la peor recesión económica desde la década de 1940. Pero el Señor dice sobre el Coronavirus provocando una recesión económica: «*No habrá una recesión económica porque «ellos» no conocen a Mi ungido (Trump). ¡Lo hizo antes y lo volverá a hacer!*». (Él hará que la economía estadounidense sea asombrosa).

Trump Jugará Sabiamente Su Carta Ganadora – 29 de Abril de 2020

En cuanto al coronavirus, el Señor dice: «*Cuando dije que los que tienen miedo perderán y los que permanecen en la fe ganarán, pensasteis que me refería a lo monetario, y es cierto. Sin embargo, no limitéis vuestro pensamiento a esto. Hay mucho más que eso. Las pérdidas y las ganancias serán impresionantes. La conspiración: Sí, ¡hay algunos que están conspirando! De nuevo, ¡Regocijaos! ¿Qué he dicho con respecto a la sabiduría de los sabios? Mi Trompeta jugará la carta de triunfo sabiamente en el momento justo. Estad atentos. No podréis perdéroslo. Mis enemigos lo verán y sabrán que YO SOY es Dios. ¡El miedo se convertirá en ira!*».

Una Señal y Un Milagro – 29 de Abril de 2020

Una señal y un milagro. Una señal en los cielos y un milagro en la tierra. La señal aparecerá primero. Buscadla. Poco después, el milagro se manifestará en la tierra. Este será el comienzo de lo que está por venir. Es el comienzo de la cosecha del fin de los tiempos. Compresión profética. Lluvia tardía. Poder para los fieles. ¡Profunda oscuridad para aquellos que no pueden venir a la luz!

El Ángel de los Vientos del Cambio – 10 de Mayo de 2020

Hoy vi a un ángel sobre un caballo blanco que venía hacia mí desde el oeste. Era blanco brillante como la luz, y el caballo también. Cuando se acercó, vi que estaba cubierto con una armadura, y el caballo también la llevaba. La armadura era muy brillante, como de plata pulida. El brillo de todo era cegador. El casco del ángel tenía una ranura bastante pequeña para que pudiera ver, y llevaba una gran espada de dos manos en una vaina. Me pregunté por qué alguien tan poderoso como él tenía que llevar tanta armadura defensiva.

Entonces oí una voz que decía que le atacaban mucho. También me pregunté cuál sería su nombre. La voz dijo que se llamaba *«Vientos del Cambio»*.

Cuando se acercó, vi que era muy grande. ¡Y el caballo también! La voz dijo que casi siempre se oponían a él en todo lo que hacía porque a la gente no le gustan los cambios y hacían todo lo posible para evitar que las cosas cambiaran.

La voz continuó... *«Vientos del Cambio nunca pierde. Es aún más poderoso de lo que parece. Siempre logra lo que se le encomienda. Yo, el SEÑOR, lo empodero»*.

Entonces, pregunté en mi mente qué se le había encomendado hacer esta vez. ¿Por qué lo estoy viendo? Entonces oí al Señor de los ejércitos celestiales decir: *«Mira a tu alrededor, Profeta. Las cosas están a punto de cambiar de una manera muy significativa, incluso más de lo que ya lo han hecho. ¡No temáis! ¡Abrazad el cambio! Orad para que «Vientos del Cambio» haga bien su trabajo»*.

Pedí ver cómo serían esos cambios y comprendí que lo vería más adelante.

Más adelante...

El Señor dice que Vientos del Cambio cuida de sus amigos. (Como aquellos que rezan por él). Volví a preguntar qué tipo de cambio se avecinaba.

El Señor dice que los Vientos del Cambio están aquí para facilitar la eliminación de aquellos de la clase política que se oponen a lo que es correcto. Sí, los Demócratas, pero más que eso. Este momento histórico implica a los Estados Unidos, pero también implica al mundo. El fuerte viento DESCUBRIRÁ, sí, destapará la corrupción. El mundo se horrorizará ante lo que el viento descubra. Se <u>hará</u> justicia. Los malvados recibirán lo que se merecen y, si no fuera porque el Señor detiene este movimiento por la justicia, iría demasiado lejos.

Vientos Del Cambio Ha Tomado La Mano Del Ungido Del Señor – 12 de Mayo de 2020

Por lo tanto, SI habéis resucitado con Cristo, buscad las cosas de arriba, donde está Cristo, sentado a la diestra de Dios. Poned la mira en las cosas de arriba, no en las de la tierra. Porque habéis muerto, y vuestra vida está escondida con Cristo en Dios. Cuando Cristo, <u>que es nuestra vida</u>, sea revelado, entonces también vosotros seréis revelados con Él en gloria. Por lo tanto, considerad los miembros de vuestro cuerpo terrenal como muertos a la inmoralidad, a la impureza, a la pasión, a los malos deseos y a la avaricia, que supone idolatría. <u>Porque es por estas cosas por lo que la ira de Dios vendrá sobre los hijos de</u>

desobediencia, y en ellas vosotros ya anduvisteis una vez, cuando vivíais en ellas. (Colosenses 3:1-7 NASB)

El Señor simplemente está diciendo que su ira recae sobre aquellos que rechazan a Su Hijo, Cristo Jesús. Él dice: «*La clase política solo ha hecho el mal ante Mi vista. Incluso tienen el descaro de usar Mi nombre para convencer al pueblo de que siga su maldad. Aman el mal y no sienten ninguna vergüenza al anunciar sus adulterios y venderlos a cualquiera que escuche. Son mentirosos descarados y no son capaces de hacer el bien ante Mi vista, dice el Señor. Pero mi trompeta...*

Vientos del Cambio ha tomado de la mano a Mi Ungido. El Ciro de la Antigüedad conocía a Vientos del Cambio, pero no como lo hace Mi Ungido. Así como se vio a Ciro, así se verá a Mi Ungido, y más aún porque él proclama Mi nombre a dondequiera que va. No tomará prisioneros porque al hacerlo estaría por debajo de Él. Él pone en libertad a aquellos que pueden ver y oír. Ellos nunca lo abandonarán porque Me conocen a Mí. Así como la libertad siguió el ascenso de Ciro, así la libertad seguirá el llamado de la Trompeta.»

Cree Que Escuchas a Dios – Él Te Está Llamando A Cosas Que Nunca Has Imaginado – 17 de Mayo de 2020

Yo, (Kirk) estaba orando/escuchando, y escuché un versículo que debía buscar. Cuando lo miré, realmente no había nada en él que me llamara la atención, y tampoco escuchaba al Señor decir nada al respecto. Esto sucedió un par de veces más, y luego apareció un versículo que no existía. Así que dejé de preguntar y me limité a orar. Le dije que no me importaba cuántas veces no funcionara, que seguiría buscando el versículo que había oído y que seguiría creyendo que lo había oído correctamente.

Entonces oí Juan 3:12 NASB: «*Si os he hablado de cosas terrenales y no creéis, ¿cómo creeréis si os hablo de cosas celestiales?*».

El SEÑOR ha estado hablando sobre que tengamos fe en lo que oímos. Fe inmediata. También nos ha hablado de deshacernos de toda duda. Dijo: «*Kirk, si no puedes creer que has oído un simple versículo, ¿cómo vas a creer en cosas del cielo (conceptos e ideas, situaciones con las que no tienes nada que comparar)? ¿Crees que debes darle sentido a las cosas? ¿Rechazaréis los misterios como locos o falsos simplemente porque no siguen vuestra lógica? Os estoy llamando a ti y a Tiffany a cosas que ningún humano ha imaginado jamás. ¿Podéis morir al yo hasta el punto de seguirme adondequiera que desee llevaros?*».

¡El Señor nos está llamando a tener más fe! ¡Creedle a Él!

Profecía. Las Puertas de Heichal (Hekhal) están Abiertas.- 19 de Mayo de 2020

Kirk estaba leyendo sobre unas enormes puertas doradas llamadas las puertas de heichal o hekhal, que formaban una segunda barrera al Lugar Santísimo, además de la cortina, que se rasgó en dos cuando Jesús entregó Su Espíritu. Según se informa, alrededor del año 30 d. C. comenzaron a suceder varias cosas. Una de ellas fue que estas puertas comenzaron a abrirse por sí solas.

Como profeta del Señor, ahora declaro:

«Las puertas de Hekhal están ahora abiertas, dice el SEÑOR de todo. Mi templo celestial está abierto a todo el que entre. Mi gloria se está derramando sobre la tierra una vez más. ¡Estoy eliminando todas las barreras y piedras de tropiezo que impiden el acceso a Mi presencia! Por lo tanto, ¡Mirad hacia arriba! ¡Vuestra liberación está muy cerca, y todos los que deseen llevar Mi gloria quedarán completamente satisfechos! ¡Que así sea según el Espíritu, el agua y la sangre!».

Santos de los Últimos Días – La Trompeta Mormona ha Sido Eliminada – 5 de Junio de 2020

Mateo 28:2: *Y he aquí, hubo un gran terremoto, porque un ángel del Señor descendió del cielo y vino y removió la piedra y se sentó sobre ella.*

El Espíritu Santo le reveló este versículo a Kirk, y las palabras «ángel» y «terremoto» le llamaron la atención. Kirk buscó en Google «ángel» y «terremoto» y encontró un artículo en el que se informaba de un terremoto de 5,7 grados en Utah el 18 de marzo de 2020. La estatua del ángel Moroni que se encuentra en lo alto de la aguja de la iglesia mormona sostenía una trompeta. Durante el terremoto, la trompeta se le cayó de la mano.

Entonces el Señor dijo: «*He quitado la trompeta al ángel de los Santos de los Últimos Días. Su voz será silenciada. Han dicho que me representan, pero tienen una doble intención en todo lo que hacen. ¡Mirad cómo elimino su voz porque se opusieron a Mi Trompeta (Donald J. Trump)! ¡Mirad también cómo Mis poderosos ángeles descienden a la tierra! Algunos ven los acontecimientos en* la tierra como un tira y afloja entre el mal y el bien. Yo estoy enviando a los ángeles para demostrar que no es así. Vienen con gran poder y la tierra temblará con su llegada.

También habrá otra señal al respecto».

Vientos del Cambio Ha Comenzado Su Obra Y los Ángeles han sido Enviados – 9 de Junio de 2020

Salmo 118:6 *«El Señor está conmigo; no temeré. ¿Qué puede hacerme el hombre?»*

« ¡No temáis! Vientos del Cambio ha comenzado su obra. Lo veréis desarrollarse en esta época. Mañana es el comienzo del verdadero cambio. Mantened vuestros ojos sobre Mi Trompeta durante este tiempo. Las otras fuentes de «noticias» ocultarán la verdad de forma frenética y sin aliento. Aun así, esto resultará ser un esfuerzo infructuoso. ¡No temáis las amenazas y la intimidación! Los sin ley fingirán poder y autoridad utilizando términos como «golpe militar», «resentimiento policial» y «levantamiento mayoritario». Pero yo te digo, Kirk, que todo es una fachada. Mi ungido tiene el poder real porque YO SOY está con él».

«¡Mis santos ángeles han sido enviados! ¡La tierra temblará con su llegada! ¡La rabia y la rebelión de aquellos que Me odian pronto se convertirán en miedo o arrepentimiento! Mis ángeles harán su trabajo a la vista de todos y aquellos que tengan ojos para ver quedarán sin aliento por la alegría y la emoción. Sin duda, vindicaré y elevaré a aquellos que Me aman. La lluvia tardía será DERRAMADA sobre todos los que le deseen a Él. Y poseerán lo *que las naciones desean. ¡Mi luz brillará y nadie podrá negar su poder! ¡Y YO seré llamado el Señor en la tierra! Amén.*

Los Ángeles Van a la Batalla y lo que Hace el diablo es Irrelevante – 15 de Junio de 2020

Esta mañana el Señor dice: «¡*Mirad a mis ángeles en batalla!*». Al mirar, veo a Miguel; Él está lleno de fe y no tiene miedo en absoluto. No llama la atención hacia él por vestir ropas llamativas, ¡pero todos los ángeles del cielo han oído hablar de Su poder y Su fe! Se habla de Sus hazañas por todo el reino. ¡Ahora mismo Miguel está liderando la carga! Los ángeles del cielo están ansiosos por unirse a él. Esperan tener un testimonio glorioso al final de esta batalla. Miguel traerá consigo el poder del Señor y se le ha encargado su distribución.

Al observar todo esto, parece que Miguel tiene la unción de un Apóstol y Gabriel la de un Profeta. Gabriel ahora trae las palabras del Señor, trabajando y luchando junto a Miguel. Gabriel también está acostumbrado a luchar y es un guerrero muy capacitado. De alguna manera, parece más refinado que Miguel y también tiene una gran fe. El Señor dice: «*Gabriel es creativo*». Y puedo ver que las palabras de Gabriel son creativas por naturaleza. Es parte de su unción, según el Señor.

El Señor dice: «*Está comenzando. Mirad al cielo y a la tierra porque habrá señales a medida que esto se desenvuelve. No prestéis atención a las payasadas del maligno. Lo que él hace es irrelevante*».

El Primer Contingente de Ángeles ha Llegado – Terremoto de Tulsa – 21 de Junio de 2020

Anoche, aproximadamente a las 10:30 p. m., se produjo un terremoto de magnitud 4,2 (posteriormente elevado a 4,5, lo que equivale a 4 + 5 = 9, que significa "juicio"). Esto ocurrió a 80 millas del lugar donde Trump acababa de celebrar el mitin de inicio de su segunda legislatura en Tulsa, Oklahoma.

El Señor dice: «*Kirk, ¡ha llegado el primer contingente de Mis ángeles! Este es el comienzo, un contingente bastante pequeño que ayudará a Mi ungido. El terremoto también fue bastante pequeño; sin embargo, es una señal. Una señal que apunta a un cambio mucho mayor, a una sacudida mucho mayor*».

¡Este es el comienzo de lo que los ángeles han estado esperando! Hay mucho entusiasmo entre los ángeles.

Palabra Profética: 2020-2040 – 23 de Junio de 2020

Jeremías 6:16-17 (NASB)

«*Así dice el Señor: "Párate en los caminos y mira, y pregunta por las sendas antiguos, donde está el buen camino, y caminad por él; y hallaréis descanso para vuestras almas. Pero ellos dijeron: 'No andaremos por él'. Y coloqué centinelas sobre vosotros,*

diciendo: 'Escuchad el sonido de la Trompeta'. Pero ellos dijeron: «No escucharemos».

«Kirk, ¡Mis centinelas han declarado otros 4 años para Mi Trompeta! Sí, 4 años más, ¡pero Yo digo que serán 10!

El 2020 será un año de celebración para Mi pueblo. Y la prosperidad y la bondad sustituirán a los disturbios y las protestas.

En 2024 ¿Estáis (Mi pueblo) cansados ya de ganar? Otra Trompeta se alzará, y su valentía y sabiduría serán comentadas por todas partes. Mi unción reposará sobre él, como si se le hubiera pasado una antorcha.

En 2027, el pueblo olvidará que es posible perder. Él ganará otro mandato. Sin embargo, la estupidez y la ingratitud del pueblo harán que deje su trabajo sin terminar.

¡El año 2034 será un tiempo de recuerdo y Mi pueblo volverá a desearme! ¡Tendré compasión de ellos y les proporcionaré una Margaret Thatcher muy justa que unirá a las naciones del mundo! (No un gobierno mundial, sino una verdadera unidad). Ella será una Apóstol de la orden más alta y una verdadera y fiel líder. ¡El mundo en ese momento será testigo del avivamiento del fin de los tiempos! Y la cosecha de mil millones de jóvenes estará en pleno apogeo.

En 2040 Las naciones ovejas están totalmente alineadas con Estados Unidos e Israel. Las naciones cabras aparecen como Corea del Norte se presenta al mundo en 2020.»

(Nota: Para más información, véase la palabra titulada «2021, Año del Gran Reinicio - 1 de enero de 2021»).

Por Tiffany Root y Kirk VandeGuchte

Obediencia para Salvación – 25 de Junio de 2020

Porque Él ha dicho en algún lugar sobre del séptimo día: «Y DIOS DESCANSÓ EN EL SÉPTIMO DÍA DE TODAS SUS OBRAS»; y de nuevo en este pasaje: «NO ENTRARÁN EN MI DESCANSO». Por lo tanto, puesto que algunos aún no han entrado, y aquellos a quienes anteriormente habían predicado el evangelio no pudieron entrar por causa de su desobediencia, Él de nuevo fija un día determinado, «Hoy», diciendo por medio de David después de tanto tiempo, tal como se ha dicho antes: «SI ESCUCHÁIS SU VOZ HOY, NO ENDUREZCÁIS VUESTROS CORAZONES». (Hebreos 4:4-7 NASB)

«Kirk, en estos últimos días, quiero mostrarte lo que es la obediencia para la salvación. Algunas personas enseñan que la obediencia a un libro, sí, un libro sagrado, conduce a la salvación. De hecho, si este libro sagrado se sigue como se pretende, lleva a uno a escuchar realmente la voz del Salvador. ¡Y muchos escuchan Su voz porque la Palabra de Dios está muy cerca! ¡Ellos escuchan! solo para volver a descarriarse en sus corazones. Caen presa de la doctrina de los demonios y las semillas de la Palabra son recogidas por las aves del cielo y no producen fruto en el oyente. El libro sagrado en el que apuestan su futuro eterno exhorta de cubierta a cubierta a escuchar Su voz y obedecerla. Pero en cambio, crean un ídolo del libro y adoran las letras de una página. Repiten las palabras que contiene, cantan canciones de alabanza y parecen muy buenos. Pero sus corazones están lejos de Mí, y viven sus vidas según sus propios deseos. ¡Yo les extiendo Mis manos todo el día! ¡Llamo a la puerta deseando entrar! ¡Venid, pueblo Mío! ¡Venid a Mí! ¡Todo lo que se necesita es un buen corazón y oídos para escuchar! ¡HOY ES EL DÍA DE LA SALVACIÓN! AMÉN».

Cuando El Polvo se Asiente Por Segunda Vez– Profecía Haitiana – 28 de Junio de 2020

Hoy el Padre habla sobre Haití.

«Kirk, ¡Hoy escucho la sangre de los padres haitianos clamándome a Mí! Veo a los padres, a aquellos que han caminado y a aquellos que caminan en rectitud. Aunque muchos creen que, debido a su pasado, los he olvidado, ¡No es así! Una nueva temporada está comenzando y, cuando el polvo se aclare por segunda vez, los vientos del cambio también soplarán allí. Tengo muchos allí que no se inclinan ante los ídolos y están listos para levantarse y luchar contra la maldad en las altas esferas. ¡La corrupción será expuesta en Haití, dice el Señor de los ejércitos! Donde existe una profunda oscuridad, la luz brilla más intensamente. ¡NO me será negada Mi victoria en Haití!

Por lo tanto, vosotros, Mis justos, ¡No bajéis la cabeza en señal de derrota! No estéis de acuerdo con la «sabiduría» del mundo que dice: «Aquí nunca mejorará». ¡Poneos de Mi lado y yo me pondré del vuestro! ¡Escapar no es vencer, y el Señor vuestro Dios no huye de la oscuridad! Cuando encendéis una luz, ¿Ha permanecido alguna vez la oscuridad? Yo, el Señor de los Ejércitos, digo que no. La luz siempre vence y hace huir a la oscuridad. Así que estad atentos a que el polvo se aclare por segunda vez. Ocurrirá un acontecimiento asombroso. La oscuridad intentará ocultarlo, ¡pero no podrá! ¡AMÉN!».

*Nota: el 14 de agosto de 2021, Haití sufrió un terremoto de 7,2 grados. El Señor dijo que el terremoto no fue obra suya, sino que este terremoto es el polvo que se despeja por segunda vez para Haití. La primera vez fue el terremoto de 2011. Puede que haya más sobre el polvo despejándose, ya que la palabra llegó durante una tormenta de polvo sobre Haití que había venido del desierto del Sáhara, pero esto es lo que hemos oído hasta ahora del Señor.

Jesús es Nuestro Descanso Sabático –30 de Junio de 2020

Jeremías 17:21-23 dice:

«Así dice el Señor: "Cuidaos y no carguéis con nada en día de reposo, ni lo traigáis por las puertas de Jerusalén; ni saquéis de vuestras casas carga en día de reposo, ni hagáis ningún trabajo, sino santificad el día de reposo, como mandé a vuestros padres. Pero ellos no obedecieron ni inclinaron su oído, sino que endurecieron su cerviz, para no oír ni recibir instrucción"».

El Señor está diciendo que su siervo en estos versículos estaba profetizando sobre Jesús. Él dice que Jesús es el Señor del sábado (Sabbath). Sí, y Él es nuestro Sabbath. ¡El Sabbath profetiza sobre Él (Jesús)! Nuestro reposo está en Él. Cesamos de trabajar en Él. No llevamos la carga de la ley en Él.

El Padre dice: «¡JESÚS ES VUESTRO SABBATH! No traigáis cargas a vuestras casas. No carguéis con ninguna carga a través de las puertas de la ciudad ni hagáis NINGUNA obra para tratar de encontrar MI favor. No seáis como este pueblo que no escuchó ni inclinó sus oídos, sino que endureció su cuello para no escuchar ni aceptar la corrección. No permitáis que nadie os imponga su yugo ni os ate a unas obras que no provienen de Mí.

Jesús es la Cabeza de Mi Iglesia, y Su yugo es fácil y Su carga ligera. Yo ya no exijo «obras de servicio». En cambio, como está escrito: «Si Me amáis (a Jesús), haréis lo que Yo he estado haciendo». Amén».

Una Visión de la Ciudad Santa – 5 de Julio de 2020

El Señor dice: «*Estoy preparando una ciudad*».

Kirk tiene una visión... Me veo a mí mismo en un lugar muy arenoso, un desierto. Tengo en la mano un nivel y una especie de vara. Estoy en el perímetro de algo. Levanto la vista y veo una miríada de lo que supongo que son ángeles volando en los cielos. Luego vuelvo al trabajo.

Hay otros trabajando también. El perímetro que estamos estableciendo es inmenso. Me pregunto qué es exactamente. Entonces oigo: «*Estoy estableciendo la Ciudad Santa aquí*».

De nuevo, me pregunto: ¿Cómo habrá suficiente gente para llenarla? Oigo: «¡*Mira hacia arriba otra vez!*». Así que miro hacia arriba. Uno de los seres que yo había supuesto que eran ángeles se acerca. Vi que era uno de los santos. Una nube de testigos estaba mirando y esperaban. Después de ver su número ¡comencé a preguntarme si este lugar sería lo suficientemente grande¡

La voz del Señor volvió a sonar: «*¡Haz tu trabajo bien, profeta! Tu Apóstol y, sí, los santos esperan y observan. El mundo, las naciones se preguntan qué haréis. Todos están expectantes, pero Yo no estoy asombrado. He entrenado al Apóstol y al Profeta y Yo Soy permanezco en la fe con vosotros*».

Entonces me di la vuelta y volví al trabajo con las herramientas y con aquellos que trabajaban conmigo.

Mientras trabajo con mi Apóstol, noto que una sombra intenta colarse. Al principio, no lo entiendo. Mi ángel dice: «Es un demonio. No tienen ni idea de lo que está pasando, porque viven en una atmósfera de mentiras y engaños. No tienen capacidad para distinguir la verdad de la mentira, pero de todas formas son curiosos».

Observo la sombra mientras cruza el perímetro, pasando por debajo de las cosas, por detrás, y haciendo todo lo posible por permanecer oculta. Al cruzar, de repente se oye un fuerte chillido y se ve una pequeña nube de humo en el lugar donde estaba. Una vez más, mi ángel habla: «No hay sombras ni lugares donde esconderse detrás del velo. Todo está al descubierto y ningún mal puede existir allí».

Explicación:

El Señor dice que las herramientas que alguien tiene en la mano son indicativas del trabajo de esa persona. Como Profeta, Kirk tiene un nivel y una vara (más bien un bastón). Él recibe la Palabra de Dios, y ésta mantiene las cosas niveladas y es la medida con la que se miden/juzgan todas las cosas. El bastón o vara tiene que ver con el liderazgo y el discipulado. El nivel tiene que ver con el discernimiento para ver dónde la palabra está siendo abusada. Él está construyendo la verdadera iglesia. Muchas personas no entienden quién es la iglesia, qué es, o quién es Jesús. El Señor ha terminado con la excusa diluida y poco convincente de la iglesia. Él está levantando la verdadera iglesia, los verdaderos creyentes que realmente lo siguen a Él.

Como Apóstol, Tiffany sostiene un libro y un cetro de hierro. El cetro de hierro es el juicio y la ejecución del juicio dictado. Es indicativo de un gobernante que gobierna, como supervisando, además de dictar sentencia. El libro es indicativo de la revelación que reciben los apóstoles. Entonces el SEÑOR le dio a Tiffany una visión sobre el libro que sostiene:

Veo escalones de cemento. Hay una puerta de hormigón. Empujo la puerta para abrirla. Se siente el fresco y está oscuro. Hay luz en el centro, donde está Jesús. Camino hacia la Luz. Es más cálido y, por supuesto, más brillante por Él. Él me entrega un libro. Un libro de misterios, de revelación. Me pregunto si es la Biblia y recuerdo una visión que Kirk tuvo hace años, en la que yo estaba rodeada de pergaminos de revelación. Jesús dice: «*Tu Profeta te dirá misterios que tú comprenderás como revelación y escribiréis en un libro. Confiaréis en Mi Sabiduría, en Mí, no en vuestra propia sabiduría*».

Los apóstoles y profetas que el Señor está levantando trabajarán juntos para ayudar a construir la ciudad de Dios, la verdadera iglesia, la que está edificada sobre la revelación de Jesús Cristo, y solo Él.

Visión de los Vientos del Cambio en el Cielo Medio 10 de Julio de 2020

Yo, (Kirk), veo a los Vientos del Cambio en el «Cielo Medio». Los demonios intentan venir y atacarlo, pero él es capaz de generar un «viento» que realmente se los lleva. ¡El poder del Espíritu de Dios está sobre él! ¡Nada puede resistir el Viento del Espíritu que sale del ángel de los Vientos del Cambio!

El Señor dice: «*Kirk, ¡mantén tus ojos en Mí! Sí, ¡En la tierra se pondrá aún más loco! Sin embargo, nada está fuera de Mi control, y los Vientos del Cambio apenas ha comenzado su trabajo. ¡Estad atentos a una señal en los cielos y otra de Mi Trompeta! Estas señales son el principio del fin para los demonios en lugares altos. Luego vendrá la confusión cuando su engaño sea desenmascarado entre aquellos que han sido sus seguidores, y se abrirá una ventana de tiempo para que ellos se arrepientan. ¡Preparaos para que esta ventana se abra con amor, perdón y aceptación! Evitad la condescendencia y señalar con el dedo. Evitadlo y reservadlo para aquellos a quienes yo os mostraré. Finalmente, ¡MANTENEOS FIRMES en vuestro Señor! ¡Será un testimonio que no os cansaréis de contar! Amén».*

Profecía de la Carta de Triunfo – 31 de Julio de 2020

Yo, (Kirk), veo la Trompeta del Señor jugando la carta de triunfo. Cuando se juega esta carta de triunfo, el juego termina. Ninguna carta supera a la carta de triunfo, por lo que no hay discusión ni debate sobre quién ha ganado. El poseedor de la carta de triunfo, jugada en el momento perfecto, ¡implica juego terminado! En este «juego», el ganador se lo lleva todo. No hay división del botín y NO hay discusión sobre los términos de ninguna manera.

También veo la «Balanza de la justicia», y la balanza se inclina totalmente hacia un lado. Miro más de cerca y veo que hay todo tipo de objetos metálicos de aspecto pesado en el lado perdedor de la balanza. Todo esto me hace preguntarme qué podría ganar contra todo eso. Miro al otro lado (el lado derecho de la balanza). En él hay solo una carta. En la carta está impresa la bandera de los Estados Unidos. Mientras miro, oigo: «*Estrellas y Barras*». [Estrellas se refiere a Donald Trump, que era una estrella antes de convertirse en presidente. "Barras" se refiere al fiscal general "Barr", que tiene la tarea de presentar acusaciones contra los criminales de la clase política]. Se retira un velo y veo el dedo de Dios, que antes era invisible, sobre la carta.

Entonces la voz del Señor dice: «*La justicia es solo Mía. Mi justicia es verdadera y justa, Mi justicia y Mía solo. La Justicia aparte de mí no es justicia en absoluto. Nada puede inclinar la balanza lejos de Mí. ¡Yo Soy Justicia! NO seáis engañados. El cambio social, las leyes de los hombres, los abogados y aquellos en las posiciones más altas de los gobiernos de los hombres solo ocupan los lugares que Yo Soy les estoy permitiendo ocupar. Seguid mirándome a Mí y escuchad la Palabra de Verdad*».

El mismo día que Kirk recibió esta visión, yo (Tiffany) vi una nube con forma de mazo en el cielo. Le pregunté al SEÑOR qué significaba, y Él me respondió: «*La época de la Justicia ha comenzado*». Aparté la mirada de la nube y, cuando volví a mirar, ¡había desaparecido por completo!

No Seáis Engañados Acerca de Los Tiempos del Fin. – 7 de Agosto de 2020

Tanto Mateo 24 como Lucas 17 hablan de los últimos días y los comparan con los días de Noé y los días de Lot. Ambos hablan de un evento (Noé entró en el barco y Lot abandonó la ciudad) y, tras el evento vino juicio. Tanto Noé como Lot fueron obedientes a lo que Dios les había dicho que hicieran.

Se establece una clara distinción entre «ellos» y Noé y Lot. Jesús está diciendo claramente que habrá quienes sean obedientes y escuchen las instrucciones de Dios y que, debido a que escucharon, conocerán los tiempos y las estaciones. Y habrá «ellos/as» que no escucharán Su voz y no entenderán, y «ellos» serán llevados. Por lo tanto, habrá una señal o un acontecimiento que todos podrán ver (como un relámpago o algo parecido) y entonces comenzará el día del Señor.

El Padre está diciendo que no tenemos que estudiar cada palabra y elaborar alguna teoría sobre cómo podría funcionar esto. Jesús nos ha dicho claramente cómo funcionará. Él pregunta por qué esto no está claro para nosotros. Lo que más le preocupa al Padre en estos versículos es el engaño. Él dice: «*Leed estos versículos (Mateo 24 y Lucas 17) como lo haría un niño. ¡Simplemente creed! ¡Escuchad Mi voz! ¡No seáis engañados!*».

Profecía sobre el Segundo Disparo que se Escuchó en Todo el Mundo – 5 de Septiembre de 2020

Hoy en día, las «noticias» están llenas de imágenes de «manifestantes» de Black Lives Matter golpeando a personas, quemando negocios, quemando coches, acosando a los clientes de restaurantes y, sencillamente, actuando de forma completamente ilegal y creyendo que proyectan poder.

«Así dice el Señor: "Maldito el hombre que confía en los hombres y hace de la carne su fuerza, y cuyo corazón se aparta del Señor. Porque será como un arbusto en el desierto y no verá cuando llegue la prosperidad, sino que vivirá en los páramos pedregosos en el desierto, en tierra salada sin habitantes. Bendito el hombre que confía en el SEÑOR y cuya confianza está en el SEÑOR. Porque será como un árbol plantado junto al agua, que extiende sus raíces junto al arroyo y no temerá cuando llegue el calor; sino que sus hojas estarán verdes y no se angustiará en un año de sequía, ni dejará de dar fruto». (Jeremías 17:5-8)

El Señor dice: «*Apartad vuestros ojos de la máscara, de la violencia. No consideréis las implicaciones (¿Qué pasaría si ocurriera esto o aquello?). No os involucréis con los transgresores de la ley, porque ese es precisamente su plan. Ellos no tienen poder, y su sabiduría es necedad para Mí. Están en una prisión sin fuerza, con una esperanza que nunca llegará. ¡Estas personas están malditas, declara el SEÑOR!*

¡Bienaventurados aquellos cuyas manos están limpias y cuyo corazón es puro! ¡Ellos confían en Mí! ¡Y Yo lo haré!

El SEÑOR declara que estos disturbios y manifestaciones llegarán a un fin repentino, y cuando se juegue la carta de triunfo, será a un gran costo para Mis enemigos, dice el SEÑOR. Ocurrirá una acción dramática que nadie más sino Mis Profetas ven venir. Los alborotadores serán puestos en su lugar, y aquellos que los apoyen serán advertidos (y no se atreverán a oponerse a esta acción).

Mi Trompeta disparará el segundo «disparo que se oirá en todo el mundo», ¡y el gozo y la valentía estallarán en su patria! Amén».

7 Años y 7 Años – 9 de Septiembre de 2020

Dios dice que de 2020 a 2027 habrá 7 años de abundancia y que de 2027 a 2034 habrá 7 años de sequía (ingratitud y de no acordarse de Dios). En 2034, el Señor tendrá misericordia y compasión de nosotros y nos enviará a una Margaret Thatcher muy justa.

¿Qué almacenamos en los años de abundancia? Almacenamos aceite, como las vírgenes prudentes. La gente acudirá a aquellos de nosotros que tengamos el aceite del Espíritu Santo. Cuando la gente se olvida de Él, falta el aceite del Señor. Necesitamos recordarlo a Él y darle gracias por lo que Él ha hecho. Cuando Israel se descarrió, fue porque olvidó lo que Él había hecho, fueron ingratos y comenzaron a murmurar y quejarse. El arrepentimiento traerá de vuelta Su compasión. Debemos buscar primero Su Reino y Su Justicia, y todas estas cosas nos serán añadidas.

Sueño: Despertando en Primavera –26 de Septiembre de 2020

Yo, (Tiffany) soñé esta mañana que Trump estaba de pie mirando un televisor en el que había personas famosas (actores y cantantes) formando un círculo. Dolly Parton era la única a la que reconocí. Creo que se estaban cogiendo de las manos. Cantaban: «Daddy King (Papito Rey), tú siempre has sido nuestro SEÑOR».

Trump se vuelve hacia nosotros y dice algo al respecto.

Me despierto y oigo al SEÑOR decir: «*Están despertando a la primavera*».

Despertarán al SEÑOR y a Trump como su ungido. ¡Alabado sea Dios!

El Señor Está Poniendo Su Dedo en la Balanza de Justicia –16 de Noviembre de 2020

El Señor dice: «*Realmente, la situación parece realmente sombría para Mi ungido, ¿No es así? Pero Yo digo que hoy las cosas comenzarán a cambiar. Hoy es el día en que pondré Mi dedo en la balanza de Justicia, y comenzará a verse un cambio. La carta de*

Triunfo aún no se ha jugado, pero cuando se juegue, todos se pondrán de pie y se quedarán sin palabras».

Visión del Tren de Trump – Parte 1 – Cine – 27 de Noviembre 2020

«Mirad al soberbio: su alma no es recta en él; pero el justo vivirá por su fe». (Habacuc 2:4)

«Porque en ello la Justicia de Dios se revela la justicia de Dios por fe y para fe, como está escrito: «El justo vivirá por la fe»». (Romanos 1:17)

«Pero es evidente que nadie es justificado por la ley a la vista de Dios, pero "el justo vivirá por la fe"». (Gálatas 3:11)

«Ahora bien, el justo vivirá por la fe; pero si alguno se retira, mi alma no se complace en él». (Hebreos 10:38)

El Espíritu del Señor dice: «¡*No desperdiciéis esta oportunidad! Tened fe en Dios. ¡No os echéis atrás como los que no tienen fe! ¿Acaso Dios ha dicho que Su ungido no será presidente? ¿Ha dicho que la clase política corrupta nunca será llevada ante la justicia? ¿Ha dicho que la máscara es ahora la norma? ¿Dónde está vuestra fe? ¡Levantaos, vosotros, los que ME escucháis! ¡Tened fe!*».

A continuación, se produce una visión:

Las cortinas se abren en un teatro. En medio del escenario hay lo que parece ser el estrado de un juez. No está al nivel del suelo. Es considerablemente más alto y más ornamentado. También parece que la persona que está detrás de este «estrado» está de pie.

Tampoco parece haber un mazo. La persona que está detrás del «estrado» es Donald J. Trump. Aunque no tiene mazo, sin embargo está dirigiendo lo que está pasando. Señala a una persona y ésta se dirige hacia él, o tal vez se acerca para hablarle. Veo que Nancy Pelosi es una de las personas a las que dirige. El telón se cierra de nuevo. Estoy esperando a que suceda algo. Pasa un rato.

El telón comienza a abrirse de nuevo. Un tren se acerca hacia mí desde el escenario, ligeramente a mi izquierda. Es una locomotora de vapor antigua que parece enorme y pesada, con mucho humo y vapor. A medida que pasa, leo en el lateral de la locomotora: «TREN DE TRUMP». Me parece que, a medida que se acercaba el tren, iba reduciendo la velocidad, pero ahora, al pasar junto a mí, la potente locomotora vuelve a funcionar a plena potencia, impulsando al gigante hacia adelante y ganando velocidad.

Empiezo a fijarme en los vagones que hay detrás de la locomotora. ¡Hay muchos! Parecen tener rejas en las ventanas. Mientras miro fijamente, veo gente en estos vagones. Van bien vestidos con ropa cara. La expresión de sus rostros parece rebelde y orgullosa, o algunos parecen abatidos y totalmente derrotados. Algunos rostros me resultan familiares: políticos o jueces; otros son desconocidos. Detrás del tren hay miles o quizá más, una cantidad incontable de personas corriendo y vitoreando con banderas y carteles, ¡gente extasiada! El telón se cierra de nuevo. Y de nuevo, espero y miro fijamente el telón, preguntándome qué vendrá después.

Finalmente se abre una vez más. Al hacerlo, veo un globo terráqueo, un globo enorme, con todos los continentes y países y sus fronteras, que son muy claras y distintivas. El globo gira lentamente sobre el eje norte-sur. Pronto veo aparecer América del Norte. ¡Puedo distinguir claramente los Estados Unidos de América! Mientras la miro sonriendo, veo lo que parece ser algo así como una bomba que explota en el centro mismo de los Estados Unidos. Sin embargo, no parece haber la destrucción esperada. En cambio, hay lo que parecen ser ondas que se propagan como desde una piedra lanzada al agua tranquila. Sin embargo, las ondas no se propagan de manera suave. Va a trompicones, y también movimientos más lentos y más rápidos en todo el globo. Me pregunto: ¿Qué está pasando?

De repente, puedo ver más de cerca, como si tuviera prismáticos y enfocara para ver con claridad. Delante de la «ola», veo a gente mirando con gran interés en la dirección desde la que viene la ola. Después de que pasa la ola, ¡Estallan en una alegría y celebración incontroladas! De nuevo, se cierra el telón. Espero, pero no parece pasar nada.

Posicionamiento en Diciembre de 2020 – 7 de Diciembre de 2020

«El 7 de diciembre de 2020 es un día de posicionamiento», dice el Señor. *«Un día para poner las piezas en orden, tender trampas a algunos y posicionar a otros para que asciendan a lo que yo, el Señor, les he destinado. Solo los astutos se darán cuenta de lo que está pasando».*

«Sobre el 12 de diciembre, se verá un patrón. Aquellos con ojos para ver y oídos para oír comenzarán a emocionarse (posiblemente de manera abierta y pública) por lo que se está percibiendo».

El Señor se ríe: *«Sí, sobre el 14 de diciembre habrá una especie de caos. (como de ratas abandonando un barco que se hunde) El enemigo se dará cuenta de su situación de apuro, y un presidente envalentonado y golpeado jugará su carta ganadora en este tiempo».*

Trump Envalentonado y lleno del Espíritu Santo – 12 de Diciembre de 2020

El Señor dice que hay que estar atentos a que el presidente Trump se vaya envalentonando y su semblante se eleve, aunque la experiencia del Mar Rojo sugiera que este cambio sea una locura.

«Mi Trompeta Me encontrará a Mí en esta temporada. Le será mostrado que con la fuerza de los hombres, incluso de hombres muy buenos y bienintencionados, esta batalla está perdida. Él «verá» que, a medida que se acerque el momento en que no haya ningún lugar adonde ir, Yo, el Señor, haré un camino. La izquierda y Babilonia serán arrastradas al mar rojo y destruidas. Mi ungido verá que la «Carta de Triunfo» nunca fue suya para jugarla, sino que siempre la ha tenidoel Señor. Caerá de rodillas en ese tiempo, ¡Y yo lo llenaré de mi Espíritu, dice el Señor¡. Después, el mundo se maravillará de Mi Trompeta, porque nunca antes han visto Justicia, Valentía, Honor y un Espíritu Recto en un líder mundial».

El Tren de Trump – Parte 2 –Amor y Justicia – 13 de Diciembre 2020

Se me volvió a decir (a Kirk) que me sentara en el teatro. Así que cerré los ojos y allí estaba yo. El lugar estaba vacío y en penumbra. El telón estaba cerrado delante de mí. Cuando se abre, empiezo a ver una reunión clandestina. De repente, los asistentes a la reunión se dispersan cuando aparece la policía. Los que se marchan parecen llenos de miedo y deciden huir. Veo calles limpias y ordenadas. La gente camina y hay vehículos circulando. Todos miran por encima de su propio hombro mientras avanzan. Hay orden, pero como si estuviera demasiado ordenado, y el miedo es tangible. Entonces, me vuelvo hacia el Señor mientras observo la escena que tengo delante. Le pregunto: «¿Por qué estoy viendo esto?». Él responde: «*Este es el mundo de los conservadores y los religiosos. El amor ha sido sustituido por la letra, y el imperio de la ley ha sustituido a Mi Espíritu*». El telón se cierra. Me quedo mirando, reflexionando sobre lo que acabo de ver.

De nuevo, el telón se abre lentamente. Veo escenas de países devastados por la guerra. La gente está golpeada y triste. Veo los Estados Unidos después de la Guerra de la Independencia y después de la Guerra Civil. Veo el júbilo del bando ganador y la tristeza del bando perdedor. Veo a los soldados del bando ganador y también al ejército perdedor. También veo el coste de la guerra en el número de muertos. Los jóvenes y los ancianos cambian a causa de la guerra. ¡Entonces me sorprende ver una mano extendida! ¡Los vencedores de las guerras están ayudando y reparando al bando perdedor de estas guerras! A todos ellos. Entonces me doy cuenta de que todos estos conflictos tenían algo en común: ¡los Estados Unidos de América! Pero no entiendo por qué estoy viendo todo esto.

El Señor dice: «*Kirk, la actual guerra de 2020 debe terminar como todas las demás, con la mano extendida y reparaciones. Si se permite que las cosas que se hacen en nombre de la justicia vayan demasiado lejos, se impondrá la primera escena de la Ley sin Amor. La Justicia debe impartirse, pero no se puede permitir que consuma a la nación. El Amor debe acompañar a la Justicia*».

2021

2021 Año del Gran Reinicio – 1 de enero de 2021

El Padre dice que todo el mundo está siendo puesto a través del fuego ahora mismo.

«El enemigo está haciendo todo lo posible para alejar a Mis fieles de Mí porque sabe lo que viene (se acabó el juego). Por eso, está desesperado por hacer tropezar a todos los que pueda. Las mentiras sobre mentiras sobre mentiras están empezando a desmoronarse. El gobierno, las grandes tecnológicas, los medios de comunicación, etc., serán traídos a la luz. Sin embargo, esto será un proceso. Será similar a cuando tú (Kirk) o Tiffany sois engañados y luego os humilláis y recibís liberación de las mentiras. Cuando esto comience, habrá un efecto en cadena. Al principio, habrá dureza de corazón y orgullo. Luego, a medida que avance, habrá una disposición y mucha menos resistencia al arrepentimiento y a la verdad.

2021 será el año del Gran Reinicio. En 2020, se desbloquearon las cosas necesarias para el reinicio y comenzó una temporada de justicia. Vuestro enemigo había planeado un «Gran Reinicio», ¡Pero yo también! La gente descubrirá que el «Nuevo» presidente Trump es diferente de lo que habían imaginado al principio, porque sus ojos se abrirán para verlo a él como honorable y honesto. Con el estado profundo bajo sus pies, en realidad ¡será muy diferente!».

Nota: El Señor profetizó el 23 de junio de 2020: «2024, ¿Estáis (mi pueblo) ya cansados de ganar? Se levantará otra Trompeta, y su valentía y sabiduría serán comentadas por todas partes. Mi unción reposará sobre él, como si se le hubiera pasado una antorcha».

Nosotros pensamos que esto significaba otro Trump, como uno de los hijos del presidente Trump, pero el Señor está indicando que este nuevo Trump es el presidente Trump, aunque él es diferente de lo que era la primera vez. Él es un administrador de justicia y está lleno del Espíritu de Dios: ¡Un hombre nuevo!

Pueblo Mío ¿Estáis Ya Cansados de Ganar? – 3 de Enero de 2021

El Señor me pidió (a Kirk) que buscara la palabra «desbloquear». Según el Diccionario Merriam Webster, significa: "desatarse o liberarse de restricciones".

Luego Él me dijo: «*Mi justicia liberará a Mi pueblo de sus restricciones. Mis profetas serán liberados de sus restricciones y hablarán libremente. ¡Y sin duda les hablaré cada vez que esté a punto de hacer algo! ¡Los falsos profetas de la religión tendrán que dar algunas explicaciones! No sobrevivirán a la libertad y al derramamiento de Mi Espíritu. ¡Y la fe aumentará! Voy a dar cumplimiento a las promesas que les he hecho a Mis fieles. Cuando esto suceda, será como un trueno y como un relámpago atravesando el cielo. Cada una (promesa cumplida) pondrá otro signo de exclamación detrás de Mi Nombre. ¡NO me contendré! ¿Estáis ya cansados de ganar, pueblo mío?*».

Por Tiffany Root y Kirk VandeGuchte

Algo en Georgia a Tener en Cuenta – 5 de Enero de 2021

El Señor dice que va a hacer algo en Georgia hoy que llamará la atención de todo el mundo.

Salmo 34. Instrucciones a la Iglesia – 10 de Enero de 2021

El Señor nos está mostrando que, en este momento, a día de hoy, parece que Estados Unidos se convertirá en un estado socialista. Los gigantes tecnológicos han impedido que nuestro presidente se comunique con nosotros. Twitter, Facebook e incluso Parler se han visto afectados. La presidenta de la Cámara de Representantes, Pelosi, está pidiendo la destitución del presidente Trump, al que solo le quedan 10 días para terminar su mandato. Los grandes medios de comunicación difunden mentiras las 24 horas del día sobre el supuesto asalto al Capitolio. Los miembros del gabinete de Trump le están abandonando. Sí, podemos ver el polvo que levanta el ejército en su acalorada persecución y las aguas del Mar Rojo frente a nosotros. ¡Alabado sea Dios!

- *¡Bendeciré al Señor en todo momento!*
- *¡Mi alma se gloriará en el Señor!*
- *¡Magnificad al Señor conmigo!*
- *Busqué al SEÑOR, y Él me respondió.*
- *Él me libró de todos mis temores.*
- *Nuestros rostros <u>nunca</u> serán avergonzados.*

- *El pobre clama, y el SEÑOR lo oye y lo salva de sus angustias.*
- *El ángel del SEÑOR acampa alrededor de los que le temen. ¡Y Él también los rescata!*
- *El Señor es bueno; ¡Pruébenlo y vean!*
- *¡Bendito el que se refugia en Él!*
- *¡Temed al SEÑOR, vosotros sus santos!*
- *¡Porque los que le temen no pasarán necesidad!*
- *Venid y escuchad; os enseñaré el temor del SEÑOR.*
- *Guarda tu lengua del mal y tus labios del engaño.*
- *Los ojos del SEÑOR están sobre los justos, y Él oye su clamor.*
- *El temor del SEÑOR es contra los hacedores de maldad.*
- *Los justos claman, y el SEÑOR los oye.*
- *¡El SEÑOR libra a los justos de sus angustias!*
- *¡El SEÑOR está cerca de los quebrantados de corazón y salva a los abatidos de espíritu!*
- *Muchas son las aflicciones del justo, pero el SEÑOR lo libra de todas ellas.*
- *¡El mal matará a los malvados!*
- *¡Los que odian a los justos serán condenados!*
- *¡El SEÑOR redime las almas de Sus siervos!*
- *¡NINGUNO de los que se refugian en Él será condenado!*

(Salmo 34 NASB)

El Señor dice:

«*Al **Apóstol**: -¡mantente firme! Cuando hayas hecho todo lo posible por mantenerte firme, ¡sigue, MANTENIÉNDOTE FIRME!*

*Al **Profeta**: -¡No cambies las cosas! Di Mis palabras. Ni más ni menos.*

*Al **Evangelista**: -¡Entusiásmate! Escucha a los profetas y evangeliza sin miedo!*

*Al **Pastor**:- ¡Guarda a las ovejas! ¡<u>No</u> permitas el mensaje que viene de los que son débiles, de los que se escabullen, de los que huyen!*

*Al **Maestro**: -El Evangelio. ¡Ignora por completo las circunstancias!*

*A los **Fieles**: - ¡Mirad hacia arriba! ¡Vuestra redención se acerca! ¡Escuchad mi voz!».*

Los Fieles reciben las Llaves del Reino de Dios – 14 de Enero de 2021

El Señor dice: «A Mis fieles les doy las llaves del Reino de Dios. Sí, a aquellos que se levantan cada día y fortalecen a los débiles, a aquellos que en momentos de duda simplemente me buscan a Mí para obtener fe y consuelo. Y también a aquellos que se niegan a discutir y a señalar con el dedo a sus hermanos y hermanas. Para éstos, los intereses de mi Padre son más grandes y más importantes que la vida misma. ¡A éstos son a los que yo he esperado! Estos realmente saben lo que significa tener problemas en este mundo, y sin embargo SABEN que Yo he vencido al mundo. A ellos se les han dado las llaves porque los hijos siempre tienen acceso a Mi Padre.

Así que, ¡animaos, vosotros los que sois hijos! ¡Mi Padre nunca decepciona! ¡Estos son tiempos de prueba! Mi Padre sabe que todos los hombres están siendo puestos a prueba. Pero recordad que Él es el que administra la prueba. Él también califica la prueba, ¡y Él también da la fe para pasarla! Por lo tanto, fe es todo lo que se necesita para pasar, ¡y pasaréis si <u>no</u> abandonáis!

¡Pues entonces no permitáis que vuestro enemigo os robe la fe! Apagad las noticias. Dejad de buscar el camino usando vuestro intelecto. ¡Alejaos de los negacionistas! Mantened vuestros ojos fijos en Mí. Creed lo que digo. ¡Escuchadme a MÍ! Así sea».

¿Está tardando demasiado lo de Trump? – 21 de Enero de 2021

Ayer, Joe Biden tomó posesión en una toma de posesión falsa. Después, el Señor le habló a Kirk.

«Ve a Génesis 16 y léelo». Es el relato de Sarai, Agar e Ismael. Después de leer Génesis 16, el Señor me hizo una pregunta: «*¿Está tardando demasiado lo de Trump, Profeta?*».

Respondí: «Señor, me he decepcionado varias veces y sí, parece que está tardando mucho».

El Señor: «*Profeta, ¿dónde está tu fe? ¿No puedes velar y orar durante tan poco tiempo?*».

Kirk: «Señor, puedo. Supongo que estoy esperando que las cosas sucedan según mis deseos o anhelos».

El Señor: «*Profeta, tu fe es fuerte. No te estás preguntando «si», sino deseando un «cuándo» diferente. Sin embargo, mira a Mi Hijo. A algunos les pareció que todo estaba perdido cuando Él dijo: «Consumado es». Esperad al tercer día, a otra resurrección. ¡No os desaniméis! Yo no he cambiado Mi opinión sobre nada de lo que he dicho a Mis profetas. Por lo tanto, vosotros tampoco debéis cambiar de opinión*».

Los Profetas Darán un Suspiro de Alivio – 25 de Enero de 2021

Dale al rey Tus juicios, oh Dios, y Tu justicia al hijo del rey. Que él juzgue a Tu pueblo con rectitud y a Tus afligidos con justicia. Que las montañas traigan paz al pueblo, y las colinas, en rectitud. Que él defienda a los afligidos del pueblo, salve a los hijos de los necesitados y aplaste al opresor. (Salmo 72:1-4 NASB)

«Kirk, cambia la palabra «rey» por «presidente» en esta palabra. En realidad, el significado es muy claro. Es una oración. Por esto es por lo que clama la gente del mundo, por lo que clama Mi pueblo. Por lo tanto, Mis justos no serán decepcionados. Mis profetas darán un gran suspiro de alivio, y su fe y la de aquellos que han permanecido a su lado serán recompensadas, dice el Señor».

La Tierra Temblará en D.C. – 27 de Enero de 2021

Mi ángel (el de Kirk) se me apareció y me dijo: «Prepárate porque algo grande está a punto de suceder».

Pude ver a los ángeles batiendo sus alas, inquietos por la expectación. Cuando suceda el evento al que se refería el ángel, un gran número de ángeles serán enviados para venir a la tierra. Con su llegada, sacudirán el suelo de Washington D. C.

Cómo son Dadas las Palabras Proféticas - Cadena de Montaje – 28 de Enero de 2021

En una visión, Kirk vio una cadena de montaje. En este caso, se usaba para enviar cosas que habían sido pedidas. Había una pista con ruedas que permitía al trabajador empujar una caja sobre ella, colocando en ella los artículos que se habían encargado. Las cajas llenas eran numeradas y ordenadas para que, cuando fueran recibidas, pudieran abrirse en orden.

El SEÑOR dice que así es como Él envía los mensajes proféticos. Se envían en orden y en secuencia. Los artículos de la caja parecen ser totalmente aleatorios, pero el Señor no hace nada por casualidad o al azar. Por lo tanto, cuando se vacía una caja, los artículos retirados pueden parecer totalmente inconexos. Sin embargo, cuando se juntan, forman el orden completo (Palabra). Los Profetas oyen cosas de diferentes maneras (visiones, sueños, palabras, impresiones, etc.) y, cuando se ponen juntos, forman un mensaje de Dios.

Obviamente, ¡esta no es la única forma en que el Padre envía mensajes a través de los Profetas cuando está a punto de hacer algo! Él está diciendo que se puede estar seguro de que algo está establecido cuando todos los profetas están oyendo lo mismo. ¡Por lo tanto, no os desaniméis!

Por Tiffany Root y Kirk VandeGuchte

Los Justos Cosecharán los Frutos – Recompensa Rápida y Severa – 5 de Febrero de 2021

¡El Señor dice que Su recompensa será rápida y severa! Aquellos que han sembrado con honestidad y rectitud cosecharán los frutos. Así que, lo mismo ocurrirá con aquellos que se han involucrado en un plan malvado y traicionero. Él dice que estamos cerca de una encrucijada, donde la violencia y la venganza podrían estallar, pero la justicia debe prevalecer. El traidor debe ser juzgado según la ley, pero los desertores deben ser acogidos y, de hecho, amados y guiados según el Espíritu de Dios hacia toda la Verdad.

«Mi pueblo ha sido robado, restringido y reprendido, y Mi recompensa para ellos será más gloriosa de lo que el mundo haya visto jamás. Sí, ¡las riquezas del mundo oscuro vendrán a ellos! Pero yo digo que el mundo entero no se maravillará de eso. ¡No! Se maravillará de la generosidad y la gratitud que se mostrará. ¡Mi pueblo, el que es llamado por Mi Nombre, no vive simplemente para enriquecerse ellos mismos! Los que viven en la oscuridad hacen eso. Mi pueblo da como Yo también he dado.

¡Por supuesto que habrá celebración! Y sí, ¡Incluso será excesiva¡ ¡Amén, dice el Señor! Pero ellos tienen Mi corazón y, como tal, llevarán a todo el planeta a una época de abundancia. ¡Recordad los 7 años y los 7 años!

*Aquellos que encarnan el «Sueño Americano», como lo hacen ahora los ricos, serán pocos. ¡Aquellos que trabajan duro y son diligentes en la profesión que han elegido serán admirados! ¡Aquellos como Mi Trompeta serán admirados! Su riqueza no será su reclamo a la fama, sino que su tarjeta de presentación será **su***

compromiso Conmigo, su ética de trabajo y su generosidad. *Esta tarjeta de presentación se transmitirá de nación en nación.*

¡El oro y la plata serán algo común!

La producción de alimentos aumentará, ya que bendeciré el trabajo de las manos de los agricultores.

El mal que frenaba y restringía será sustituido por la honestidad y la buena voluntad.

¡El socialismo será visto como el azote de la humanidad que realmente es! Los pueblos del mundo se levantarán contra él y tendrán éxito.

Mi iglesia, -no, no esa- ¡MI iglesia! Se levantará y la red de Apóstoles y Profetas será normalizada.

Se producirá una gran purga de la inmundicia en el entretenimiento, internet y el gobierno, y nada más se aceptará.

¡Las escuelas serán para aprender!

¡Los bancos para ahorrar!

¡El entretenimiento volverá a ser divertido!

¡El trabajo se convertirá en honorable!

¡Los negocios serán para el beneficio mutuo del propietario y el cliente!

¡Mis iglesias se llenarán de Mi Espíritu!

Amén».

Por Tiffany Root y Kirk VandeGuchte

Las Arenas del Tiempo – El Anillo del Sello del Espíritu Santo – 9 de Febrero del 2021

El Señor me dijo (a Kirk) que volviera a subir a las arenas del Tiempo. Así que lo hice. Entré en una zona que estaba tenuemente iluminada, excepto el centro de atención, que son las Arenas del Tiempo. Había profetas de pie alrededor de las Arenas del Tiempo. Sabía quiénes eran, aunque no había visto a muchos de ellos antes (los profetas más grandes de todos los tiempos). El Señor me dijo que caminara hacia las Arenas del Tiempo. Empecé a caminar, pero me preguntaba cómo iba a pasar entre todos los que estaban alrededor de las Arenas. Entonces el Señor dijo: «*Hijo, mantén la cabeza alta*».

Así que levanté la vista para mirar a los ojos de todos los profetas que estaban allí. Mientras caminaba, ellos se apartaron y me abrieron paso para que pudiera acercarme a las Arenas. Aquellos que habían sufrido, habían sido martirizados, habían realizado los milagros más grandes y aquellos que tenían la fe para mover montañas, ¡me permitieron pasar ante ellos hacia las Arenas del Tiempo!

Una vez más, me dijeron que metiera las manos en la Arena. Al hacerlo, volví a sentir una caja. La saqué y la limpié. Parecía una simple caja de madera, oscurecida por el paso del tiempo, con un sencillo pestillo que se levantaba para abrirla. Después de mirar la caja, miré a mi alrededor. Los demás me miraban con ansiedad. Oí: «*Abre la caja*».

Así que abrí el pestillo y levanté la tapa. Dentro no había nada más que un anillo de oro. Lo cogí, lo giré entre mis manos y lo examiné. Era muy sencillo, un anillo con un sello. En el sello había una paloma. Un hombre se acercó y me quitó el anillo. Me dijo: «*Extiende tu mano derecha*».

Así lo hice. Le miré mientras extendía mi mano: no tenía rostro. Cogió mi mano derecha y la sostuvo. Con la otra mano, deslizó el anillo en mi mano derecha. Yo no sabía qué significaba el anillo, pero por la expresión de los demás, era muy significativo. Me dijeron que le preguntara a mi Apóstol, Tiffany, qué significaba.

El Señor dice: «*El anillo es Mi firma. Él (Kirk) lleva Mi marca, Mi aprobación, Mi firma. Él Me representa a Mí donde otros han fallado. Él Ha superado otra prueba más. Es Mi sello de aprobación y, así como Yo apruebo las cosas, él las aprueba. Cuando él aprueba las cosas, Yo las apruebo. Trabajamos como uno, porque él ha sido encontrado digno de representarme a Mí.*

Con el anillo de sello de aprobación, los profetas firman o sellan algo. Al hacerlo, están poniendo Mi aprobación y bendición en una palabra, decreto o declaración. Por lo tanto, cuando un Apóstol del Señor trae una palabra con la firma del Espíritu de un Profeta, se libera el poder de Dios».

Luego el Espíritu Santo reveló que los profetas que se inclinaron ante el espíritu de Amán (los que se apartaron de la palabra del Señor) rechazaron su lugar para recibir el anillo y, de hecho, lo cedieron a los que se mantuvieron firmes, tal como lo que era de Amán fue tomado y dado a Mardoqueo. (Véase el libro de Ester para más claridad sobre Amán y Mardoqueo). Pero a Kirk (y a otros profetas que se han mantenido firmes creyendo en la palabra del Señor con respecto a Trump, etc.) se les ha dado el anillo del Espíritu. Kirk y estos otros profetas ahora caminan en la autoridad del Espíritu Santo. (Más explicaciones en el vídeo de Rumble y YouTube).

Por Tiffany Root y Kirk VandeGuchte

El Señor está Tratando con el Sistema Mundial – 20 de Febrero de 2021

El Señor dice: «*Estos son los últimos días. Estoy a punto de hacer algo nuevo. En el pasado he tratado con las personas, pero ahora trataré con el sistema mundial. También se tratará con aquellos que forman parte de este sistema. Pero ha surgido un sistema en la tierra que la clase política y aquellos que desean influencia han abrazado. Es completamente malvado. ¡No lo toleraré por más tiempo!*

¡Ellos creen que pueden impedir que Mi Trompeta vuelva a ser Presidente! Pero no tienen poder, y sus mentes débiles solo maquinan planes necios. En cualquier caso, ¿con quién creen que están tratando?

¡Mis Profetas y Apóstoles están firmes, dice el Señor! ¡No los decepcionaré, y su recompensa en la tierra y en el cielo será grande! Todos los que oigan Mi voz y se mantengan firmes no serán decepcionados. Pero ¡ay de aquellos que solo se mantienen firmes cuando les conviene! Serán otorgadas coronas y serán quitadas coronas. Los últimos serán los primeros y los primeros serán los últimos.»

Águilas a Punto de Emprender el Vuelo – 26 de Febrero de 2021

«*Tiffany, la hora de Mi justicia ha comenzado. Este es el momento en que juzgaré la maldad en la tierra. Esto no es el fin, sino el*

principio del fin. La revelación de Mi Hijo es muy necesaria. Los Apóstoles de Mi Hijo han sido preparados. Incluso los jóvenes aguiluchos están siendo llenados de la revelación de Jesucristo. Ellos también volarán».

Yo pregunto: «¿Adorará Estados Unidos a Jesús después de que Tú la salves?

«Adorarán a Mi Hijo. El nombre de Jesús será proclamado con valentía. Los que se han mantenido firmes no aceptarán otra cosa. Pronunciarán el nombre de Jesús y también lo hará el mundo, porque sabrán que Dios los ha visitado y que solo Yo Soy podía salvarlos de esta oscuridad».

En cuanto a los apóstoles representados como águilas, el Espíritu Santo nos muestra Mateo 24:28, que dice: «**Porque dondequiera que esté el cadáver, allí se reunirán las águilas**». Y también Lucas 17:37, donde está escrito: «**Y ellos le respondieron y le dijeron: "¿Dónde, Señor?" Por lo que Él les dijo: "Dondequiera que esté el cuerpo, allí se reunirán las águilas"**». Y, por último, Job 39:27-30.

El Señor dice: «¿Acaso el águila se eleva por tu mandato y hace su nido en lo alto? En la roca habita y reside, en el peñasco de la roca y en la fortaleza. Desde allí espía a su presa; Sus ojos observan desde lejos. Sus crías chupan sangre; y allí donde están los muertos, allí está ella».

El Espíritu Santo dice que las águilas son los apóstoles. Dondequiera que esté el cuerpo del Señor, allí estarán las águilas antes del regreso de Cristo. El Señor se está preparando para enviarlas. Los profetas que están de pie en este momento están preparando el camino para ello. Además, las águilas han venido para traer la liberación, y destruyen y consumen por completo al enemigo mientras preparan el camino para el Señor, por lo que estarán donde están los cadáveres, y sus «polluelos chupan sangre».

Efesios 3 y 4 dejan claro que el fundamento de la iglesia está construido sobre los apóstoles y profetas, con Cristo Jesús mismo como la Piedra Angular. Los apóstoles y profetas, con la ayuda de los evangelistas, pastores y maestros, tienen la responsabilidad de edificar el cuerpo hasta que todos alcancemos la unidad de la fe y del conocimiento del Hijo de Dios, hasta alcanzar un hombre perfecto, a la medida de la estatura de la plenitud de Cristo. Este último avivamiento no terminará, ya que su fundamento será seguro.

El Señor continúa: «*Tiffany, mis águilas están a punto de emprender el vuelo. Los apóstoles. Son llevados por los vientos del Espíritu. Estados Unidos es la tierra del Águila, ya que es de naturaleza apostólica. Ella lidera, es fuerte, nutre y ama. Es una guerrera valiente y no falla en la batalla, porque su Dios está con ella. Algunos dicen que los Estados Unidos están en una batalla, pero yo digo que la batalla ya está ganada. Le he dicho a tu Profeta cómo es y cómo será. Desde la Tierra de los Libres y el Hogar de los Valientes, Yo Estoy preparando a muchas águilas para que vuelen, y se unirán a otras de otras naciones*».

Yo respondo: «Padre, ¿qué quieres decir con «a punto de» emprender el vuelo?».

El Señor: «*Ha llegado el momento. La gran convulsión que lo cambiará todo también enviará a Mis águilas, las que han estado esperando. Los Profetas están listos y preparados. Su tiempo es ahora, ya que han declarado Mis palabras y luego se han quedado esperando a que llegara la lluvia. Los apóstoles han estado en segundo plano, esperando. Serán vistos cuando vuelen hacia adelante*».

Alegraos de los Juicios y las Bendiciones incluso en los Años de Escasez – 2 de Marzo de 2021

Los hijos del sacerdote Elí, Ofni y Fineas, eran particularmente malvados. En 1ª de Samuel 2:25b, dice: *"Pero ellos no quisieron escuchar la voz de su padre (Elí), por lo que Jehová deseó matarlos"*. Luego, en 1ª de Samuel 4:11, se registra que durante una batalla con los filisteos, ambos murieron.

El Padre está diciendo que esta palabra de Él puede ser difícil de entender para algunas personas. Él dice que todo acerca de El (Dios) es bueno. Sus bendiciones, su amor, su misericordia, y sí, su paciencia, ¡Son todas buenas! Pero en Su amor, Él también hace juicios, imparte Su recompensa, y defiende a todos aquellos que son Suyos. En Su ira, derrama juicio sobre los malvados. Se espera que todos Sus hijos e hijas se regocijen en esto, incluso si hay un baño de sangre, ¡porque sabemos que esto ha sucedido debido a Su amor y bondad!

"Por tanto", declara el Señor, *"presta atención a la lección de los hijos de Elí, Ofni y Fineas"*.

Y así como no les satisfizo seguir reconociendo a Dios más, Dios los entregó a una mente depravada, para hacer cosas que no convienen, llenos de toda injusticia, perversidad, avaricia, maldad, llenos de envidia, homicidio, contienda, engaño, malicia; son chismosos, calumniadores, aborrecedores de Dios, insolentes, arrogantes, jactanciosos, inventores del mal, desobedientes a los padres, sin entendimiento, indignos de confianza, sin amor, sin misericordia; y aunque conocen las ordenanzas de Dios, y que aquellos que practican tales cosas son dignos de muerte, no sólo hacen lo mismo, sino que también dan su aprobación de corazón a los que las practican. (Romanos 1:28-32 NASB)

El Señor dice: "*¡Han tomado su decisión y yo los he entregado a ella! Tendrán la muerte que han elegido.*

Mis manos están llenas de bendiciones. Sí, ¡Derramaré y permitiré que la lluvia tardía caiga sobre todos los que son Míos¡. Todas las riquezas de las tinieblas serán reunidas en la luz, e incluso en los años de escasez, cuando los hombres hayan olvidado lo que es perder, sí, incluso en esos tiempos, los hambrientos serán alimentados y vestidos, y cuando se vuelvan una vez más a Mí y recuerden los días de sus padres, ¡Volveré a derramar Mis bendiciones sobre la tierra! Y una vez más se hablará de Mi Trompeta, y la gente dirá: « ¿Estáis cansados de ganar ya?».

Trump Puesto en Su Legítimo Lugar y Empuñará la Espada de Justicia – 6 de Marzo de 2021

El Señor dice: "*Primero vendrá el terremoto. Esto servirá de aviso (señal) para que aquellos que creen abran los ojos. Este temblor será la tercera y última señal. Marca el comienzo de Mi participación manifiesta*". (Las otras dos señales fueron una de la Trompeta - una carta que escribió - y otra en los cielos - toda la nieve por toda la nación).

"*¡El mundo reconocerá de nuevo con Quién están tratando! Mis ángeles trabajarán al aire libre, y Mis enemigos estarán claramente en guerra unos con otros. Las cosas cambiarán repentinamente, y la gente se dará cuenta de que se les ha dado una oportunidad de ganar.*

Después de estas cosas, Mi Trompeta hará de nuevo su aparición. Él aparecerá como salvador y libertador abiertamente. La gente lo "pondrá" en el lugar que le corresponde. Después de que estas cosas sucedan, Mi Trompeta <u>empuñará</u> Mi espada de justicia, y aquellos cobardes y traidores que no hayan sido ya despojados de todo lo que tienen, incluyendo la vida misma, encontrarán entonces su propia justicia. La furia de Mi Trompeta será evidente. Él tratará con justicia y sin piedad a aquellos que han venido contra los Estados Unidos, la Constitución, el Presidente, y las Leyes de la Tierra. Todo esto no tomará años, sino meses.

Durante esta purga, Mi Trompeta presidirá también un nuevo sistema monetario. Aquellos que han invertido tan fuertemente en su destrucción (de los EE.UU. y del Mundo) pagarán caro, y después de un tiempo, su pueblo se levantará y preparará al mundo para un nuevo líder de los EE.UU. que marcará el comienzo de un tiempo de paz y de trabajo conjunto, mientras los países separados del mundo exploran lo que es mutuamente beneficioso".

Nota: El cumplimiento de la señal del terremoto llegó el 14 de agosto de 2021 como se describe a continuación:

El 10 de agosto de 2021, uno de los relojes de mi casa decía «8-14-21». Entendí del Espíritu Santo que Él estaba diciendo que algo significativo sucedería el 8-14-21.

El 14 de agosto de 2021, Haití tuvo un terremoto de 7.2 grados. El Señor dijo que el terremoto no era de Él, pero que este es el terremoto que habíamos estado esperando como una señal.

Le pregunté ¿por qué el terremoto ocurriría en Haití cuando eso no tiene nada que ver con el regreso de Trump, etc.? Me dijo: *"¿De dónde crees que vienen todos los niños del tráfico de personas?".*

No se refiere a todos los niños, por supuesto, pero una gran cantidad provienen de Haití y otras naciones empobrecidas que los elitistas globalistas han mantenido a propósito en la pobreza. El regreso de

Trump y la desaparición del sistema mundial tiene que ver con esto. Todo está relacionado. Muchos líderes de naciones y organizaciones serán expuestos y llevados ante la justicia.

Además, este terremoto es el polvo aclarándose la segunda vez para Haití. La primera vez fue el terremoto en 2011. Puede haber más a la profecía del polvo aclarándose, pero, al menos, esta es una parte de ella.

Visión de la Máquina del Tiempo – 9 de Marzo de 2021

Yo (Kirk) fui en una visión de vuelta a la máquina del tiempo en la que había estado anteriormente. Fui al 3 de septiembre de 2022.

Estaba en una ciudad de Michigan. Fui a una tienda de comestibles y busqué signos de COVID porque no vi a nadie que llevara una máscara. Lo único que vi relacionado con COVID fue un cartel perdido que decía que había que llevar mascarilla y manchas de luz en el suelo donde habían estado los carteles de distanciamiento social.

Luego fui a Nueva York. Parecía que había más o menos la mitad de la gente que antes vivía allí.

Como Nabucodonosor, Biden Siempre Llevará el apodo de Lunático – 16 de Marzo de 2021

Hoy, el Señor simplemente dijo: «*Nabucodonosor*». Yo (Kirk) leí una historia de él, y luego fui instruido a leer en el libro de Daniel acerca del Rey Nabucodonosor. Se dice que nueve décimas partes de los ladrillos antiguos encontrados en la zona de Babilonia llevan su inscripción. De él se dice que fue el gobernante más grande que Babilonia haya tenido jamás.

El Señor está diciendo que la historia de Nabucodonosor pretende ser una advertencia para aquellos que aspiran a ser "rey de reyes" (Daniel 2:37) como lo fue él, y para quienes tampoco **"reconocen que el Altísimo es soberano sobre el reino de la humanidad y lo concede a quien Él quiere**" (Daniel 4:32).

"Esta es una lección para aquellos que se declaran ser algo que no son. Yo, el Señor, declaro que -de repente- responderé a los gritos de un pueblo que es llamado por Mi Nombre. No me demoraré más".

El Señor habló a Daniel en una visión de un gran árbol, y habla de nuevo a Sus profetas. Dice que las Escrituras registran como testimonio la locura del rey Nabucodonosor. El Señor declara que el nombre de Biden y el nombre de Nabucodonosor siempre llevarán consigo el apodo de "lunático".

"¿Realmente piensan estas personas que el "Altísimo" se sentará de brazos cruzados y los veré robarme? YO SOY ha retratado claramente a quién Yo, el Señor, he escogido. Mi Trompeta ha sido 10 veces más productiva, más honesta, y más directa, que cualquier otro presidente hasta la fecha. Por lo tanto, ellos pueden no leer

las Escrituras o incluso no conocerme en absoluto, pero Mi Mano ha sido claramente mostrada a ellos. Nadie que Me conozca puede dudar de quién tiene Mi mano derecha sobre él. Esto debería ser fácilmente evidente incluso para los ciegos, dice el Señor. Por lo tanto, las ovejas y las cabras han sido claramente divididas. Sí, los del mundo se delatan claramente a sí mismos ¡Como también lo hacen aquellos que los que son de la luz ¡

Los que adoran a su religión, al mundo, y sí, al mismo diablo, son iguales a Mis ojos, dice el Señor. Ellos recibirán lo que más temen. Mis fieles -aquellos a los que Yo amo- recibirán todo lo que desean. Sólo desean a Jesús todo el tiempo y no quedarán decepcionados. ¿De verdad creéis que no derramaré sobre ellos bendición tras bendición? Las bendiciones que han sido retenidas están a punto de estallar; ¡el dique se está rompiendo por la profundidad de las bendiciones que hay detrás! ¡Mirad a vuestro alrededor! ¿Conocéis a alguien que Me ame que no esté esperando algo? Vuestra espera está a punto de terminar. Entonces, terminadla bien. La prueba, las pruebas, ¡ya casi han terminado! ¡Tened fe!

Mi nombre es el Señor de los Ejércitos. Mi ejército nunca pierde. ¡Ni siquiera tenemos pensamientos de eso! YO SOY Bueno. ¡Estáis en buenas manos ¡".

La Bondad de Dios – 18 de Marzo del 2021

Mateo 16 habla de señales y conocimiento celestial... pero «*ellos no pudieron entender*». Mateo 24:38-39 dice que «ellos» no entendieron la sabiduría reveladora hasta que fue demasiado tarde" (vino el diluvio y se los llevó a todos). En Romanos 6 encontramos conocimiento revelador... todo el que está «en Cristo» sabe que la participación en el pecado es una elección. El pecado no es nuestro amo. La rectitud es nuestra inclinación. Aquellos a quienes esto no les es conocido son llevados de aquí para allá y la rectitud es algo por lo que hay que trabajar.

Observen en Romanos 16:17-20, cómo reaccionamos los que somos Suyos ante «los que causan disensiones y estorbos contrarios a la doctrina que vosotros aprendisteis...». ¿Llamamos en voz alta «falso profeta» o «falso maestro»? No. Nos apartamos de ellos.

El Señor está diciendo que Su bondad será evidente en aquellos que están en Cristo. Ellos no se ofenden porque están en Él y han abandonado el orgullo. Ellos realmente lo conocen y no son intimidados por los religiosos. Discutir pequeños puntos está por debajo de ellos porque tienen Su entendimiento. Las acusaciones son desviadas fácilmente por la espada del Espíritu de Cristo. El conocimiento y la sabiduría celestiales niegan su gloria al conocimiento y la sabiduría terrenales. «¡Pero es Mi BONDAD la que trae al pecador!».

El Rey de Gloria dice: "*¡Yo Estoy a punto de expresar Mi bondad en la tierra! Por todas estas cosas, Pueblo Mío, ignorad lo que veis en lo natural, y cerrad vuestros oídos a todo lo que va en contra de Mis palabras y de Mi Reino. ¡YO VOY a enviar sobre la tierra Mi bondad! ¡Habéis sido engañados durante demasiado tiempo! El bien que he deseado para vosotros os ha sido robado y ocultado, Pueblo Mío. Habéis estado esperando el alivio de la deuda. Alivio de vuestra constante lucha por la provisión. El alivio para eso está en camino, dice el Señor. Pero yo digo que esta provisión es la menor de las bondades que he reservado para vosotros.*

Mirad, ¡Tenéis una mente renovada! ¡La mente de Cristo! Esta es una mente creativa que crea para el bien - ¡no para pelear, enriquecerse o hacer el mal! ¡YO SOY ESTOY enviando la creatividad y la bondad que solo los soñadores han soñado! Invenciones para viajar, combustible, curación, encuentros sociales... ¡Sueñen a lo grande, Pueblo Mío! La gran cosecha no será una de lucha y dolor, ni de pobreza y esfuerzo tampoco. Es Mi bondad la que irá delante de vosotros, y el gozo será tan atractivo que la gente se sentirá atraída como una polilla a la luz. Deshaceos de ese afán. Deshaceos de vuestro miedo por el futuro. Mi Gozo está irrumpiendo y será más contagioso que la enfermedad más virulenta. ¡Mirad hacia ARRIBA! Amén".

¡Ahora Brota! – 22 de Marzo de 2021

"¡REGOCIJAOS¡ Estoy haciendo una cosa nueva. AHORA BROTA. ¿No podéis percibirlo? El amor por Mí se está profundizando en Mis santos y profetas y apóstoles mientras esperan. La paciencia en el sufrimiento conforma a uno más en la imagen de Mi Hijo. Este remanente será fuerte, sin miedo y lleno de fe, porque han sido hallados fieles. La primavera es el tiempo de los nuevos comienzos. Los ángeles están entusiasmados. Los santos del Cielo y de la Tierra están emocionados. ¡Aleluya al Cordero! ¡Grande es el SEÑOR y digno de GLORIA! Toda la alabanza y el honor le pertenecen. ¡Grande eres TÚ, SEÑOR, y digno de alabanza! Amén!"

La Fe ve más allá de lo Temporal y es Obediente hasta el Final – 23 de Marzo de 2021

Considerando Josué 6, la conquista de Jericó, el Señor pregunta: *"¿Qué fue lo que hizo caer los muros de Jericó? ¿Los sacerdotes?*

¿Las trompetas? ¿El arca? ¿Los gritos? Os digo que NO. No fueron los guerreros de Israel, ni el pueblo, ni lo que hicieron. Fue la fe y la obediencia de un hombre. Josué siguió Mi orden, y ocurrió como Yo le dije que sucedería. Él no entendía cómo o por qué funcionaría, pero por fe ordenó que las cosas se hicieran de acuerdo a lo que me había oído decir. Yo no he cambiado, dice el Señor. La fe y la obediencia siempre traerán aquello que he prometido".

Dios esperó 7 días después de que Noé entrara en el arca y fue cerrada la puerta para traer la lluvia. Dios esperó hasta que los egipcios alcanzaron a los israelitas y a Moisés junto al mar antes de Él liberarlos. Los primeros 6 viajes alrededor de Jericó no hicieron nada. Los muros permanecieron. El Padre está diciendo que la fe "ve" más allá de lo temporal, más allá de la lógica, y niega el curso natural de las cosas a su manera. **La fe es obediente hasta el final.** La fe ve la promesa, la victoria, la bondad de Dios.

Él dice: *"No os rindáis ahora, pueblo Mío. Aún no he acabado. Mis profetas os han mostrado el futuro. Ellos hablan Mis palabras; ¡Ellas no mienten!".*

Profecía: Es hora de Abandonar Sitim – 14 de Abril de 2021

El Señor lleva a los israelitas al otro lado del Jordán en los capítulos 3-5 de Josué.

El Señor dijo a Josué: "Hoy comenzaré a exaltarte a los ojos de todo Israel, para que sepan que, como estuve con Moisés, así estaré contigo. Mandarás a los sacerdotes que llevan el arca de la alianza, diciendo: "Cuando lleguéis a la orilla del agua del Jordán, os pararéis en el Jordán"". (Josué 3:7-8)

Entonces Josué dijo a los hijos de Israel: "Venid aquí y escuchad las palabras del SEÑOR vuestro Dios." Y Josué dijo: "En esto conoceréis que el Dios vivo está en medio de vosotros, y que sin falta Él echará de delante de vosotros al cananeo, al heteo, al heveo, al ferezeo, al gergeseo, al amorreo y al jebuseo: He aquí que el arca de la alianza del Señor de toda la tierra pasa delante de vosotros al Jordán... Y sucederá que en cuanto las plantas de los pies de los sacerdotes que llevan el arca del SEÑOR, el Señor de toda la tierra, reposen en las aguas del Jordán, se cortarán las aguas del Jordán, las aguas que bajan de aguas arriba, y se levantarán como en un montón." (Josué 3:9-19,13

Entonces Josué llamó a los doce hombres que había designado de entre los hijos de Israel, un hombre de cada tribu; y Josué les dijo: "Cruzad delante del arca del SEÑOR vuestro Dios por en medio del Jordán, y cada uno de vosotros lleve consigo una piedra al hombro, según el número de las tribus de los hijos de Israel, para que esto sirva de señal entre vosotros cuando vuestros hijos os pregunten en tiempos venideros, diciendo: "¿Qué significan para vosotros estas piedras?". Entonces les responderéis que las aguas del Jordán fueron cortadas ante el arca de la alianza del SEÑOR; cuando cruzó el Jordán, las aguas del Jordán fueron cortadas. Y estas piedras servirán de memorial a los hijos de Israel para siempre". (Josué 4: 4-7)

Así que los sacerdotes que portaban el arca se pararon en medio del Jordán hasta que todo lo que el SEÑOR había mandado a Josué que dijera al pueblo terminó, conforme a todo lo que Moisés había mandado a Josué; y el pueblo se apresuró a cruzar. Entonces pasó que, cuando todo el pueblo hubo cruzado completamente, el arca del SEÑOR y los sacerdotes cruzaron en presencia del pueblo. Y los hombres de Rubén, los hombres de Gad y la mitad de la tribu de Manasés cruzaron armados ante los hijos de Israel, como

Moisés les había dicho. Unos cuarenta mil hombres preparados para la guerra cruzaron ante el SEÑOR para la batalla, hacia las llanuras de Jericó. Aquel día el SEÑOR exaltó a Josué a los ojos de todo Israel, y le temieron como habían temido a Moisés todos los días de su vida. (Josué 4:10-14)

Y cuando todos los reyes de los amorreos que estaban al occidente del Jordán, y todos los reyes de los cananeos que estaban junto al mar, oyeron que el SEÑOR había secado las aguas del Jordán delante de los hijos de Israel hasta que nosotros hubimos pasamos, que se les derritió el corazón, y ya no hubo más espíritu en ellos por causa de los hijos de Israel. (Josué 5:1)

El SEÑOR entonces hizo que Josué circuncidara a todos los hijos de Israel porque los que habían salido originalmente de Egipto habían sido circuncidados pero murieron en el desierto a causa de su incredulidad que los llevó a la desobediencia. Así que estos nuevos varones fueron circuncidados.

Y aconteció que cuando Josué estaba cerca de Jericó, alzó los ojos y miró, y he aquí un Hombre que estaba frente a él con la espada desenvainada en Su mano. Josué se acercó a Él y le dijo: "¿Estás por nosotros o por nuestros adversarios?". Él respondió: "No, sino que como Comandante del ejército de Yahveh he venido ahora". Y Josué se postró rostro en tierra y lo adoró, y le dijo: "¿Qué dice mi Señor a Su siervo?". Entonces el Comandante del ejército del SEÑOR dijo a Josué: "Quítate la sandalia del pie, porque el lugar donde estás es sagrado." Y Josué así lo hizo. (Josué 5:13-15)

Entonces cesó el maná en el día después de que hubieron comido los productos de la tierra; y los hijos de Israel ya no tuvieron maná, sino que comieron los alimentos de la tierra de Canaán aquel año. (Josué 5:12)

El Señor dice que la historia de Israel cruzando de Sitim a Gilgal es una imagen de lo que ocurrirá en nuestro tiempo. Donald J. Trump es Josué en esta profecía. Los profetas son los sacerdotes que han puesto sus pies en el agua. Al igual que Josué envió a los militares a cruzar primero, así el presidente Trump enviará a los militares primero. La gente del otro lado sudará de miedo, y sus espíritus los abandonarán. Aquellos del lado del enemigo temerán a Donald J. Trump. El pueblo, sin embargo, le seguirá. Los que han permanecido en fe recogerán las piedras y harán un memorial. Las piedras serán algo por lo que recordaremos esto: nuestro viaje de Sitim a Gilgal.

El pueblo sabrá al cruzar que Dios también derrotará a todos sus enemigos -a todos los gigantes de la tierra (El que comenzó una buena obra en ustedes lo hará hasta terminarla...). Dios terminará lo que empezó. No está en estos capítulos, pero también es cierto que el pueblo llevará todas sus posesiones, así como los Israelitas salieron de Egipto con todas sus posesiones, así como las posesiones de los egipcios. No estamos perdiendo con este trato. Ya no se trata de cruzar el Mar Rojo hacia el desierto. ¡Se trata de cruzar el río Jordán hacia la Tierra Prometida!

Sin embargo, después de que pasemos, no es tiempo para sentirnos exaltados. Por el contrario, es un tiempo para ser circuncidados en nuestros corazones. Es hora de que Jesús sea levantado. Aquellos de nosotros con el Espíritu de Cristo, con fe nos hemos consagrado a esto, pero la mayoría de la gente todavía necesita ayuda. Necesitan ser circuncidados en sus corazones.

Así como hemos creído las palabras del SEÑOR y mientras Él nos cruza sobre el Jordán a la Tierra Prometida, nos hemos unido a la batalla con Su ejército angelical, y estamos luchando con Él por la victoria. Su Comandante ha venido a dirigir el camino y Él no tiene pensamientos de perder. Somos para el SEÑOR, y Él ha venido.

¡Es hora de empezar a comer el fruto de la Tierra Prometida! Aún no sabemos el tiempo, pero es pronto. Esta es una palabra profética, por lo que es una palabra que nos muestra lo que ocurrirá.

El Señor dice que cuando Donald J. Trump envíe a los militares por delante, será una señal de poder proyectado - una demostración de fuerza. Todos aquellos en la tierra serán despojados ante nosotros.

Por último, tan pronto como los Profetas crucen y sus pies toquen tierra seca, el tiempo de los Apóstoles ha llegado.

Profecía sobre la Iglesia según el Ejemplo de Jesús. – 17 de Abril de 2021

"Así pues, dad frutos dignos de arrepentimiento... E incluso ahora está el hacha puesta a la raíz de los árboles. Por tanto, todo árbol que no de buen fruto es cortado y arrojado al fuego. Yo, a la verdad, os bautizo en agua para arrepentimiento; pero el que viene detrás de mí es más poderoso que yo, cuyas sandalias no soy digno de llevar. Él os bautizará con Espíritu Santo y fuego. Su horquilla de aventar está en Su mano, y Él limpiará a fondo su era, y juntará Su trigo en el granero; pero Él quemará la paja con fuego inextinguible." (Mateo 3:8, 10-12)

La adición del Nuevo Testamento al libro no cambia el punto de vista de Dios sobre la Biblia. Vosotros aún no encontraréis salvación en las Escrituras. Jesús dijo: *"Escudriñáis las Escrituras, porque en ellas pensáis que tenéis la vida eterna; y éstas son las que testifican de Mí. Pero no estáis dispuestos a venir a Mí para que podáis tener vida".* (Juan 5:39-40) Por lo tanto, la salvación sólo se encuentra en Jesús. Así que, el dar frutos dignos de arrepentimiento... eso está en Él.

No puedes decir que eres salvo y no tener frutos dignos de arrepentimiento. El hombre puede bautizarte con agua, pero si quieres el bautismo del Espíritu Santo y fuego que da Jesús, debe haber arrepentimiento.

¿Las personas arrepentidas no desean el Espíritu Santo? ¿No es eso estar de acuerdo con Dios? Incluso AHORA el hacha esta puesta a la raíz de los árboles. ¡Aun AHORA la horquilla de aventar está en la mano del SEÑOR! ¡Ahora es el momento! Arrepentíos y recibid el Reino de los Cielos.

"¿Quién es esta "iglesia" que no se parece en nada a Mí, dice el SEÑOR? ¿Qué es esta religión que se burla de Jesucristo proclamando Su nombre y sin dar fruto? ¿Yo no doy fruto? Yo os digo: ¡NO! Yo siempre doy fruto. Un corazón arrepentido es hallado en Mí, uno que está de acuerdo Conmigo.

El tiempo de la Era de la Iglesia ha comenzado, la verdadera Era de la Iglesia, la verdadera Iglesia - ¡la que Me glorifica a Mí, la que sólo Me levanta a Mí! Esta es la era de los Apóstoles. Aquí es donde los Apóstoles y Profetas trabajaran una vez más juntos como uno para traer el Reino de los Cielos a la tierra. Esta es la era donde Mi cuerpo Me traerá gloria a Mí, la Cabeza. Yo estoy limpiando Mi era. Ninguno escapará. ¡Arrepentíos y sed salvos!

Tú que crees que no NECESITAS el bautismo del Espíritu Santo, ¿Crees entonces que Juan el Bautista se equivocó? ¿Acaso los discípulos no NECESITABAN el bautismo del Espíritu Santo que Jesús les dijo que esperaran? Jesús tiene la horquilla de aventar en Su mano. Tú debes decidir.

Kirk y Tiffany, vosotros habéis estado enseñando acerca del ministerio quíntuple (los 5 ministerios). Y correctamente. Pero Yo digo que Mi iglesia sin mancha ni arruga será aquella que siga Mis palabras y Mi ejemplo - no de alguna otra manera. No por sabiduría de hombres, no por teología y doctrina o programas. Será aquella que siga a Mi Espíritu, dice el SEÑOR".

El Tiempo de los Apóstoles – 23 de Abril de 2021

Dios está preparando el tiempo de los Apóstoles. El tiempo de los Profetas está llegando a su fin. ¡No es que no vaya a utilizar a los Profetas! Muy probablemente Él lo hará. Los Profetas que han perseverado, es decir, aquellos que sólo han permanecido en Sus palabras, ni más ni menos - sí, aquellos Profetas que no cambiaron de opinión cuando las cosas que habían profetizado parecían imposibles, a éstos, Él ciertamente los usará. Sin embargo, ¡el tiempo de los Apóstoles está llegando!

Sus Profetas pasarán a un segundo plano durante esta temporada, y se esperará de ellos que acudan en ayuda de los Apóstoles, sí, para servirles y literalmente levantarles ante la gente. Los Profetas serán entonces a su vez levantados por los Apóstoles porque los Apóstoles que Jesús ha elegido saben cómo dirigir y también que el verdadero liderazgo en el Reino es el servicio. Los Apóstoles también levantarán al resto de los cinco ministros, quienes, a su vez, levantarán a la verdadera iglesia.

Así que el Señor está diciendo, *"¡Apóstoles, necesitáis un Profeta! Sí, ¡cada uno de vosotros! ¡Profetas, necesitáis un Apóstol¡. Sí, ¡cada uno de vosotros! Ésta es la manera de Jesús de hacer las cosas. Él ha dado dones a la Iglesia. ¿Realmente creíais que podríais hacerlo de alguna otra manera?".*

Además, ¡el Señor está diciendo que la mayoría de los ministros en el quíntuple son actualmente desconocidos! Él está haciendo algo nuevo - ¿No lo percibís? Estos nuevos ministros en el quíntuple en su mayoría saben quiénes son y están esperando a que la presa se rompa para poder ser derramados y cubrir la tierra. El Señor busca discípulos de Jesucristo de Nazaret. Sí, señales y prodigios - ¡las cosas más grandes que Jesús dijo que harían los creyentes! ¡Él quiere que una vez más tiemble la tierra durante las reuniones de oración! Él quiere liberar prisioneros porque alguien oró con poder. ¡Él está listo para ser derramado en la Lluvia Tardía en PODER!

¿Dónde está Joe Biden? Y El Verdadero Estado Profundo se vuelve contra la clase del "Medio". – 1 de Mayo de 2021

El Señor está diciendo que "fingirán la muerte de Biden en un momento futuro" (fingiendo que acaba de morir), pero ya lleva un tiempo muerto. No tardará mucho en llegar. Kamala no se convertirá en presidenta (no es que Biden fuera realmente presidente de todos modos). Entrando en todo eso, ella pensaba que era bastante inteligente, pero ahora se da cuenta de que está muy por encima de sus posibilidades. Ella se da cuenta de que está en serios problemas. Está buscando la salida en este momento y descubriendo que quizá no sea posible. Intentarán que Kamala sea presidenta, pero ella se mostrará reacia y no querrá aceptar el cargo, conociendo las consecuencias. Pero ella no será presidenta.

El pánico aún no se ha apoderado de todos en esta "administración". Los demócratas, los RINOs, incluso los Obama están pensando que van a encontrar una salida. Sin embargo, todos están siendo engañados por el verdadero "estado profundo". Los súper ricos están planeando ahora su propia estrategia de escape. Tratar de averiguar cómo mantener sus fortunas es primordial. Sacrificarán cualquier cosa o persona por esta causa y ni siquiera se lo pensarán dos veces. Naciones, pueblos, sus propios "líderes" a quienes ellos han puesto en su lugar, sus propias organizaciones - nada significa nada para ellos - excepto que ellos usan esto como herramientas.

El Señor dice que cuando la gente del "medio" se dé cuenta lo que está pasando, será el tiempo más peligroso. Se darán cuenta de que nadie les cubre las espaldas, como pensaban. Entonces serán como animales acorralados. Se volverán unos contra otros, echándose la culpa unos a otros y la economía a los leones. Utilizarán a todo el que puedan controlar. Sin embargo, la marea está cambiando, y no tendrán mucho control para entonces, por lo que es realmente demasiado tarde. Para cuando el verdadero estado profundo muestre que se han vuelto contra esta gente «intermedia», sus opciones casi se habrán agotado. No tendrán mucha capacidad de hacer nada, excepto montar una escena. Esto no significa, sin embargo, que no sea peligroso, porque estas personas «intermedias» seguirán en sus posiciones de «autoridad» mientras tratan de hacer daño a la gente. Pero realmente sólo son peligrosos si les escuchas...o les obedeces.

Para las personas que son «iluminados», y han hecho mucha investigación y piensan que lo tienen resuelto - estas personas deben dudar en última instancia sobre el ascenso de Trump de nuevo a la presidencia porque este es el trato del Señor y Él no va a compartir su gloria con los que lo han «resuelto.» No puedes saber lo que va a pasar por el conocimiento del hombre. Mirad todas las batallas ganadas sobrenaturalmente en las Escrituras. Aquellas personas no lo tenían calculado entonces, y tampoco lo harán esta vez. Es por eso que los profetas ya no están firmes, ya no están firmes - porque fueron con el conocimiento del hombre y no con la Palabra del Señor.

La escritura está en la pared. En las Escrituras, la escritura en la pared hablaba de la muerte de un rey. Esta vez es la desaparición de la Cábala. Los Vientos del Cambio están soplando, y todo lo oculto será expuesto. El Espíritu de Verdad se está moviendo en este momento. Las mentiras serán descubiertas, y todo se volverá del revés. Es como si hubiéramos sido esclavos y nunca lo hubiéramos sabido. Pero vamos a ser liberados. Sabremos entonces lo que es la verdadera libertad.

Amén.

Sueño: El Gobierno Incrementa la Presión sobre la Vacuna – 5 de Mayo de 2021

Yo, (Tiffany) soñé que mi padre nos llevaba a mí y a mis hijos por el pueblo donde vivíamos cuando yo era joven. Parábamos en un restaurante. Allí trabajaba una mujer a quien yo reconocí de hace años, pero que parecía mucho mayor. Sabía quién era yo y ella era muy hábil en su trabajo. Me preguntó si quería un profiláctico, pero le dije que no, que quería un capuchino. Entonces mi padre se había ido, y yo estaba en un hotel con mis hijos, que eran mucho más jóvenes.

Interpretación del Espíritu Santo:

El Señor dice que mi papá en este sueño representa una figura de autoridad. La figura de autoridad quiere que yo vuelva a la antigua vida. La camarera del restaurante me pregunta si quiero un profiláctico, que evita que uno se enferme, como una vacuna.

Este sueño no trata realmente de mí, sino que habla de la gente en general. El gobierno intenta decirle a la gente que si se vacuna, las cosas volverán a ser como antes, como cuando los niños eran pequeños y todo era divertido, etc. No es cierto. No puedes volver atrás.

El Señor está diciendo que va a haber más presión. La gente quiere volver a como eran las cosas en los buenos viejos tiempos y ven el ponerse la vacuna como su manera de volver a como las cosas solían ser. Desean vacunarse con este fin, aunque saben que es perjudicial para su salud. No podemos caer en la trampa y debemos advertir a los demás que no lo hagan. No pueden volver atrás.

Arenas del Tiempo – José hijo de Jacob – Guardando la Fe – Promesas en Promesas – 6 de Mayo de 2021

Mientras yo, (Kirk) estaba orando, se me dijo que fuera a las Arenas del Tiempo otra vez. Así lo hice. Estaba de nuevo en la sala con todos los Profetas. El Hombre sin rostro se me acercó. No dijo nada, pero supe que debía seguirle. También sabía que iba a encontrarme con José, hijo de Jacob. El Hombre sin rostro me condujo a través de los allí reunidos. Cuando se detuvo, estábamos frente a José. El Hombre sin rostro se volvió hacia mí y me dijo: *"Kirk, hazle tu pregunta"*.

Entonces, me puse frente a José y le pregunté si fue difícil tener fe en las visiones (sueños) durante todo ese tiempo. Él dijo que pensó que iba a morir varias veces. "Mi situación parecía imposible. No entendía cómo iban a funcionar las cosas. Llegué a desesperar, incluso de la vida misma, pero no me rendí. Ahora el Padre ha dicho que tengo mucha fe, y es verdad porque Él no miente". Luego dijo: "La fe verdadera no es algo grandioso. Es no rendirse, y es esperar por las cosas prometidas".

Entonces el Hombre sin rostro me condujo a una zona vacía. No había nadie más que nosotros dos. Había mucha luz allí - luz blanca y pura. Parecía que eso era todo lo que había: - luz. Caminamos sobre ella, la respiramos y nos movimos a través de ella. La túnica del hombre sin rostro brillaba con la luz, incluso más que la luz ambiental. Yo estaba casi cegado. El Hombre sin rostro se acercó y agitó Su mano sobre mí. Cuando lo hizo, mi mente se llenó con el nombre "Jesús" y entonces pude volver a ver.

Entonces el Hombre sin rostro abrió mis ojos para ver el futuro, mi futuro. Pude ver todas las visiones y palabras que se me habían dado convirtiéndose en realidad. Vi la dificultad en la espera. Ví a otros luchando, aguardando, y también con esperanza. !No vi a NADIE abandonando¡ También vi que había promesas dentro de promesas, cosas por las que estábamos esperando y que eran añadidas a algo más importante. Éramos todos como niños abriendo regalos, preguntándonos qué descubriríamos a continuación.

Me dí cuenta de que José se enfrentó con desafíos toda su vida, y que nosotros también lo haríamos. De todas formas, el desierto, la carencia, la injusticia y la persecución, todo pasó antes de que él ascendiera como gobernante en Egipto. Nuestros desafíos serán diferentes en el futuro también. Me sentí un poco perdido o completamente pillado, mirando todas aquellas cosas cuando el Hombre sin rostro me interrumpió y me invitó a ir con Él a otro sitio.

Ángel de los Vientos del Cambio Agitado – 16 de Mayo de 2021

Yo estaba en el espíritu y vi al Ángel de los Vientos del Cambio.

Parece enfadado o agitado mientras comienza a generar el viento del Espíritu de Dios. Entiendo que siente que ha habido retrasos y que hay cosas que deberían haber sucedido y no han sucedido. Está lidiando con la resistencia en el reino espiritual. Resistencia a la

Verdad, resistencia a su viento, que está destapando cosas que han estado ocultas. El mal, que está desesperado por expresarse, se resiste a su «viento». También siento que tiene una nueva unción de poder, una nueva determinación y, sin embargo, una impaciencia de origen Divino. También veo a los otros ángeles. Ellos también parecen necesitar un refresco. También miran al Ángel de los Vientos del Cambio, como esperando un cambio real. También veo que el miedo en el campamento enemigo ha aumentado. Las mentiras sobre cómo ganarían de alguna manera están siendo reveladas como mentiras, pero saben que deben seguir luchando, o de lo contrario...

Una vez más, el Ángel de los Vientos del Cambio aparece a la vista. Se eleva desde la tierra hasta la mitad del cielo. Es algo muy valiente por su parte, ya que está a la vista de las filas enemigas, pero se eleva sin miedo. Aumenta el viento del Espíritu de Dios. Algunos de los enemigos parecen aflojarse, incapaces de aguantar. Son arrastrados, gritando y maldiciendo. El viento aumenta cada vez más, ¡y el enemigo pierde alrededor de un tercio de sus filas! ¡Los ángeles del Señor se sienten muy animados! Ahora luchan con ferocidad añadida, y hay una sensación de victoria en el aire mientras avanzan. ¡La tierra está a punto de experimentar una liberación a una escala nunca antes vista!

También veo que la humanidad es en su mayoría ajena a lo que está sucediendo, pero a medida que la marea de la batalla gira a favor del Señor de los Ejércitos, algunos lo ven y despiertan. Al final, todos se verán obligados a ver la verdad, y las mentiras perderán su poder. Está amaneciendo un nuevo día, pero la mayoría aún no lo percibe. Veo que el Señor no permitirá que esto continúe por mucho más tiempo. La revelación de las cosas que Él deseaba revelar está casi completa. Amén.

Por Tiffany Root y Kirk VandeGuchte

Vientos del Cambio y la Caída de la Fachada – 23 de Mayo de 2021

Yo (Kirk) veo al ángel de los Vientos del Cambio contemplando la Tierra. Él es una imagen de fuerza, bastante estoico, pero también satisfecho con los resultados de su trabajo. No ha terminado, pero la tarea que le queda por delante se llevará a cabo sin la resistencia que antes era evidente.

También veo al arcángel Miguel. Él también parece tener una nueva determinación. Está reuniendo a las huestes celestiales para una batalla. Todos los ángeles parecen saber que pronto habrá una gran victoria. Parece que apenas pueden esperar para empezar, pero los ángeles son muy disciplinados. Desean seguir bien y no cuestionan ni contradicen a sus líderes como lo hacen las hordas enemigas. Por lo que he visto del enemigo, hacen todo lo que hacen por miedo, sirviendo en realidad solo a sus propios intereses. Siguen las órdenes de sus comandantes solo para evitar el castigo o para obtener ventajas para sí mismos y, básicamente, son obligados a luchar.

Miguel se está preparando para una batalla enorme. Los ángeles lo admiran. Es un guerrero muy dedicado y leal. Tiene una gran fe, o confianza, en el Señor. La batalla comenzará muy pronto y no será un enfrentamiento prolongado. Terminará bastante rápido.

En la escena mundial, esta batalla y la ruta de lo demoníaco también producirán miedo. Se hará muy visible a medida que se apriete la soga sobre aquellos cuyas acciones han sido malvadas. Su orgullo y bravuconería se convertirán en pánico. El resultado serán pensamientos y acciones erráticos. Observad cómo la fachada comienza a caer esta semana (23 de mayo de 2021). Y mirad, como todos lo harán, ante la caída libre y el colapso del sistema mundial.

«¡Así que aguantad, Mis fieles! ¡Ahora no tardará mucho, dice el Señor de los ejércitos!». Amén.

Jesús Interviniendo en los Asuntos de los Hombres – 25 de Mayo de 2021

Yo (Kirk) veo dos figuras acercándose, viniendo directamente del sol. A medida que se acercan, puedo ver que ambos van a caballo. Parecen saber que están entre el sol y yo, y mantienen el sol a sus espaldas mientras se acercan. Me pregunto quiénes son estos dos. Una voz en mi mente dice: «*Son Miguel y Gabriel, los arcángeles de Dios*». Se detienen en medio del cielo y miran la tierra mientras gira lentamente debajo de ellos. Parecen estar hablando de algo. Uno señala hacia aquí y el otro hacia allá. Esto continúa durante algún tiempo. Entonces, el sol parece oscurecerse.

Mientras miro, noto que hay nubes pasando entre los dos arcángeles y el sol. Al seguir mirando hacia arriba, hacia el sol, veo que las nubes son en realidad ángeles. Son tantos que no puedo contarlos. En mi mente pienso: «*¿Qué puede requerir tantos ángeles?*». Oigo la voz del Señor.

«He decidido intervenir en los asuntos de los hombres. Una intervención soberana. Al maligno se le ha dado libertad hasta ahora. Mis fieles han sido fieles, y he escuchado sus clamores de misericordia y justicia. La copa de la iniquidad está llena. Ha llegado el momento de que Mi mano intervenga. El mal está profundamente arraigado en la tierra. El sistema mundial es tal que, si no fuera por esta intervención, incluso Mis fieles podrían posiblemente ser engañados. Por lo tanto, desarraigaré el engaño. Expondré a los malvados, y Mi pueblo será liberado de este sistema mundial. ¡Me mostraré claramente y Mi deseo por aquellos que

creerán! Sin embargo, habrá quienes aún no creerán, pero serán pocos y débiles», dice el Señor.

«Por lo tanto, ¡Preparaos para la Lluvia Tardía y las bendiciones en esta vida en la tierra más allá de lo que podáis imaginar! ¡Yo soy el SEÑOR, y no miento! Amén».

Iglesia en Casa Estilo Artesanal: –Abierta y Limpia – 27 de Mayo de 2021

Hoy, mientras cierro los ojos para orar, veo una pequeña casa de estilo «Artesanal». Me acerco para observarla. Tiene aperturas para ventanas, pero solo son aperturas, no ventanas reales. También tiene una apertura para una puerta, pero no hay ninguna puerta instalada. Al mirar dentro, veo que está completamente vacía: sin muebles, sin adornos en las paredes, sin decoraciones, sin nada. Sin embargo, está limpia, muy, muy limpia. No hay polvo ni suciedad de ningún tipo. Extraño. Le pregunto al Señor por qué estoy viendo esto...

Después de un rato, Él dice: «*Esta es Mi iglesia*».

No estoy entendiendo lo que Él quiere decir. Está vacía. Mientras reflexiono sobre esto, el Señor dice: «*Yo espero que las puertas estén siempre abiertas. Quiero que a cualquiera que Me quiera le sea posible entrar sin obstáculos. También quiero que las ventanas permitan a los que están fuera ver el interior. Quiero que todos sepan que no hay nada secreto ni exclusivo ocurriendo dentro de Mi Iglesia. ¡También quiero que Mi Iglesia esté limpia! No se toman decisiones ni se hacen tratos que excluyan a nadie que pudiera estar interesado. El viento de Mi Espíritu puede soplar a través de ella, y Mi verdad está allí sin obstáculos.*

Mis ministros quíntuples (Mis Cinco Ministerios) son los artesanos que construyen Mi casa. Estos «artesanos» siguen exclusivamente a Mi Espíritu y son muy valientes y abiertos al respecto. No complacen a nadie sino que se dedican solo a Mí, dice el Señor. No se arrodillan ante la gente, ante la «iglesia», ante nada ni ante nadie, sino solo ante Mí. Se ha dicho que cualquiera que se arrodille ante Mí podrá presentarse ante cualquier hombre. Esto es cierto. El vino nuevo, Mi vino, Mi Espíritu, puede ser derramado en estas pequeñas «iglesias», y Mis centinelas y Apóstoles van a estar «sobre» Mis iglesias, incluso cuando los evangelistas, pastores y maestros hagan su trabajo allí. Todos ellos son Mis siervos. Yo los he elegido y, en Mi Reino, Yo Soy es Rey y elige según Su voluntad. Así sea, dice el Señor.»

Nubes de Ángeles – YO SOY Ganará por Completo – 1 de Junio de 2021

Hoy, mirando en el espíritu, yo (Kirk) veo las «nubes» de ángeles. Están esparcidos por los cielos, de forma ordenada y en un patrón ordenado. Esta vez no veo a los arcángeles, pero siento su cercanía. También veo ángeles que ya están luchando en la tierra. Parecen estar haciéndolo bastante bien. Parecen animados y me da la impresión de que están ganando terreno. Miro todo esto, asombrado por el número de ángeles en los cielos, reflexionando y preguntándome aún por qué hay tantos. Mientras pienso en esto, el Señor me recuerda Su deseo de intervenir.

Entonces me dice en mi mente: «*Kirk, cuando decido hacer algo, lo hago de tal manera que no permito ni la más mínima pizca de victoria para mi adversario. YO Soy el SEÑOR de los ejércitos. ¿Quién podría siquiera pensar que podría enfrentarse a Mí y ganar terreno, aunque fuera en la más mínima medida conocida? El Gran Yo Soy vencerá por completo y entonces las naciones de seguro verán que Yo Soy es Señor».*

Yo dije: «¿Cuándo, Señor?».

Él respondió: «*A estas alturas ya sabes que este es el tiempo y esta es la época. Esto es para que tú lo sepas. Es para Mí el poner las cosas en marcha y detener cosas de acuerdo a la sabiduría del Padre. Solo Él fija el día y la hora, y Él (Padre) también revela lo que Él quiere a Sus profetas».*

Le pregunto a Él si quiere que yo sepa algo más...

El Señor dice que la gente necesita saber que se requiere fe durante este tiempo. «*¡No seáis de los que retroceden! He dado a Mis profetas una voz y una plataforma. Que la gente sepa que debe escuchar Mi voz, ya sea que les hable directamente o que decida hablarles a través de Mis profetas».*

El Señor Enviando Legiones y Legiones de Ángeles y Su Recompensa – 5 de Junio de 2021

El Señor dice: «*Voy a abrir tus ojos para que veas cosas que a nadie más se le han mostrado, y para ver cosas que sucederán cuando Yo Soy despliegue Su justicia. Así que, entonces, abre tus ojos y mira a través del mar, y abre tus ojos para mirar a través de los océanos».*

Así que miro. Veo las aguas enfurecidas y las olas rugiendo. También hay señales en la tierra. Sí, terremotos en los lugares habituales, ¡Pero también en lo inusual!

El Señor me recuerda Isaías 37:36, donde un ángel mató a 185.000 asirios en una noche. Cuando la gente se despertó por la mañana, había cadáveres por todas partes. Luego Él dice: «Voy a enviar legiones de ángeles, sí, legiones y legiones de ángeles esta vez.

Yo Soy voy a generar un reinicio, y haré que aquellas cosas que he hecho por Mi pueblo Israel parezcan un juego de niños, dice el Señor de las Huestes. ¡Una misión de rescate, ¡SÍ! Pero más que eso: esta acción pagará una recompensa. Sí, ¡La recompensa del Señor será impartida! ¡Mis amados recibirán su justicia! He oído sus clamores desde el cielo, y recibirán su compensación, dice el Señor!

Aquellos que se oponen a Mí también recibirán lo que les corresponde, junto con aquellos que no aguanten. Han alardeado con orgullo de sus adulterios y han trabajado en contra de todo lo que es bueno. Sus burlas y mofas han sido debidamente anotadas por los tribunales del cielo. Recibirán lo que más temen, dice el Señor.

Por lo tanto, ¡Alzad la vista, vosotros los que tembláis ante Mi Nombre! ¡Vuestra redención está muy cerca! Amén».

Visión de Estilo Artesanal 2 – Cómo Opera la Iglesia – 10 de Junio de 2021

Esta mañana, yo (Kirk) vuelvo a ver la casa de estilo artesanal. Es la misma que vi el 27 de mayo de 2021. Como antes, me acerco a la casa. Esta vez oigo voces en su interior. Al acercarme, oigo la voz del Señor que dice: *«Ese Mi pastor hablando».*

Luego oigo al pastor hablar de los acontecimientos recientes de la iglesia, así como de las cosas que están por venir. Habla como siervo de aquellos que se reúnen con la autoridad que viene del Señor. Cuando termina su parte, invita a una evangelista a tomar la iniciativa. Ella viene al frente e invita a los reunidos a un tiempo de alabanza. Después, da una breve palabra del Señor ¡E invita a los que no conocen al Señor a aceptar a Jesús como su Señor¡. A continuación, el pastor vuelve a levantar su voz para invitar a cualquiera que tenga una alabanza o una palabra a que levante su voz y dé su ánimo. Además, se invita a los que necesitan sanación u otro tipo de necesidades a recibir oración por esas cosas.

Me doy cuenta de que todos los que asisten a esta iglesia parecen ser amigos. No hay «forasteros» ni nadie que parezca marginado o solo. Me pregunto si estas personas llevan aquí mucho tiempo y son como «viejos amigos».

La voz del Señor vuelve a sonar: «*Kirk, aproximadamente la mitad de estas personas son nuevos seguidores de Mí. La razón por la que te lo preguntas es porque en Mi iglesia no hay miedo. Nadie está <u>preocupado</u> por cómo va a conseguir esto o aquello, o si se pagará la nueva ampliación, etc. ¡No hay ampliación! El pastor no está preocupado porque alguien «ocupe» su lugar o por no salirse con la suya, porque esta es Mi iglesia. En Mi iglesia, no hay problemas con la «unidad» para aquellos que están en Cristo ni cuestiones de doctrina y teología, porque todos Mis ministros quíntuples solo se preocupan por seguir a Mi Espíritu. Ellos Me conocen y no seguirán a ningún otro*», dice el Señor.

Cuando termina el tiempo que pasan juntos en la iglesia, un maestro toma la palabra e invita a cualquiera que quiera profundizar en el Señor a reunirse con él.

Amén.

Un Gran Engaño y Un Jubileo del Fin de los Tiempos – Parte 1 – 13 de Junio de 2021

El Señor está hablando de un gran engaño. Primero, el Señor me mostró cuán grande es ya el engaño. Muchas personas (cristianos), pastores, iglesias enteras, casi todas las iglesias, cerraron debido a un virus. Un virus que, al final, no fue nada comparado con lo que nos dijeron sobre su gravedad. Luego, hubo muchos que fueron engañados para tomar algo experimental y no probado para una enfermedad que tenía una tasa de supervivencia superior al 99 %, cuyos efectos aún no se han manifestado. Otros fueron engañados para que usaran pañales faciales que, como ahora sabemos, eran inútiles para detener la enfermedad para la que se usaban y, de hecho, contribuyen a la mala salud. Pero algunos no se dejaron engañar. Siempre hay un remanente. Después de ver todo esto, me quedé preguntándome cómo es posible que nosotros, como pueblo, podamos escapar de un «gran engaño».

Entonces el Señor dice: «*¡Mirad, Yo Soy os advierte contra este gran engaño! ¡Os han condicionado para que tengáis miedo! Pero yo os digo: ¡No temáis en absoluto! Yo Soy Rey en Mi Reino. Mis fieles no tienen ninguna razón para temer. ¡Miradme a mí! ¿Acaso Yo estoy retorciendo Mis manos preocupado por algo? Yo os digo, ¡NO! Yo estoy sentado en Mi trono. Nada ha escapado ni escapará a mi atención. Yo sigo teniendo todo el poder, el conocimiento y la sabiduría, y Yo digo: ¡No temáis!*

He aquí, Yo sostengo la horquilla de aventar en Mi mano y estoy separando el trigo de la paja. ¡También estoy separando el trigo de la cizaña! ¡No habrá cizaña en Mi era, dice el Señor! ¡El próximo engaño separará claramente el trigo de la paja! Solo quedará Mi trigo, y la paja será llevada por el viento a otro lugar, recogida y quemada, dice el Señor. Del mismo modo, Mi pueblo será reunido en un jubileo del fin de los tiempos, pero el fin aún no ha llegado.

¡Alegraos, pues, pueblo Mío! Yo estoy a vuestro favor y no en vuestra contra. ¡Os bendeciré y apartaré de su lugar a los que os odian! ¡Alzad la vista! ¡Vuestra redención está cerca! Amén».

Un Hedor y la Ira de Dios Arde con Fuerza – 17 de Junio de 2021

«¡UN HEDOR! ¡Un hedor putrefacto sube desde la tierra, dice el Señor de los ejércitos! Apesta a carne podrida, y los clamores de Mis fieles constantemente llaman Mi atención hacia él. Mi ira está muy encendida y aquellos cuyas intenciones y caminos son siempre y únicamente malvados cosecharán lo que han sembrado. Yo soy el SEÑOR. ¡Yo les retribuiré! ¡Sí! Aquellos que pensaban que podían mantenerlo en secreto, y sí, ¡Ellos incluso pensaron que yo no podía ver lo que estaban haciendo!

Este sistema, el sistema mundial, el sistema de las tinieblas, el sistema de matar, robar y destruir, sí, ¡Ese sistema!

¡Mi ira arde INTENSAMENTE! ¡Aquellos que la han encendido sentirán lo que es el verdadero poder! Yo traeré sobre ellos lo que más temen, y aquellos que han subido la escalera de la oscuridad descubrirán que han subido al pozo más profundo del infierno.

¡NO temáis, Mis fieles! Todo lo que la oscuridad ha dirigido contra vosotros, con la intención de destruiros, mirad, ¡Yo lo convertiré en una gran bendición! Las riquezas ocultas en la oscuridad, sí, todo lo que ha sido robado y acumulado, la gran abundancia de

todo lo bueno será repartida. ¡Me complacerá enormemente en vuestro asombro, pueblo Mío!

Incluso aquellos de vosotros que sois conscientes de lo que está sucediendo os horrorizaréis ante la profundidad de la maldad de las personas que serán eliminadas, y os sorprenderéis aún más ante las riquezas ocultas en la oscuridad. ¡No tenéis ni idea del alcance de vuestra esclavitud, y no tenéis ni idea de lo que es realmente la libertad! ¡Pero lo sabréis! Una vez más, ¡no seáis engañados ni os dejéis llevar por el miedo! ¡No temáis! Y, de nuevo, ¡mirad hacia arriba! ¡Vuestra liberación está muy cerca! Amén».

Un Gran Engaño, Como una Pluma Llevada por el Viento – Parte 2– 24 de junio de 2021

«Llega el gran engaño. Llega como una pluma llevada por el viento, no como un martillo que golpea. Mirad, se intensifica lentamente, pero a su paso deja lamentos y maldiciones, porque esta nueva enfermedad es una verdadera pandemia, una enfermedad potenciada por el hombre, y aunque el hombre vuelve a intentar intervenir y mitigar el efecto, vuelve a ser engañado y solo lo empeora, y el número de víctimas aumenta debido a su intervención.

Sin embargo, el mal inherente a todo esto, desde el principio hasta el final, NO tendrá el efecto deseado. Todo (el mal que se está manifestando), en realidad, tendrá el efecto contrario, ya que Yo Soy cambio las cosas a buenas para aquellos que Me aman. Pero ¡Esto no significa que estos fieles no vayan a sufrir el aguijón de la guerra! Mis fieles experimentarán lamento, incluso aunque su experiencia al final resulte en un gran triunfo del bien sobre el mal. Por lo tanto ¡No os dejéis llevar por el miedo! Aquellos que permiten que el miedo entre en sus corazones tomarán decisiones *basadas en ese miedo y estas (decisiones) serán devastadoras. Mantened vuestros ojos fijos en Mí, dice el Señor. ¡Yo no os llevaré a la destrucción, sino a la paz, el amor y la esperanza! Amén».*

*<u>Nota</u>: La falsa pandemia de COVID planeada llegó como un martillazo, de repente. De repente, cerramos todo, etc. Este engaño que se avecina, dice el Señor, será una pandemia real, pero vendrá gradualmente, como una pluma que flota en el aire. El COVID también fue una enfermedad potenciada por el hombre, pero la intervención del hombre la empeoró: la inyección. Habrá dolor, pero el final será un gran triunfo del bien sobre el mal y debemos mantener eso en nuestra mira. ¡Debemos dejarnos guiar por el Espíritu Santo y nada más, y más concretamente, nunca guiados por el miedo! Hemos sido advertidos varias veces. También creemos que esto es algo contra lo que podemos orar para que no suceda. Por lo tánto -y en consecuencia- hemos orado.

El Señor está Haciendo Una Cosa NUEVA – 1 de Julio de 2021

7-1-21

7 = Dios

1 = Nuevos comienzos

2 = Relaciones

1 = Nuevos comienzos

Isaías 43:19 NASB *«He aquí, voy a hacer algo nuevo. AHORA BROTARÁ; ¿no os daréis cuenta? Incluso haré un camino en el desierto, ríos en el desierto».*

«¡Sí, Profeta! ¡Escucha! ¡Estoy haciendo algo nuevo! El Señor de los ejércitos, sí, yo mismo, Adonai. ¡Yo Estoy trayendo una cosa nueva a la tierra! Será ALGO NUEVO, sin precedentes, algo que nunca antes se ha hecho. No sirve de nada mirar al pasado mientras se intenta imaginar el futuro. ¿No he dicho "algo nuevo"?

Mi ira se ha ido despertando y Mi paciencia se ha agotado con aquellos que solo piensan y hacen el mal. Y, sin embargo, estoy haciendo un camino en el desierto y, <u>sí</u>, un río en el desierto. No abandonaré a Mis fieles, y no dejaré a aquellos que tienen Mi Espíritu, porque YO SOY celoso por Mi Espíritu y amo a los que han sido fieles.

¡Esta es una misión de rescate, dice el Señor! En mi gran Misericordia, Amor y Paciencia, voy a intervenir una vez más en los asuntos de los hombres. Pero aún no es el fin.

Yo Soy estoy enviando a Mis Santos Apóstoles después de este tiempo, y ellos solo se arrodillarán ante Mi Hijo y solo lo seguirán a Él. ¡Mis Apóstoles y Profetas edificarán una iglesia! Esta iglesia será la que no tiene mancha ni arruga, y será gloriosa en la profundidad de su fe en Él y en la revelación de Cristo. ¡Mi Gloria-Shekinah será hallada una vez más en la tierra! Me estableceré en un pueblo, y su luz brillará en la oscuridad, y aquellos que estén fuera de esta luz serán atraídos hacia ella, tal como una polilla es atraída por la luz. El hedor será expulsado de Mis fosas nasales, dice el Señor, y Mi pueblo experimentará prosperidad y favor, y alabará Mi Nombre. Amén».

Por Tiffany Root y Kirk VandeGuchte

Trump Administra Justicia – 2 de Julio de 2021

El Señor me llevó (a Kirk) a leer 1ª de Reyes 3, en el que, en un sueño, Salomón pide un corazón que discierna. El Señor le concede esto y mucho más que no pidió. Luego llegan dos mujeres con un bebé vivo, al que él amenaza con cortar por la mitad con una espada. La madre está decidida a mantener vivo al niño, etc. Luego viene el versículo sobre el que el Señor quiere hablar... 1ª de Reyes 3:28 NASB «*Cuando todo Israel oyó el juicio que el rey había dictado, temieron al rey, porque vieron que la sabiduría de Dios estaba en él para administrar justicia*».

El Señor dice: «*La Trompeta, Mi ungido, verdaderamente camina en rectitud. ¡Miradlo! ¡Él ha soportado años de acusaciones devastadoras, mentiras descaradas, pruebas falsas y constantes batallas judiciales contra él y contra los que lo rodean! Sin embargo, está tan seguro de su inocencia ante la Ley que proclama con valentía todas las cosas de las que ha sido acusado. Luego dice que también vencerá todas las acusaciones y batallas judiciales que se avecinan. ¡No tiene miedo! Yo, Yo Mismo, lo he elegido a Él y él no fallará, dice el Señor. Él es Mi instrumento, y Yo Soy estoy con él.*

¡Yo Soy estoy entrenando a mi Trompeta en la administración de juicio! El Señor ha dicho de Salomón que nadie sería como él y que nadie como él surgiría después de él. ¡Y esto es cierto! Sin embargo, mi Trompeta será un juez justo, ¡y exigirá justicia en la tierra una vez más! ¡La amplitud, profundidad y alcance de esta justicia irán más allá de lo que la mayoría de la población de la tierra haya soñado nunca!

Cuando comience, habrá una gran celebración. Pero por el bien de las naciones, Yo, el Señor, amargaré los corazones incluso de aquellos que más desean la justicia (la justicia podría llegar demasiado lejos...). Sí, se derramará sangre y se impartirá justicia verdadera, ¡Y el mundo recordará esto para siempre! El mal nunca más llegará al nivel que estáis experimentando ahora.

Y así como todo Israel temió al rey Salomón, así también los Estados Unidos y el mundo temerán a Mi Trompeta, dice el Señor. Yo, el SEÑOR, seré exaltado y, a su vez, prosperaré a todos aquellos que están en la luz, de un extremo al otro de la tierra. Amén».

Cascada Empezando en Agosto de 2021 – 9 de Julio de 2021

«*Los profetas han dicho: "¡El 4 de julio! ¡El 4 de julio!" En lo natural, parece que no ha pasado nada, pero para los que ven en el Espíritu, sin duda ha habido un cambio. También habrá señales en lo natural en julio, pero estad atentos a las cosas prometidas que vendrán en cascada empezando en agosto.*

Éste será un tiempo peligroso. El mentiroso estará totalmente dedicado a hacer su trabajo. Muchos le creerán. Una presión generalizada será puesta sobre la gente para que tome el veneno con el fin de protegerlos de otra pestilencia. (Véase "Un Gran Engaño", partes una y dos). Este patrón se repetirá durante todo el tiempo que la gente lo permita. Después de eso, e incluso junto con ello, se avivará el miedo, utilizando cualquier cosa que el mentiroso crea que funcionará para seducir a la gente a que le obedezca.

Por lo tanto, ¿No os he advertido, pueblo Mío? No prestéis ninguna atención a las mentiras. ¡Miradme a Mí! ¡Escuchad mi voz! Apagad las «noticias». No escuchéis a los usurpadores en el gobierno. ¿Pueden hacer algo más que matar, robar y destruir? ¡Alzaos en vuestra santa ira! ¡Profetizad la verdad! ¡Interceded por la verdad! ¡Hablad la verdad! ¿O queréis caer en sus mentiras? ¡No! Yo digo; No, -dice el Señor-. ¡Mis fieles son Míos! Nadie puede arrebatarlos de mi mano. ¡Ellos oyen Mi voz y <u>no</u> seguirán a ningún otro!

Ya he dicho muchas veces: «No temáis». Prestad atención. Estos son días oscuros, y hay pánico que está creciendo hasta alcanzar un punto álgido en el campamento enemigo. Pero ni siquiera Yo estoy impresionado, y Mis fieles tampoco deberían estarlo. Yo, el Señor, sigo en Mi trono, y este auge del mal y este tiempo de maldad es algo por lo que ni siquiera me levantaré de aquí. He enviado a los ejércitos del cielo para que cumplan Mi voluntad en este caso, y ellos no pueden perder.

Os doy permiso a vosotros, Mis fieles, para planear la fiesta y la celebración que tendréis después de este tiempo de reinicio, dice el Señor. Empezad a pensar en la opresión que desaparecerá, en las riquezas de la oscuridad que fluirán hacia la luz, en todos Mis pequeños que serán salvados, en todos los mentirosos y usurpadores que serán removidos de sus puestos.

Lo más importante, pueblo Mío, pensad en el Espíritu, Mi Espíritu, derramado en la lluvia tardía. El evangelio viene con poder, sí, ¡Poder! Él (Mi Espíritu) será llevado por cualquiera que lo desee. Él ha estado afligido durante un tiempo, pero también Él estará LLENO de GOZO después de este tiempo. Y derramará Su agua sobre toda la tierra. ¡Y habrá regocijo y celebración por causa de Él! Amén».

Derribando el Sistema Mundial – 11 de Julio de 2021

(Leed Isaías 14:1-27.)

«Así como he humillado a Lucifer, también derribaré este sistema mundial y a todos los que hacen el mal en él. Mis justos brillarán como el sol en todo su esplendor.

Así como los conquistados en la profecía de Isaías se aferraron a Israel, así también los que queden buscarán a los fieles. Yo elevaré a Mis fieles y derramaré Mi gloria, porque YO Soy un Dios justo y misericordioso.

Me ocuparé de los que obran iniquidad y responderé a los clamores de Mis hijos. Ha comenzado, tal y como se os ha dicho. ¡Que suene la libertad!

Cuando Mis ojos ven a Mis fieles, no puedo evitar regocijarme y derramar Mi amor y Mi bendición sobre ellos. Se han mantenido firmes en tiempos de prueba y verdaderamente me deleito en ellos. Mi paz reinará en sus corazones, porque escuchan Mis palabras y las creen. Sus ojos miran continuamente hacia Mí y sus oídos escuchan continuamente Mi voz. Ellos aman a Mi Espíritu. Aman a Mi Hijo, y todo el cielo se regocija Conmigo por Mis hijos.

Una vez más, Yo Soy estoy trayendo a Mis hijos e hijas desde lejos, pero no para formar una nación física, sino una Jerusalén espiritual. ¡Alabad al SEÑOR, todos vosotros, Sus Huestes! ¡Alabad Su Santo Nombre! ¡Grande es el SEÑOR y digno de gloria! ¡Grande es el SEÑOR y digno de alabanza!

Por lo tanto, no dejéis que vuestros corazones se turben. Yo no puedo ser vencido. Amén».

Por Tiffany Root y Kirk VandeGuchte

Dios es Bueno – 20 de Julio de 2021

Yo (Kirk) veo al Señor mirando a Su pueblo. ¡Está tan enamorado de ellos! Mientras los mira, pasan minutos, horas, días, semanas y meses. Sí, incluso pasan años ante Él mientras los mira. Ve a su pueblo realizando sus tareas diarias o desempeñando su profesión o trabajo. Ve su interacción con otros creyentes y también con el mundo en el que viven. Sus palabras llegan a Sus oídos, las preocupaciones por su futuro y por sus seres queridos. Aquellos a quienes Él ama también oran y escuchan Su voz. Después de un rato, noto una mirada de preocupación en Su rostro. No es ira ni nada por el estilo, sino una preocupación que proviene del amor. Me pregunto qué tiene en mente, ¿Por qué tal preocupación? Cuando ya no puedo soportar más la curiosidad, simplemente me sale: «Señor, ¿qué pasa?».

Él se vuelve hacia mí y dice: «*Kirk, profeta, háblale al pueblo y diles... Yo, el Señor, he visto a lo largo de los años, sí, a lo largo de décadas y siglos que vuestro enemigo ha estado trabajando en un sistema de gobierno que opera desde las sombras, uno que reemplaza a gobiernos y países. Y el objetivo de este sistema no es simplemente matar, robar y destruir a las personas, aunque eso también sea cierto. La finalidad de este sistema es avergonzarme a Mí y hacerme quedar mal. Sí, burlarse de Mí y pintar-Me como el malo, no confiable, y pintar a Mi Hijo de la misma manera. Así que sí, vuestro enemigo os desprecia, os odia y le encanta haceros sufrir a vosotros y a todos los seres humanos del planeta, en última instancia, y para siempre. Pero por mucha hostilidad que tenga hacia vosotros, ¡A Mí me ODIA mucho más!*

Por lo tanto, el sistema «mundial» que se ha establecido está ahí para acosarme a Mí y, por supuesto, a aquellos a quienes Yo amo. Veo que la gente del mundo, e incluso los que son Míos, han «comprado» en mayor o menor medida este sistema. Cuando Yo envío a un Profeta al pueblo para advertirle de lo que está por venir, para decirles que eviten el mal que se avecina y que podría caer sobre ellos, ¡lo creen y tienen en alta estima al Profeta! Por el contrario, cuando le envío a un Profeta un mensaje sobre el bien que he planeado para Mi pueblo, ¡lo llaman falso profeta! Creen que el mundo solo puede empeorar con respecto a lo que es actualmente. ¡Hablan entre ellos sobre el futuro con lamentos! Sí, incluso Mis obedientes han adoptado una actitud de derrota. Dicen para sí mismos que las cosas nunca mejorarán. Cada uno de los que hacen esto está profetizando su propia perdición. Yo, el Señor, digo: «¡Alzad la vista, porque vuestra redención se acerca!», y ellos miran al suelo...

¡Este no debería ser Mi pueblo! ¿Soy Yo demasiado débil para cambiar las cosas? ¿Mi bondad no es suficiente? ¿Mi justicia no es justa? ¡Respondedme vosotros que solo podéis «ver» un futuro sombrío! ¡Exijo una respuesta! ¡Exijo un cambio de actitud y de creencias! Yo, ¡Ni siquiera Yo he fallado nunca¡. ¡Yo tampoco seré visto como un fracaso!

El miedo debe ser «eliminado» de vuestras vidas, de vuestro sistema de creencias. Yo soy el Señor. Deberíais "vestiros de fe" cada mañana y llevarla durante el día. ¡Yo NUNCA os dejaré ni os abandonaré! ¡Os sostendré con mi mano derecha poderosa! ¡Levantaos en vuestra fe más santa! Yo anhelo derramar Mi gracia (empoderamiento) para ayudaros! Yo os amo a cada uno de vosotros. Amén».

Por Tiffany Root y Kirk VandeGuchte

El Señor Espera Respeto para Su Ministerio Quíntuple, Especialmente para Sus Apóstoles – 27 de Julio de 2021

El Señor dijo: *«Muchos son los llamados, pero pocos los escogidos»*. Luego dijo: *«Respeto»*. En Mateo 22:14 se encuentra el versículo *«muchos son los llamados, pero pocos los escogidos»*.

Mateo 22:1-14 NASB

Jesús les habló de nuevo en parábolas, diciendo: «El reino de los cielos puede compararse con un rey que dio una fiesta de bodas para su hijo. Y envió a sus siervos a llamar a los que habían sido invitados a la fiesta de bodas, pero ellos no quisieron venir. De nuevo envió a otros siervos diciendo: "Decid a los que han sido invitados: "Mirad, he preparado mi cena; mis bueyes y mi ganado cebado están todos sacrificados y todo está listo; venid a la boda". Pero ellos no hicieron caso y se fueron, uno a su granja, otro a su negocio, y los demás agarraron a sus siervos, los maltrataron y los mataron. El rey se enfureció y envió a sus ejércitos, que destruyeron a esos asesinos y prendieron fuego a su ciudad. Luego dijo a sus siervos: «La boda está preparada, pero aquellos que fueron invitados no eran dignos. Id, pues, a las carreteras y caminos, e invitad al banquete de bodas a todos los que os encontréis por allí». Los siervos salieron a las calles y reunieron a todos los que encontraron, tanto malos como buenos, y el salón de bodas se llenó de comensales. Pero cuando el rey entró para ver a los invitados, vio allí a un hombre que no vestía ropa de boda, y le dijo: «Amigo, ¿cómo has entrado aquí sin ropa de boda?». Y el hombre se quedó sin palabras. Entonces el rey dijo a los sirvientes: «Atadle de pies y manos, y echadle a la oscuridad de afuera; allí habrá llanto y crujir de dientes». Porque muchos son los llamados, pero pocos los escogidos."

El Padre está diciendo sobre esta parábola que el rey esperaba ser respetado por aquellos que habían sido llamados. También esperaba que ese respeto se extendiera a Su hijo y a aquellos que habían sido enviados. Esta expectativa no se cumplió, y los infractores fueron destruidos. Y de nuevo, los siervos salieron e invitaron a todos, y ellos vinieron. Evidentemente, el rey ofreció ropas de boda a los que venían de la calle, pero encontró a un hombre que no las llevaba. Cuando se le preguntó por qué, el hombre no supo responder y fue atado y arrojado a la oscuridad de afuera. No sabemos exactamente por qué este hombre no iba vestido adecuadamente, pero debe ser que tampoco respetaba mucho al rey.

El Señor ha elegido a sus cinco ministros para salir afuera e invitar a todos al banquete de bodas del Rey para Su Hijo. Durante el tiempo de los Apóstoles, una vez más, Él espera que Sus siervos reciban respeto. El Hijo ha elegido personalmente a Sus ministros quíntuples. El tiempo de los Profetas llegará a su fin y los Apóstoles se levantarán. En ese momento, el Espíritu Santo de Dios se derramará una vez más en la lluvia tardía. El poder, el poder mismo de Dios, se manifestará y la gloria shekinah volverá a «instalarse» en la tierra.

Durante el primer derramamiento en Pentecostés, Ananías y Safira descubrieron que debían tener más respeto que mentir a Pedro y al Espíritu Santo. Hechos 5:11 dice que un gran temor cayó sobre toda la iglesia y sobre todos los que oyeron esas cosas. Los Apóstoles durante la época de los apóstoles volverán a ser muy estimados porque el Espíritu Santo volverá a exigir respeto para sí mismo y para aquellos que han sido elegidos por Cristo Mismo. ¡El poder siendo derramado en ese momento exigirá respeto por el Rey! La destrucción será la alternativa.

Los cinco ministerios al completo exigirán respeto, pero los Apóstoles y los Profetas estarán firmes en Su gloria, cubriendo a los otros 3 (Evangelistas, Pastores y Maestros), y serán un pararrayos para la falta de respeto, pero el poder que fluye de ellos vencerá al mundo. Amén.

Horizonte de Sucesos – 30 de Julio de 2021

El Señor dijo algo sobre un «horizonte de sucesos». La definición dice lo siguiente: (aerospacengineering.net)

«Un horizonte de sucesos es el umbral alrededor de un agujero negro donde la velocidad de escape supera la velocidad de la luz. Según la teoría de la relatividad especial de Einstein, nada puede viajar por el espacio a una velocidad superior a la de la luz. Esto significa que el horizonte de sucesos de un agujero negro es, en esencia, el punto más allá del cual nada puede regresar».

Por lo tanto, es el Punto Sin Retorno.

El Señor dice: «*Profeta, habla al pueblo y dile: Se ha alcanzado el horizonte de sucesos de la tierra. El Padre ha decidido intervenir. Ahora, hoy, no habrá vuelta atrás. Los acontecimientos en la tierra exigen una intervención por causa del amor. A partir de hoy, Él intervendrá como Él ha dicho que lo haría. Se trata de una intervención soberana, pero según Su diseño y a Su manera. El Espíritu Santo de Dios sigue siendo el Paracletos, o Ayudador. Él trabaja con, o a través de, los hombres, y continúa haciéndolo. Esta intervención aumentará en intensidad en todo el mundo.*

Puede parecer caótico, pero no lo es. El padre de la mentira utilizará todo lo que esté a su alcance para crear miedo y violencia. No os dejéis engañar por estos giros. Será muy fácil caer en el miedo, la depresión y sentir que no hay esperanza. ¡Ese es exactamente el plan de Satanás! No caigáis en ello.

Ha sido dicho: «Preparad las palomitas, sentaos y mirad lo que pasa». Pero yo, el Señor, digo: «Vigilad y orad; Seguid a mi Espíritu. Id donde Él os diga que vayáis. Haced lo que Él os diga que hagáis». ¡Estoy llamando a Mis fieles a la batalla! Sí, ¡Yo Soy un guerrero, dice el Señor! ¡Venid y uníos a Mí en la batalla, uníos a la batalla y preparaos para deleitaros con el botín! ¡No temáis¡ Solo confiad y tened fe. Soy Yo. Yo estoy liderando esta intervención y obtendré Mi victoria, dice el Señor.

Gran parte de los pueblos de la tierra están acostumbrados a ser representados por otra persona. En su iglesia, gobierno, escuelas, prácticamente todas las instituciones tienen unos pocos líderes que representan a todos los demás. Los que están representados se mantienen al margen. Pagan a sus representantes y, aparte de eso, tienen muy poco interés en lo que está sucediendo. Se necesita un reinicio, y está llegando, dice el Señor. ¡Esta pereza por parte de Mi pueblo llegará a su fin y Mi Espíritu los guiará por caminos de justicia y sabiduría! Ya no se «conformarán» con menos de lo que Yo deseo de ellos. Amén.

Visión de los Tribunales del Cielo – Jesús es el Evangelio 5 de Agosto de 2021

Una visión. El Señor dijo: «*¡Sube aquí!*». Así que pregunté: «¿Dónde, Señor?». Él respondió: «*Ven a los Tribunales del Cielo*». Así que fui allí.

Yo (Kirk) aparecí en la parte trasera de una sala muy grande. En medio de la sala había un pasillo y a ambos lados había asientos que comenzaban a nivel del suelo, y luego cada fila era más alta que la anterior. El pasillo era ancho y había enormes ángeles de pie con armadura completa a ambos lados. En la parte delantera de la sala había unos escalones que subían a una zona elevada donde había una silla grande y ornamentada. Los ángeles también se alineaban en el pasillo hasta la zona elevada. También había algunos asientos a ambos lados de esta zona elevada, pero eran pocos.

En la parte trasera de la sala, cerca de mí, la gente comenzó a entrar. Parecía una sala de espera. Un hombre (el Espíritu Santo) se acercó a mí. Me preguntó: «*Hijo, ¿Qué percibes en los Tribunales del Cielo?*».

Miré a mi alrededor, me volví hacia Él y le dije: «Parece que las personas que están aquí son las que aún viven en la tierra».

Él dijo: «*Sí. El acusador siempre está acusando. Y a veces el Padre está tan orgulloso de uno de sus santos que les permite ser juzgados, solo porque Él los ama mucho. El acusador montará un espectáculo, acusando al santo de todos los pecados. Sí, cada palabra que se pronunció será examinada y el acusador señalará al santo y lo declarará culpable. Se le pedirá al santo que se defienda, y él simplemente responderá mirando a Jesús y pronunciando ese nombre por encima de todos los nombres: Jesús. Todo el lugar y todo el cielo estallarán en una atronadora alabanza a Él: ¡Jesús! Al mismo tiempo, el santo será declarado santo e irreprochable, y las tres personas de Dios sonreirán con gozo*».

Le pregunté por qué yo estaba allí. ¿Me van a juzgar? El hombre sin rostro se volvió hacia mí y me dijo: «*No, esta vez no. Estás aquí porque el Señor quiere que Su pueblo sepa qué es lo que los hace santos y aceptables y qué no. Jesús es el Camino. No hay otro camino, solo Jesús. Jesús es también la Verdad. La Biblia contiene verdad, pero Jesús es La Verdad. Jesús es la Vida. No hay vida sin*

Jesús. La alternativa es la muerte. Entonces, éste es el Evangelio: Jesús».

¡Sus palabras tenían tanto PODER! Parpadeé y estaba de vuelta, orando. ¡Amén!

El Sistema Mundial Colapsando Por Ambos Extremos – 12 de Agosto de 2021

Yo (Kirk) veo un gran terremoto. Las montañas y las islas se desplazan de sus lugares. Escucho al Señor: «*Estos son los que mueven y sacuden el sistema mundial. Sus casas serán sacudidas. Sí, los mismos cimientos de sus casas serán sacados de su sitio, y ellos dejarán de existir. La base misma de su seguridad se convertirá en su tumba o habitación de la que no volverán.*

Y habrá un vacío en la estructura de su gobierno que muchos intentarán llenar, pero Yo, el Señor, he decidido que este vacío no debe llenarse. Por lo tanto, el sistema mundial colapsará por ambos extremos. Sí, los poderes, los gobernantes y las fuerzas espirituales lucharán entre sí, devorándose unos a otros, y el miedo se extenderá debido a la sacudida. El miedo aumentará enormemente en la tierra en este momento debido a aquellos que han creído en el sistema actual, y este fuego se alimentará aún más a medida que se expongan los horrores de este sistema.

Ellos sentirán que no hay esperanza, pero allí donde la oscuridad aumenta, ¡la luz brilla más! Como cualquiera que haya estado observando sabe, ¡Os he mostrado el futuro y la esperanza en los días venideros! ¡Sí! ¡Tenéis un futuro y una esperanza! Por lo tanto ¡Mirad hacia arriba! Yo os cubriré con Mis alas. ¡Yo soy el Redentor y os amo con un amor inextinguible! Mantened vuestros ojos fijos en Mí. No os decepcionaré. Y mientras lo hagáis, vuestra alegría no cesará. Sí, y solo aumentará. ¡Yo soy el SEÑOR vuestro Dios! ¡Amén!».

No Hay Temor en la Sabiduría de Dios – 12 de Agosto de 2021

¿Quién de entre vosotros es sabio y entendido? Pues que demuestre por su buen comportamiento sus obras en la dulzura de la sabiduría. Pero si tenéis en vuestro corazón envidia amarga y ambición egoísta, no seáis arrogantes y mintáis contra la verdad. Esta sabiduría no es la que viene de lo alto, sino que es terrenal, natural y demoníaca. Porque donde hay celos y ambición egoísta, hay desorden y toda clase de maldad. Pero la sabiduría que viene de lo alto es primero pura, luego pacífica, amable, razonable, llena de misericordia y buenos frutos, inquebrantable, sin hipocresía. Y la semilla cuyo fruto es la rectitud es sembrada en paz por aquellos que hacen la paz. (Santiago 3:13-18 NASB).

El Señor quiere que reconozcas Su sabiduría, Su entendimiento. En esta Escritura de Santiago, Él quiere que señalemos que toda la llamada «sabiduría» que es terrenal, natural, demoníaca, se centra en uno mismo. Se describe con las palabras «celos, ambición egoísta, arrogancia, terrenal y natural». ¿Puedes ver que Él está diciendo que esta «sabiduría» relativa al yo está extremadamente extendida en el mundo actual?

Lo que un hombre piensa en su corazón es de suma importancia porque en el corazón es en lo que El Señor está interesado. Si solo pensamos en la autopreservación, nuestras propias ambiciones, nuestros derechos, nuestra propia protección, quiénes creemos que somos…entonces nos hemos abierto a ser guiados por el miedo. ¡Desorden! ¡Y todo lo malo!

Dios es amor. Cuando nuestro corazón está enfocado en Él, entonces la sabiduría que fluye de nosotros es pura, pacífica, amable, razonable, misericordiosa, inquebrantable, sin hipocresía, y produce buenos frutos. Mirando nuestro mundo a fecha de hoy, 12 de agosto de 2021, ¿A qué deberíamos prestar atención? ¿Al caos? ¿A la vacuna? ¿A la violencia y las amenazas dirigidas hacia aquellos que se niegan a vacunarse? ¿A la corrupción del gobierno? ¿A la Cábala, tal vez? ¿Perderemos nuestro trabajo o tal vez nuestra vida?

El Señor dice: «*¡No! Descansad en mí. Yo Soy bueno. Yo no temo, y vosotros tampoco deberíais hacerlo. ¡Acercaos a Mí y yo me acercaré a vosotros! Escuchad Mi voz. ¡Venid, deseo conoceros! ¡Os amo! ¡Quiero que tengáis alegría sin fin, pueblo Mío! Rechazad el caos, el desorden y todo el mal. ¡Entregad-Me vuestro miedo! ¡En Mi presencia hay perfecta paz y gozo! Venid a Mí, ¡Yo os daré descanso! Amén*».

Él Nos ha dado Gracia en Estos Tiempos – 19 de Agosto de 2021

Pablo escribió a Timoteo:

"Por lo tanto, hijo mío, fortalécete en la gracia que hay en Cristo Jesús. Las cosas que has oído de mí en presencia de muchos testigos, confíaselas a hombres fieles que sean capaces de enseñárselas también a otros. Sufre las dificultades junto conmigo como buen soldado de Cristo Jesús. Ningún soldado en servicio activo se enreda en los asuntos de la vida cotidiana, para poder

complacer a aquel que lo alistó como soldado. Además, si alguien compite como atleta, no gana el premio a menos que compita según las reglas. El agricultor que trabaja duro debe ser el primero en recibir su parte de la cosecha. Considera lo que te digo, porque el Señor te dará entendimiento en todo. ... Es una afirmación digna de confianza: porque si hemos muerto junto con Él, también viviremos con Él; si perseveramos, también reinaremos con Él; si le negamos, Él también nos negará; si somos infieles, Él permanece fiel, porque Él no puede negarse a Sí Mismo". (2 Timoteo 2:1-7, 11-13 NASB)

El Señor dice: «*Profeta, dile al pueblo: He dicho: «No temáis» y también: «Levantad la vista, porque vuestra redención se acerca». También he dicho: «Mantened vuestros ojos fijos en Mí» y también: «Mantened la fe». Se les ha dicho que sigan a mi Espíritu, y esto es correcto, pero también quiero mostrarles cómo es esto.*

Sed fuertes en Mi gracia. ¿Se os ha dado la gracia de profetizar? ¿De sanar? ¿De interceder? ¿De liderar? Todo lo que habéis recibido de Mí ha venido por Mi gracia. Yo no os debo nada. Pero Mi amor por vosotros no tiene fin, ¡Y anhelo empoderaros con Mi gracia!

Sufriréis dificultades. Estáis en el mundo, pero no sois del mundo, sois soldados que traéis el cielo a la tierra en Mi nombre. Yo he ganado la guerra, pero aún quedan batallas por librar. Por lo tanto, ¡recordad Quién os ha reclutado! No elevéis al mundo natural en el que vivís por encima de su lugar correspondiente. Sea cual sea el trabajo al que estéis llamados para ganaros la vida, recordad que seguís siendo soldados en el ejército del Señor. No os enredéis excesivamente en el sistema mundano.

Un atleta se entrena para una competición, aprende las reglas y hace todo lo posible por ganar. Del mismo modo, vosotros estáis colocados en un lugar específico y en circunstancias específicas. Fuertes o débiles, ricos o pobres, estáis donde estáis porque el

Señor os ha puesto allí, y Él os ha dado Su gracia para empoderaros en ese lugar concreto. Miradle a Él. Preguntadle qué debéis hacer. ¡Vuestra misión es fundamental para aquellos que os rodean! ¡El Señor tiene un gran premio para vosotros!

Al igual que un agricultor que trabaja duro debe ser el primero en recibir su parte de la cosecha, ¿Creéis que yo (el Señor) os negaré el premio por el que habéis trabajado tan duro? ¡Seguid a Mi Espíritu (las reglas deben seguirse [y la regla es seguir al Espíritu Santo]) y recibid todo lo que Yo he reservado solo para vosotros! ¡Vamos! Vivid Conmigo y reinad Conmigo. Yo os amo. ¡Conmigo no podéis perder! De hecho, la única forma en que podríais perder es rindiéndoos. Amén».

El Tiempo del Señor – Decide Creer al Espíritu – 24 de Agosto de 2021

Ahora bien, habiendo sido interrogado por los fariseos acerca de cuándo vendría el reino de Dios, Él (Jesús) les respondió y dijo: «El reino de Dios no vendrá con señales para observar; ni dirán: "¡Mirad, aquí está!" o "¡Allí está!" Porque he aquí, el reino de Dios está en medio de vosotros». (Lucas 17:20-21 NASB)

A mí (Kirk) me dijeron que escribiera esta Escritura. Entonces me recosté y pregunté qué quería decir Él acerca de estos versículos.

Me encuentro sentado en una silla en la oscuridad, al aire libre. Mientras estoy allí sentado, veo las estrellas en el cielo y poco a poco va amaneciendo. En el crepúsculo veo cactus de diferentes variedades y otra vegetación desértica, rocas, arena y montañas en la distancia. Luego, tan pronto como amanece por completo, comienza a oscurecer de nuevo al ponerse el sol. Mientras observo cómo llega la oscuridad total, comienza a amanecer. Pronto, los días y las noches duran solo unos minutos. Luego se aceleran aún más. En unos segundos pasan varios días, luego semanas, meses y años en segundos. Veo cómo la vegetación crece y muere en segundos, como si hubieran pasado 100 años. Las montañas crecen y se desgastan. El desierto se convierte en un valle fértil...

Luego soy llevado por encima de la tierra. Ahora puedo ver toda la tierra mientras gira debajo de mí. Después de un rato, me doy cuenta de que el Señor está ahora conmigo. Él desea mostrarme algo, así que señala hacia la tierra y veo toda la historia sucediendo. Parece estar mostrándome toda la historia con la misma facilidad con la que uno podría abrir un libro y mostrarle el contenido a otra persona.

Entonces el Señor Jesús se vuelve hacia mí y comienza a explicarme. Él dice: «*El Padre ha establecido tiempos y temporadas para todas las cosas. Él es soberano, y no hay otro. Sin embargo, en su amor y misericordia, ha deseado asociarse con los hombres. Quiere asociarse a través de Su Espíritu, quien os guiará a toda la verdad. En este día, desea mostrarte cómo comprender los tiempos en los que vives y, sí, también el fin de los tiempos. Quiere que veas las Escrituras que declaran y predicen la aparición de Jesús. Simplemente pregunta: ¿Sabían los eruditos cuándo aparecería? ¿O dónde? ¿O de qué manera aparecería? Yo digo: ¡No!*

Y, sin embargo, en el año 2021, los eruditos vuelven a pensar que pueden averiguarlo todo. Con gran orgullo señalan cómo los profetas están equivocados porque lo que dicen no coincide de alguna manera con lo que ellos han descubierto, o con las señales que han decidido que significan algo. Debéis decidir en qué creer: en las palabras de una página o en Mi Espíritu, cuyas palabras se alinearán con las Escrituras. Amén."

El Tren de Trump – Parte 3 – Abandonando la Estación – 27 de Agosto de 2021

(Visión de Kirk)

En el espíritu, estoy en un auditorio, sentado más o menos en el centro de las butacas, en una silla plegable. No hay nadie más presente. Mientras miro a mi alrededor, las luces comienzan a atenuarse. Cuando casi está oscuro, veo que se abren las cortinas.

Como en otra visión, veo una enorme locomotora antigua, una locomotora de vapor. Al mirar, veo lo que parecen mecánicos trabajando afanosamente alrededor de la locomotora. Algunos trabajan en el exterior, como si estuvieran haciendo algo con las ruedas o la transmisión o algo así. Otros trabajan en el interior, donde debe estar el maquinista.

Solo hay un par de vagones adicionales que parecen estar acoplados a la locomotora. El más cercano a la locomotora parece estar siendo llenado de carbón.

Aparece un hombre bien vestido que camina alrededor de la locomotora y los vagones, mirando por dentro y por fuera, y parece estar comprobando el trabajo que se está realizando. Por su vestimenta, intuyo que es militar. Mientras realiza su inspección, charla brevemente con los mecánicos que trabajan en el tren.

Cuando se acerca a la ventana donde debería estar el maquinista, un hombre se asoma por la ventana y le grita al militar por encima del ruido: «¡Eh! ¿Cuándo debe salir esta locomotora del depósito de mantenimiento?».

El militar lo mira y le responde gritando: «¡El 7 de septiembre!». El hombre le hace un gesto con la cabeza y continúa con su trabajo, sin que parezca preocuparse por el horario.

Las cortinas se cierran y yo me quedo mirando la cortina cerrada, pensando en el tren. Entonces, las cortinas se abren de nuevo. Delante de mí hay una pantalla blanca muy grande y, mientras miro, comienza una película. Son todo clips cortos de noticias de todo el mundo, la mayoría enfrentamientos violentos y sin sentido entre la policía o el ejército y personas vestidas de civil en las calles de las ciudades. Mientras miro, estos enfrentamientos se vuelven cada vez más violentos. No son pequeños. Quizás hay millones de personas involucradas.

Luego, también veo a líderes que parecen estar en pánico total. Celebran reuniones que parecen oficiales y a puerta cerrada, ¡Pero puedo decir que están en pánico total! Ellos también observan a la gente mientras despiertan y deciden arremeter contra ellos de cualquier manera posible. Muchos mueren cuando los militares son llamados para mantener el orden.

Visión del Valle Fértil. La Prueba de los Santos – 31 de Agosto de 2021

El Señor me dice (a Kirk) que me prepare para una visión. Cuando cierro los ojos, veo un valle fértil lleno de todo tipo de plantas que crecen en abundancia. Es realmente muy fértil. El Señor dice: «*Así es como veo la tierra*».

Tan pronto como dice esto, mi mente se dirige a Afganistán, Australia y otros lugares donde han surgido problemas para los santos. Él dirige mis pensamientos para que vuelvan al valle fértil y dice: «*Así que ¿cuándo ha florecido el Cristianismo en el mundo? ¿Durante tiempos de paz y abundancia o cuando hubo persecución y división?*».

Respondí que creía que el cristianismo había florecido más durante la persecución y la división.

«*Has visto correctamente, Profeta*».

Pero yo seguía sin entender lo que Él quería decir, así que le pregunté: «Señor, ¿Qué intentas mostrarme entonces?».

«*Profeta, ¿De qué sirve alguien que dice ser seguidor de Jesús pero nunca ha sido retado? ¿Tiene fe esa persona o no?*».

Respondí que no lo sabía. Él respondió y dijo: «*Tanto la fe como el amor deben que ser probados para encontrar su fuerza*».

Continuó diciendo: «*Cualquiera puede afirmar que tiene una gran fe o un gran amor, pero algunos se desanimarán rápidamente y se alejarán, mientras que aquellos a quienes Yo amo se volverán aún más fuertes en la fe y el amor*».

Añadió: «*Es muy difícil tener una gran fe y un gran amor solo por leer unas palabras en una página, pero en una relación, el amor surge de forma natural y luego la fe. Cualquiera que Me conoce Me ama, y a ese se le da más fe. Por lo tanto, ¡Esforzaos por desarrollar una relación conmigo, dice el Señor! Escuchad Mi voz, porque sin comunicación bidireccional, ¿Hay realmente alguna relación?*».

Después de unos minutos reflexionando sobre lo que decía el Espíritu, el fértil valle vuelve a aparecer ante mi vista. Mientras lo contemplo, su voz vuelve a oírse. «*Durante esta temporada estoy cultivando relaciones como nunca antes en toda la historia de la tierra. Aquellos a los que Yo amo oyen Mi voz y Me conocen. Estoy llamando a algunos más a unirse a Mi rebaño, pero el tiempo se les acaba. Orad para que vengan a Mí y Me amen de verdad.*

Profeta, asegúrate de que la gente sepa que están siendo puestos a prueba, y que la única forma de suspender esta prueba es abandonar y alejarse. ¡No os rindáis! Amén».

Visión de un Vertedero de Basura– 7 de Septiembre de 2021

Hoy (Kirk) veo un vertedero de basura. Es muy grande. Por lo que puedo ver, hay montones de basura y hay un olor agrio en el aire que también puedo saborear. Quizás sea plástico quemado o algo así. Me giro y miro hacia un lugar cercano de donde proviene un sonido. Veo lo que parece una rata, una alimaña, escondida entre la basura, revolviéndose en busca de comida o agua, tal vez. Sin duda, es un lugar terrible.

Entonces siento una mano sobre mi hombro. El Señor está a mi lado. Cuando me giro para mirarlo, veo que su rostro está profundamente entristecido. Parece mirar a lo lejos y comienza a hablarme: «*Esto es lo que la gente de la tierra ha elegido en lugar de a Mí y Mi camino. Esta es su vida en la tierra. Suciedad e inmundicia y una búsqueda constante de algo que nunca encuentran. Un vacío en cada paso que dan, una emoción que proviene de hacer la voluntad del maligno y luego la decepción de fracasar una vez más en la búsqueda de la felicidad. Una búsqueda interminable de sentido en un montón de basura. El maligno les miente, diciéndoles que hacer su voluntad es divertido, que los elevará para que sean poderosos y que son más inteligentes y fuertes que aquellos necios que me siguen a Mí*».

Luego se vuelve hacia mí. «*Hijo, dile a la gente que, a medida que se produzca este reinicio, deben tener compasión de aquellos que fueron engañados y ahora desean venir a Mí. Existirá la tentación de tomar represalias, de burlarse, pero Yo digo que el amor siempre gana. Sí, los crímenes deben pagarse, y la justicia llegará a aquellos que la merecen. La justicia debe impartirse. Mi justicia siempre se hace con amor.*

También habrá quienes no puedan venir a mí por orgullo o terquedad, o simplemente porque se han «vendido» al engañador hasta el punto de creer en los caminos del mal. Debe evitarse que esos ganen influencia y no se les puede permitir que vuelvan a tener poder sobre el pueblo. Deben ser «expulsados» y mantenidos bajo control.

Ser un Cristiano complaciente ya no será una virtud. La antigua forma de «iglesia» debe quedar atrás y ser descartada. Mi Espíritu será plenamente evidente y empoderará a cualquiera que esté dispuesto a ser Su portador. Su guía es todo lo que se requiere. Amén».

Tiempos y Épocas – 10 de Septiembre de 2021

El Señor dice que los minutos, las horas, los días y los años son para los hombres. Los tiempos, las estaciones, las épocas y las eras son del Señor.

«Por lo tanto, he creado el tiempo para los hombres, pero Mi reino permanece para siempre y no depende del tiempo. Mis Profetas observan las cosas del reino. Ven las cosas que Yo he puesto en marcha. Les digo cuándo estoy a punto de hacer algo. Ellos «traducen» lo que ven y oyen de mi reino y lo traen a los hombres. Esta «traducción» es difícil para ellos por la transición entre lo eterno a lo temporal. Además, yo, el Señor Dios, a veces me reservo

el momento y el conocimiento del mismo. Marcos 13:32 dice: «Pero nadie sabe el día ni la hora, ni siquiera los ángeles en el cielo, ni el Hijo, sino solo el Padre». Por eso, cada generación mira hacia el «fin de los tiempos» y cree que los acontecimientos, los días y las profecías se alinean durante su tiempo.

¿De verdad creéis que Yo, el Señor, os he mostrado lo que está por venir para que podáis acumular comida, comprar oro o tal vez esconderos en algún lugar durante este tiempo? ¡Yo digo que NO! YO SOY ya ha provisto para vuestro bienestar físico en Mi Hijo. Os he mostrado estas cosas, los tiempos y las épocas, para que no os desaniméis, para que estéis llenos del aceite del Espíritu de Dios y, sobre todo, para que tengáis la gracia de completar la obra de Mi iglesia. ¡La sal preserva a Mis santos y sazona a los que no lo están! Por lo tanto, ¡sed sal y luz en todas las épocas! No temáis. Yo os sostengo a vosotros, a la tierra y al tiempo en Mi mano. ¿Qué podéis decir realmente que necesitáis además de a Mí? Amén».

Visión de los Barcos – Parte 1 – 19 de Septiembre de 2021

Veo un gran barco en el agua, una vasta extensión de agua. El barco está girando hacia su lado de babor (izquierda) y quien lo gobierna es el personaje Joe Biden. Este barco es Estados Unidos. En el horizonte, frente al barco, se lee: «Liberalismo, Totalitarismo, Socialismo, Marxismo, Comunismo, Satanismo». La tripulación parece estar haciendo todo lo posible para que este barco vaya más rápido, gire con más fuerza y acelere hacia el horizonte. Mientras observo, no puedo entender por qué desean ir hacia su propia destrucción.

Entonces, el Señor habla. Dice: «*Todos ellos están engañados. Creen totalmente que están haciendo lo correcto. Ni siquiera pueden considerar la idea de que se dirigen hacia su propia destrucción*».

Continúa diciendo: «*El maligno ha estado dirigiendo este barco hacia su objetivo durante siglos, pero no empezó así. Cuando este barco zarpó por primera vez, se dirigía hacia la rectitud, la santidad, la libertad y el verdadero Cristianismo. Pero poco a poco se ha ido desviando hacia el otro lado. El maligno ha sido paciente, incluso permitiendo algunos giros hacia el bien, pero luego volviendo a girar lentamente... pero ahora ve que el tiempo no le favorece y que hay que acelerar las cosas. Y yo, el SEÑOR, he aumentado el viento en contra que frena el avance del barco. Mi Trompeta ha dado un gran giro contra el avance del maligno, que es por lo que se ha hecho todo lo posible para pararlo. El barco mismo está sufriendo daños debido al manejo brusco y al empuje, que está más allá de sus capacidades. Incluso el que está al timón está siendo empujado más allá de su ahora limitada capacidad.*

Este barco es uno de muchos barcos. (Cada barco es un país/nación). Todos están experimentando lo mismo, pero se encuentran en diferentes etapas en el giro hacia el mal. Durante el lento giro, la gente aguantó a unos pocos izquierdistas locos, pero ahora, al ver este giro hacia la izquierda, se les han abierto los ojos y no lo tolerarán. El pueblo estará preparado cuando yo, el SEÑOR, envíe un grupo de abordaje al barco líder. Cuando esto suceda y mi Trompeta juegue la carta de Triunfo, enviará a los demás barcos al caos y al miedo. ¡Todos experimentarán su propio giro hacia lo correcto! Amén».

El Señor me está mostrando que el grupo de abordaje ha puesto en marcha su plan para tomar el control de este barco (los Estados Unidos). Todo está en su sitio y los activos están ahora listos. La orden aún no se ha dado, pero llegará pronto. Además, han hecho falta siglos para que las cosas llegaran a donde están. El Señor cambiará las cosas en un instante. ¡Es hora de ser felices, de mirar hacia arriba, de declarar Su fidelidad!

El grupo de abordaje que tomará el control del barco no utilizará las leyes y tribunales habituales de los estados y del país. Las leyes que se utilizarán serán similares a las que se utilizan en tiempos de guerra. El grupo de abordaje es Trump y los militares. («Marítimas» puede ser el término para las leyes).

Visión de Jesús con Sus Ejércitos – 26 de Septiembre de 2021

El Señor Jesús dijo: «*Sube aquí*», y mientras lo decía, yo (Kirk) caminaba con Él por un campo cubierto de hierba que me llegaba hasta los tobillos. Yo estaba descalzo y vestía una túnica blanca. Podía sentir la hierba entre los dedos de los pies. También podía oler un aroma similar al de la primavera, muy fresco y refrescante. Mientras Jesús y yo caminábamos, Él se acercó a mí. Lo miré. Se parecía mucho al cuadro que la niña había pintado de Él, muy reconfortante y agradable. Extendió su mano izquierda como si quisiera tomar mi mano en la suya. Así que levanté mi mano derecha y la puse en la suya. Cuando cerró su mano sobre la mía, de repente todo cambió. Hubo destellos de luz y estruendos que sonaban como truenos. Un gran viento nos envolvió. No sabía qué estaba pasando, pero no sentí miedo. Solo miraba a mi alrededor con asombro.

Cuando volví a mirar a Jesús, Él era enorme y parecía estar hecho de luz. Ahora tenía el pelo blanco y Su tono de piel también era más claro. Cuando me miró, Sus ojos eran un fuego ardiente de profundidad infinita. Su lengua era como una espada de doble filo, tal y como se describe en las Escrituras. Cuando hablaba, era como un trueno, y lo que decía se expresaba en todas las lenguas de los hombres y de los ángeles y transmitía un significado, un conocimiento y una sabiduría infinitos. Comprendí que lo que la Palabra de Dios había hablado podría estudiarse durante toda la eternidad y aún así no se conocería su significado completo.

Todo esto y, sin embargo, el apretón de mi mano nunca cambió y, cuando Él me miró, solo sentí amor. También sabía que la única razón por la que estaba de pie era porque Él me sostenía. ¡Me sentía tan pequeño y, sin embargo, el Rey me sostenía la mano! Entonces «oí» (no de forma audible) «*el Rey de Reyes y Señor de Señores*». Vi movimiento y volví a mirar a mi alrededor. Vi a todos los ejércitos del cielo alrededor de nosotros. Ángeles, enormes ángeles a caballo con armadura completa, mirando al frente, sin miedo. Y nunca había visto un grupo tan ordenado y seguro de sí mismo. No miraban a la izquierda ni a la derecha, y los caballos ni siquiera parecían necesitar ninguna indicación de sus jinetes.

De nuevo me sentía bastante minúsculo y yo, sí yo, ¡aún estaba sosteniendo la mano del SEÑOR! Empecé a preguntarme por qué. ¿Por qué estaba allí? ¿Para qué estaba yo en presencia del Señor del Cielo y de la tierra y en medio de los Ejércitos Celestiales?

De repente, todo y todos se detuvo. Todos se quedaron quietos. Se hizo un gran silencio. ¡Yo estaba allí de pie, asombrado! ¿Cómo sabían todos exactamente cuándo detenerse? ¿Por qué nos detuvimos?

Jesús se vuelve hacia mí, sin soltar mi mano, y se coloca delante de mí. El trueno vuelve a salir de su boca. Dice: «*Hijo, todo esto es por vosotros. Dile a la gente que los amo mucho y que no deben temer. ¡No os rindáis! Veo el sufrimiento y he recibido a los mártires. Una vez más, ¡No temáis! Los que quieran salvar su vida, la perderán, pero los que pierdan su vida por Mí, vivirán eternamente conmigo. ¡La venganza es Mía! ¡Yo retribuiré! La Justicia no está tan lejos, como algunos creen, sino muy cerca, y ya se está llevando a cabo. La muerte y la destrucción vendrán, pero aquellos que se han mantenido a Mi lado cosecharán lo que pocos podrían siquiera soñar. Así que, ¡manteneos firmes! ¡No temáis! ¡Levantaos y luchad! Yo, el SEÑOR de los Ejércitos, estoy con vosotros».*

*Nota: La niña a la que se refiere Kirk, que pintó a Jesús, es Akiane Kramarik.

Visión de los Barcos – Parte 2 – 7 de Octubre de 2021

Vuelvo a ver los barcos. Sí, el gran barco que es Estados Unidos y los demás, grandes y pequeños. Los observo desde cierta distancia. Veo que siguen dirigiéndose hacia el horizonte en el que está escrito: Liberalismo, Marxismo, Comunismo, Socialismo y Satanismo. Sin embargo, mientras los observo, puedo ver que su progreso no es el mismo. Algunos aún siguen su rumbo y avanzan rápidamente hacia su propia destrucción.

Para otros, sin embargo, ¡el viento en contra del Señor está teniendo un mayor efecto! Estos están reduciendo la velocidad y los otros barcos los están rodeando y adelantando. Parece haber cierta confusión entre los capitanes de los barcos debido a esto. Su habilidad y liderazgo, o la falta de ello, está causando fricciones entre los seguidores y la tripulación de los barcos. Incluso algunos de los verdaderos creyentes (en este mal) tienen o han tenido algunas dudas, aunque apenas pueden hablar de ello debido al miedo en el que viven.

Parpadeo, cerrando mis ojos por un segundo. Cuando los abro, veo espíritus -espíritus demoníacos- grandes y pequeños. Algunos parecen poderosos y dominan todos los barcos. Otros solo controlan a una persona. Algunas personas están completamente poseídas y otras simplemente se someten a la influencia de los demonios. El espíritu del miedo parece ser la motivación de todos los que están bajo la influencia de este mal. Todos parecen preocuparse solo por sí mismos y tratar de obtener una ventaja para ellos mismos que creen que les aliviará parte del estrés causado por el miedo. Me sorprende el número y el poder de los demonios, todo basado en mentiras.

De repente, el Señor está a mi lado. Mientras miramos, me dice: «*¿Puedes ver por qué esto es ahora una misión de rescate?*». Le respondo que sí, que lo veo. Volviendo a hablar, dice: «*Las personas han permitido que el mal domine todos los lugares elevados del mundo. Llámalos las siete montañas si quieres (medios de comunicación, artes y entretenimiento, gobierno, familia, religión, economía y educación). Todos ellos han sido conquistados poco a poco, y cada uno de ellos refuerza y apoya al otro.*

Esta misión de rescate es un movimiento soberano de Dios, pero Mi Iglesia no ha sido relevada de su responsabilidad, poder o autoridad. Mi decisión de asociarme con Mi pueblo no ha sido revocada y, de hecho, dice el SEÑOR: ¡Estoy derramando la Lluvia Tardía del Espíritu en este tiempo! ¡Entrad en la lucha, pueblo Mío! ¡Despertad! ¡Todavía tenéis autoridad sobre vuestro enemigo! ¡Está bajo vuestros pies! ¡Uníos a esta batalla y orad! ¡Seguid a Mi Espíritu! No retrocedáis, no os escondáis, no temáis en absoluto, dice el SEÑOR de los Ejércitos. Las recompensas eternas esperan a aquellos que no se doblegan a los deseos del enemigo y que se mantengan firmes en el poder de Mi Espíritu, dice el SEÑOR.

Parpadeo de nuevo y veo los barcos en completo desorden. El abordaje del barco de EE. UU. ha comenzado. El barco estadounidense gira a estribor (lado derecho) y envía a los demás al caos. Incluso aquellos que han pasado el barco estadounidense miran hacia atrás con terror. Saben que su fin es ahora seguro. No pueden escapar de la ola que rodeará toda la tierra. Una ola de persecución por traición, y el terror de lo que más temían ahora caerá sobre ellos. No hay escapatoria. ¡No hay escapatoria! ¡Y las gentes de la tierra se REGOCIJAN! Amén.

Visión de los Barcos – Parte 3 – 11 de Octubre de 2021

¡Vuelvo a ver los barcos! Veo que el barco de EE. UU. casi ha dado la vuelta. Algunos de los demás lo siguen. Y sí, caos parece ser la palabra del día. Pero ahora hay algo más en la mezcla. El viento en contra del Señor sopla ahora con fuerza. El océano ya no es solo un mar encrespado, sino que se está agitando en olas muy grandes. El avance hacia el horizonte del Liberalismo, el Marxismo, el Comunismo, el Socialismo y el Satanismo se ha ralentizado hasta convertirse en un paso de tortuga. El miedo de los capitanes y la tripulación también se está agudizando.

Pero incluso mientras pasa esto, el miedo de la gente es mucho menor. Algunos se enfrentan a la pérdida de sus negocios, otros simplemente se quedan sin trabajo, y muchos, muchos se vuelven hacia el Señor simplemente porque no tienen a quién más recurrir. A medida que estas personas pierden por completo la confianza en un sistema fallido de políticos corruptos, despiertan de su letargo y se dan cuenta de que deben oponerse al antiguo sistema de esclavitud y robo.

Los jóvenes del mundo que han crecido, o están creciendo, miran a su alrededor y se dan cuenta de cómo el sistema de matar, robar y destruir se ha utilizado contra ellos en todo momento. Aunque los barcos son embarcaciones separadas, este patrón de despertar comienza y, a medida que continúa, ¡ya no puede ser contenido por el maligno! Su «gran reinicio» se ha convertido en el «GRAN REINICIO» y el «GRAN DESPERTAR» del Señor. Los malos actores han sido expuestos y el deseo de justicia del pueblo no deja lugar al remordimiento por sus ejecuciones. Pero el Señor también ha encendido Su amor, y cuando la gente ve a los santos y su capacidad para impartir justicia con toda su severidad y, sin embargo, con amor, se sorprenden y desean también este amor.

¡El derramamiento del Espíritu Santo también ha llegado! En cada barco, la gente necesita esperanza. ¡Los santos de cada barco están dispuestos a dársela! Miles de «pequeños Cristos» se convierten en millones, se convierte en... sí, una reforma, sí, un reinicio, ¡sí, sí, sí! Este reinicio se extiende también al impotente y aburrido sistema religioso. No se basa en la sabiduría de los hombres, sino en el poder del Espíritu de Dios. El ineficaz sistema de reglas, leyes y principios no será capaz de hacer frente al viento del Espíritu Santo de Dios. Amén.

El Señor se Establece en USA Y Otras Tierras – 19 de Octubre de 2021

El Señor hablándome (Kirk) esta mañana está diciendo: *"A quienes se Me oponen o se oponen a lo que Yo Soy estoy haciendo NO les irá bien. Esto será y es verdad donde sea y lo que sea que Yo Soy estoy haciendo. Cuando Yo Soy estoy estableciendo una tierra para Mí o entregando una tierra a Mi pueblo, a aquellos que se resisten no les ha ido y no les irá bien. Tal es el caso de América del Norte. Yo traje a Mi pueblo allí. Les ordené que se establecieran y que hicieran suya la tierra, tal como Yo lo había hecho en el pasado con Mi pueblo Israel.*

Por Tiffany Root y Kirk VandeGuchte

Ahora, las fuerzas espirituales del mal han venido contra Mí en la Nación a la que he traído a la vida bajo Mi Nombre. Sí, y ahora tratan de burlarse de Mí, dice el Señor Dios. Pero Yo, Yo mismo, dice el SEÑOR, siempre he sabido el fin desde el principio. Yo me burlé de Satanás derrotándolo. Sí, ¡Mi Hijo vino como Hombre y arrancó de él su autoridad! ¡De nuevo se hará una burla! Pero no será de Mí, dice el Gran Yo Soy.

Los Estados Unidos serán de nuevo establecidos, y lo haré Yo, dice el Señor. ¡El hombre se burlará una vez más de Mis enemigos! Incluso ahora Mis Profetas están en sus puestos. ¡Mis vigías no se dejan engañar por los trucos y mentiras de sus enemigos! Ahora mismo están derribando las fortalezas de las tinieblas y levantando un estandarte contra ellas. Las ciudades de gobierno en el Este han caído, y así como los colonos fueron desde el Este al Oeste, ¡así se moverán las fuerzas espirituales del cielo! Los espíritus sobre las 7 montañas serán derribados en este movimiento al Oeste. ¡Justo ahora el hacha está siendo puesta a la raíz del árbol!

Mis vigías están ahora mismo llamando a aquellos que Yo, el Señor, he mantenido ocultos. Estos recién acuñados Apóstoles, Profetas, Evangelistas, Pastores y Maestros se inclinarán sólo ante Mí. Yo los he levantado y Yo los mantendré.

Yo, el Señor, arreglaré las cosas primero con Israel y los Estados Unidos porque uno de ellos fue llamado por Mí y el otro me llamó a Mí. Después de ese tiempo, aquellos que se Me opusieron se encontrarán Conmigo, y no les irá bien. Todos ellos caerán, y la caída será grande. Sin embargo, todos los que Me aman y Me invocan serán bendecidos. Y esta bendición será mayor que la caída de los malvados. Amén".

Jesús con la Horquilla de Aventar –26 de Octubre de 2021

Veo al Señor Jesús con una horquilla de aventar en Sus manos. Él está parado en el grano en Su era. Yo estoy de pie junto a Su era, mirándolo. Él se vuelve hacia mí y me dice: *"Profeta, dile a la gente que he estado trabajando y que casi he terminado de trillar esta cosecha de trigo. Diles, por tanto, que no deben dudar, sino decidir hoy a quién servirán. La agitación actual y el soplar de los vientos pronto quedarán en el pasado, y los que han resistido la prueba claramente serán vistos.*

El viento ha barrido la paja. Sí, Mi trigo ha sido despojado de su protección. Todo lo que lo ha mantenido oculto es o será quitado. Porque Mi trigo Me mirará sólo a Mí para su bienestar y nunca más a ninguna protección terrenal. Profeta, diles que este tamizado y aventamiento es un proceso violento, pero que después viene el juntarlos en el granero. La paz volverá a reinar y la prosperidad y la generosidad serán la norma. Yo, el Señor, volveré a ocupar el trono de los corazones de la gente. Amén".

Sueño: La Administración Trump Sube al Escenario – 27 de Octubre de 2021

Esta mañana, yo (Tiffany) tuve un sueño en el que estaba con otras personas en una habitación viendo una rueda de prensa de la Casa Blanca en un televisor que colgaba de una pared. Era la habitual rueda de prensa de Looney Tunes de la falsa administración. Luego, un hombre se acercó al micrófono y habló. Dijo algo así como:

«Estamos a favor de la administración Trump y, a partir de hoy, haremos todo de acuerdo con esta administración».

Al principio, los malos no eran conscientes porque no se dieron cuenta de lo que él estaba diciendo. Los que estábamos viendo la rueda de prensa no estábamos seguros de haber oído bien. Me volví hacia Kirk y le pregunté: «¿He oído bien?». Y él respondió: «¡Sí!».

¡Estábamos tan felices! La gente se preguntaba ¿Qué está pasando. Estábamos esperanzados y sin estar seguros. Salí afuera y alguien me dijo que no debíamos salir, pero yo respondí: «¡Voy a salir!». Estaba emocionada.

Cuando salí, vi que el hombre que había estado hablando en la televisión estaba cambiando el exterior del camión de basura de otro hombre. Puso la foto de ese hombre en el camión en lugar del logotipo que había allí. Parecía que el conductor del camión de basura se sentía muy humillado por lo que estaba pasando y no sabía qué decir.

Interpretación del Espíritu Santo:

Kirk oyó y vio...

Así es como sucederá. No se disparará ni un solo tiro. Será una acción tan audaz que la gente de la izquierda no tendrá ni idea de lo que está pasando. Los militares los rodean, entran y toman el control, excepto por la sala de reuniones donde se encuentran los líderes de la izquierda. Esos líderes no tienen adónde ir. Están completamente atrapados, rodeados. Este tipo entra con mucha valentía y dice lo que dice, y ellos se quedan horrorizados, esperando que alguien lo arreste, pero eso no sucede. Han sido pillados completamente desprevenidos.

El miedo dice: «No salgas ahí fuera», pero yo digo: «¡Voy a salir!». Lo que veo fuera es que Trump elevará a los trabajadores estadounidenses, para que vuelvan a estar orgullosos de lo que hacen. En este momento, están siendo agredidos con inyecciones, mascarillas, distanciamiento y todo tipo de tonterías. Ya no serán asaltados más. Serán levantados como trabajadores. Volveremos a estar orgullosos de ser Americanos. Y lo que el Señor dijo anteriormente es cierto: ¡Aquellos que son Suyos serán conocidos por su ética de trabajo, su compromiso con Él y su generosidad!

Halloween Será un Fracaso – 29 de Octubre de 2021

El Señor de todo dice: «*Halloween será un fracaso en el reino espiritual este año, así como en el reino natural. He instruido a Mis profetas y a aquellos apóstoles que tienen un profeta para que derriben los poderes y las autoridades en el reino demoníaco. Están haciendo lo que se les ha instruido que hagan, y algunos de los lugares altos del mal ya han caído.*»

*Nota: Halloween fue un fracaso rotundo donde pudimos observarlo. No hubo la participación habitual, ¡y ni siquiera encontramos una calabaza aplastada en las calles ni en ningún otro lugar tampoco!

¡Mirad hacia arriba! – 30 de octubre de 2021

«*Kirk, he comenzado algo sin precedentes en la tierra. Mis Santos Profetas han estado hablando de este acontecimiento que han visto en el futuro. ¡Se cumplirá con todo lo que dicen y ven! Y eso a pesar*

de que pocos de ellos pueden ver la magnitud de la obra que Yo, el Señor, haré y ya he comenzado.

Profeta, de aquí en adelante, muestra a la gente este acontecimiento, y no desde una perspectiva local, regional o incluso desde el punto de vista de un país en particular. Israel, sí; Estados Unidos, sí, pero Yo digo que este movimiento será mucho más grande de lo que incluso los Profetas están viendo ahora mismo. ¡Abrid vuestros ojos, pueblo mío! ¡Quiero mostraros lo que hay en Mi corazón! ¡Dónde se está derramando Mi amor! Dejad de pensar en pequeñito, conforme os han enseñado. ¡Miradme a Mí! ¡Yo SOY el Gran YO SOY! ¡Alzad vuestros ojos! ¡He dicho que Levantéis Vuestros Ojos! ¿Qué os ha aportado alguna vez estar abatidos? ¡NADA! dice el Señor de todo.

Todos vosotros habéis sido elegidos para vivir en este tiempo, un tiempo con el que otros solo soñaron. ¡Pero yo os he elegido a VOSOTROS! Por lo tanto, auto-edificaos en vuestra fe. Usad la autoridad que Yo os he dado. Sanad a los enfermos. Resucitad a los muertos. YO SOY el Señor y he dicho que haréis cosas más grandes que las que Yo hice en la tierra. ¡Sí! Traed GLORIA al Padre. Ese es Mi deseo para vosotros, para todos vosotros, ¡Para todos! Mi Espíritu será derramado. ¿Encontrará Él a aquellos que estén dispuestos y, sí, preparados para llevarlo a Él?

Mirad en las Escrituras y ved lo que han hecho aquellos que siguieron Mi voz. Y esto, en una época en la que solo unos pocos eran portadores de Mi Espíritu. Estas hazañas son solo un anticipo de lo que está por venir. Cuando digo que Mi Espíritu se derramará con PODER, ¿Qué creéis que quiero decir? ¡MIRAD HACIA ARRIBA! Amén».

Discernir el Tiempo de la Visitación del Señor – 6 de noviembre de 2021 y 3 de abril de 2019

Palabra que se nos dio el 3 de abril de 2019...

Cuando Él (Jesús) se acercó a Jerusalén y vio la ciudad, lloró por ella y dijo: «Si tú, incluso tú, hubieras sabido en este día lo que te traería la paz, pero ahora está oculto a tus ojos. Llegarán días en que tus enemigos construirán un terraplén contra ti y te rodearán por todos lados. Te derribarán al suelo, a ti y a los niños que están dentro de tus murallas. No dejarán piedra sobre piedra, porque no reconocisteis el tiempo de Dios viniendo a vosotros». (Lucas 19:41 TNIV)

El Señor nos dice que necesitamos «ver» lo que nos traerá la paz. Si no estamos dispuestos a mirar y simplemente seguimos adelante, será oculto a nuestros ojos. Él no deja la oportunidad de cambiar abierta para siempre. Los judíos de Jerusalén fueron llamados sepulcros blanqueados: por fuera parecían limpios, pero por dentro estaban llenos de inmundicia. La religión encubre sus faltas, y los religiosos viven sus vidas como una fachada de bondad, santidad y redención en Cristo. Debemos examinarnos a nosotros mismos por el Espíritu Santo y expulsar las fortalezas que hemos permitido que permanezcan en nosotros. No podemos «conformarnos». ¡Esta obra debe llevarse a cabo! Que no se diga de nosotros que «no reconocimos el tiempo de la visitación de Dios sobre nosotros». O si nos conformamos, verdaderamente se dirá de nosotros que nuestro destino es el mismo que el de la Ciudad Santa, sin que quede piedra sobre piedra.

Ahora podemos ver que Jerusalén estaba cegada por la religión y el orgullo. Esto no tiene por qué ser así para nosotros. Tenemos la capacidad, en el Espíritu de Cristo, de humillarnos ante el Único que nos conoce completamente, confesar nuestros errores, nuestras creencias erróneas, nuestro orgullo, y ¡ser completamente LIBRES¡. De hecho, esto no es una opción. <u>Debe</u> suceder. ¡Recuerden amar en todo este proceso! ¡Sed considerados, someteos al Único Santo!

Palabra dada el 6 de noviembre de 2021...

El Señor está hablando hoy a Su Iglesia y se refiere a la palabra dada el 3 de abril de 2019 (arriba). Él dice que ahora es el momento de reconocer el tiempo de Su visitación, de «ver» la obra que Él ha estado haciendo, de acompañarlo y trabajar con Él. Ya no tolerará más la religión y la fachada de seguirlo. Él busca a aquellos que lo siguen en Espíritu y en Verdad. Él creó los cielos y la tierra en 6 días y descansó el 7º, y Él espera que sigamos Su liderazgo. «Trabajar» para Él un día a la semana y vivir para ti mismo los otros seis días ya no funcionará nunca más.

Esto no quiere decir que Él defienda el deber religioso de tomarse un día libre a la semana, sino que muestra lo absurdo que es pensar que podemos «trabajar» para Él una vez a la semana. Como dice la Escritura: «Pero Jesús les respondió: «*Mi Padre siempre está trabajando y yo también*»» [Juan 5:17 NLT]. Y en Hebreos 4:7-10 se nos dice que Jesús es nuestro Descanso Sabático y que entramos en él creyendo en Él, en Sus palabras y en Sus obras.

... de nuevo Él designa un día determinado, diciendo en David: «Hoy», después de tanto tiempo, como se ha dicho: «Hoy, si escucháis Su voz, No endurezcáis vuestros corazones». Porque si Josué les hubiera dado descanso, entonces no habría hablado después de otro día. Queda, pues, un descanso para el pueblo de Dios. Porque el que ha entrado en Su reposo, también ha cesado a su vez de sus obras, conforme Dios hizo las Suyas.

Por lo tanto, al entrar en las obras de Cristo, dejamos de esforzarnos con nuestras propias obras.

Su iglesia será a Su imagen y semejanza, o no será Su Iglesia. Su iglesia se diferenciará en sí misma por moverse en poder, porque Él no puede separarse de su poder. Donde esté Su presencia, estará Su gloria. Donde esté Su gloria, el poder estará presente. Incluso ahora, los que forman parte de Su iglesia saben quiénes son. Éstos son los que están insatisfechos con la iglesia institucional.

«¡Desean más, y Yo les daré más de lo que desean, dice el Señor! ¡Poder! ¡Sí, poder! A medida que Mi Espíritu se derrama durante este tiempo y llega el tiempo de los Apóstoles y las Iglesias en Casa, el Poder obligará a las personas a decidir si están a Mi favor o en contra de Mí, dice el Señor. Amén».

La Cosecha del Fin de Los Tiempos – Mil Millones de Jóvenes – Primera Parte – 12 de noviembre de 2021

«¿Mil millones de jóvenes? Sí, mil millones, ¡Y más que eso! Profeta, dile a la gente del mundo que levante la vista. Sí, ¡Mirad hacia arriba y ved! Vosotros, los que tenéis ojos para ver, mirad adelante en el tiempo. Mirad más allá de las noticias actuales, más allá del ataque de ira que está lanzando vuestro enemigo, más allá de vuestras necesidades de hoy y lo que queréis para mañana. Mirad más allá de lo temporal.

¿Podéis ver al Ángel de los Vientos del Cambio soplando una gran ola? Sí, está destapando todas las mentiras, la corrupción y la incompetencia. ¡Pero mirad! ¡Incluso la iglesia está implicada en el engaño de lo que se llama «hoy»! ¿Podéis ver la ola formándose ahora? ¿Podéis ver a Mi Iglesia detrás de esta ola? ¿Veis a los recién acuñados Apóstoles, Profetas, Evangelistas, Pastores y

Maestros preparándose para ocupar su lugar en el tiempo venidero de la ola? Sí, ¡Mirad Conmigo! Más allá del breve tiempo de crisis y hacia la Cosecha del Fin de los Tiempos que se avecina. ¿Mil millones de jóvenes? ¡Sí! ¡Y más que eso!

¡Vosotros, los mayores! Sí, vosotros que sois llamados como los de Josué, ¡Preparaos para sumaros a esta ola! Financiadla, formad a los más jóvenes. Ayudadla. Pero no os interpongáis en su camino cuando comience, porque si lo hacéis, ¡Seréis arrastrados por la ola!

Estos jóvenes que están formando la ola lo han visto todo. Han visto a los gobiernos mentir, engañar y robar. Han visto a la iglesia que dice tener poder, pero no lo tiene. Han visto a los superricos dominar al pueblo. Han sido testigos del vacío de la inmoralidad, las drogas y la búsqueda de la «felicidad» en el mundo. Ellos buscan la Verdad y le encontrarán a Él, dice el Señor de todo. Y cuando lo hagan, se les dará la fe de Dios, no simplemente la fe en Dios, ¡Sino la fe de Dios! La fe de Dios no conoce las palabras «si» o «tal vez». Solo ve lo que cree como HECHO. Por lo tanto, estos jóvenes no tendrán miedo. Si uno cae, los demás simplemente lo levantarán. ¡Serán imparables! Amén, dice el Señor de todo».

La Cosecha del Fin de los Tiempos – Mil Millones de Jóvenes – Segunda Parte – 18 de noviembre de 2021

«*Yo estoy volviendo a por una novia pura. Este remanente que saldrá de esta dura prueba será el que forme a más de mil millones de jóvenes para que Me sigan. Ellos harán discípulos de Mí. La diferencia entre los discípulos verdaderos y los discípulos solo de*

nombre será asombrosa. Mi remanente no se dejará engañar. Ellos sabrán quiénes Me siguen verdaderamente y quiénes no. Esta cosecha del Fin de los Tiempos será la mayor en todos los sentidos: alcance, número, intensidad y pureza. Esa es por la que Yo estoy volviendo».

« *¿Por qué se levantan en vano las naciones y los reyes se rebelan contra el Señor y contra su ungido?*» (Salmo 2:1-2). Es cosa vana luchar contra el Señor. Los ataques del enemigo son inútiles. El Señor hará lo que Él quiera. Él nunca pierde y ni siquiera tiene pensamientos de eso.

Llenar la tierra y someterla sigue siendo el mandato del SEÑOR, lo que significa hacer discípulos y llevar el Reino de los Cielos a todas las montañas de influencia del mundo. La autoridad es nuestra en Cristo Jesús. ¡Derribad las fortalezas y levantad el nombre de Jesús! Nuestro Dios está por nosotros. ¡No podemos fallar! ¡Dejad que Su amor os impulse! Amén.

Todo Gozo en vez de Miedo – 16 de noviembre de 2021

El Señor me está mostrando (Kirk) que el miedo se está extendiendo muchísimo en la tierra en este momento, a pesar de todas las advertencias que Él ha dado al respecto.

Veo que se avecinan cosas que causarán más miedo en la tierra. A corto plazo habrá violencia, escasez y cambios. Habrá cosas que habéis considerado como verdades y que no lo son. También habrá personas, líderes grandes y pequeños, cercanos a vosotros y también aquellos más alejados de vosotros que serán eliminados, aquellos en los que habéis creído y que os han engañado.

Creyentes, sí, vosotros los que estáis llenos del Espíritu, vosotros que conocéis la Verdad, ¡Vosotros TAMBIÉN llegaréis a saber que las cosas no son como las habéis creído! Habéis asimilado cosas de vuestra educación, de vuestra cultura, ¡Sí, hay mentiras ocultas justo delante de vuestras narices! El Señor me está mostrando que nuestro enemigo ha estado difundiendo engaños durante un tiempo muy largo, y algunos de ellos nos resultarán difíciles de aceptar, y el miedo podría apoderarse de nosotros.

Santos, ¡No podemos permitir que eso suceda! El miedo es el método primario que utiliza nuestro enemigo para controlar. Podemos temer salir a la calle sin una mascarilla en la cara. Podemos temer excesivamente a una enfermedad, de modo que el miedo hace que las decisiones imprudentes y tontas parezcan prudentes. Podemos estar enmascarando el miedo en nuestras vidas creyendo que es sabiduría o que protegernos a nosotros mismos es simplemente lo más inteligente.

El miedo también se manifiesta en nuestra vida de servicio a Jesucristo: Miedo a orar por sanidad porque podemos parecer tontos si la persona no sana. O miedo a dar una palabra de conocimiento o una palabra de sabiduría porque tal vez no sea un «éxito». Ansiedad por el dinero o la comida o cualquier otra cosa, de modo que acumulamos cosas para nosotros mismos. Incluso miedo a escuchar la voz del Señor. Quiero decir, ¿Y si nos pide que hagamos algo que no queremos hacer? Miedo a levantar las manos en alabanza. Miedo a lo que otros puedan pensar de nosotros por no vacunarnos, etc.

El Señor está diciendo: *¡Deshaceos de este miedo! Resistid al diablo y huirá de vosotros. Mirad al Hijo de Dios. ¡Él es nuestro ejemplo! Él no basó Sus decisiones en el miedo, sino que siguió al Espíritu Santo, haciendo lo que veía hacer al Padre o diciendo lo que el Padre decía. Las Escrituras dicen que Dios no nos ha dado un espíritu de temor, sino de poder, amor y dominio propio.*

Entonces, dado que este espíritu no proviene de Dios, ¿Por qué nos entretenemos con pensamientos de temor o tomamos decisiones basadas en el temor? ¡Estamos sentados en lugares celestiales junto con Jesús, con todo bajo nuestros pies, incluido el temor! ¡Tenemos autoridad para expulsar el temor! ¡Hagámoslo! Nunca faltarán cosas que nos hagan temer algo. En los días que vienen, los fundamentos mismos de nuestras vidas van a ser sacudidos. Preparaos ahora y practicad mirar solo al Camino, la Verdad y la Vida (Jesús). La fe en Él hará que los cambios que se avecinan sean un paseo por el parque, todo gozo para aquellos que están «en Cristo». Amén.

Todo Cambiando y los Impostores de la Casa Blanca Se Marchan – 23 de noviembre de 2021

«Nos estamos acercando al fin de los impostores en la Casa Blanca», dice el SEÑOR. *«Veréis más de cómo la justicia va saliendo poco a poco. La cábala incluso sacrificará a algunos de los suyos para entretener y distraer ahora. Esto comprará el tiempo que necesitan para planear su próximo movimiento. Pero su caída ha comenzado y el efecto cascada ya ha empezado.*

Al principio, era apenas perceptible. Ahora, aquellos que tienen ojos para ver lo están viendo abiertamente. Pronto, todo el planeta será testigo del «mayor espectáculo de la Tierra» cuando el Ángel de los Vientos del Cambio lo destape todo. He dicho que el hacha ha sido colocada en la raíz del árbol, pero ahora pido a aquellos que tienen ojos para ver que los abran de nuevo y miren. Una vez más, descartad durante un tiempo vuestra visión del mundo y vuestra formación en vuestra cultura, vuestra educación, etc. Venid a Mí y ved verdaderamente. ¡Venid a Mí y escuchad!

Las industrias, los sistemas bancarios, los sistemas de fabricación, los sistemas de distribución, la educación, el entretenimiento y prácticamente todo aquello a lo que os habéis acostumbrado o de lo que dependéis está a punto de cambiar. Vuestra propia vida, la forma en que pensáis sobre los demás, la forma en que veis a otras razas y etnias, a otras naciones y países, está a punto de cambiar. Vuestra visión de la salud y la atención médica, los alimentos procesados, los cosméticos e incluso el ejercicio físico cambiarán. ¡Ahora es el momento de abrir vuestro corazón para abrazar el cambio, dice el Señor! Aquellos que no acepten el cambio serán marginados o, peor aún, se quedarán atrás durante este tiempo.

Mi iglesia sufrirá el cambio más radical de toda su historia, y será el momento más glorioso para aquellos que estén preparados. ¡Sus corazones cantarán las alabanzas del Señor! Pero para los religiosos, este será un tiempo de arrepentimiento y de acercamiento al Señor, o un tiempo de obstinación y endurecimiento del corazón. Entonces, el miedo será su compañero.

¡Pueblo mío! Una vez más, os digo: ¡NO temáis! Porque Yo, Yo mismo, el Señor de todo, estoy detrás de estos cambios. Venid y cruzad Conmigo a la Tierra Prometida. Os amo mucho y no os desviaré del camino. ¡Paciencia! Sí, necesitaréis paciencia. Miradme a mí. Os he dado una medida de fe. ¡Es suficiente! Amén».

Recuperación Ocurriendo Durante la Última Parte de la Sacudida – 30 de noviembre de 2021

Hoy el Señor está hablando de la recuperación que tendrá lugar durante la última parte de la sacudida y más allá. Nos muestra que para entonces la fe y la paciencia de la gente se habrán agotado, y prevalecerá el temor de que las condiciones actuales que estamos viviendo ahora continúen y sigan empeorando.

«La gente estará cansada de escuchar a los profetas y sentirá desconfianza. La iglesia institucional continuará su deslizamiento hacia la izquierda (el mundo). Muchos buscarán el «Espíritu y la Vida» que proviene del Espíritu del Dios Viviente. La iglesia en casa será el lugar donde Él será encontrado en este tiempo, y el momento del Apóstol llegará.

Los cinco ministerios también se levantarán y saldrán de los lugares donde los he mantenido ocultos. Los Apóstoles y Profetas serán llamados en gran número en este tiempo, y Mi gozo será muy grande, dice el Señor.

Este será entonces el cambio con respecto a Mi iglesia del que he hablado. Cuando veáis a mucha gente yendo de «iglesia» en «iglesia» buscando la Roca sólida, sabréis que este tiempo ha comenzado. ¡Entonces, tened paciencia! ¡Depended de Mí! Os he dado fe para superar este tiempo de sacudidas e inquietud que Yo Soy estoy utilizando para separar tanto el trigo de la cizaña como Mi trigo de la paja, como ya os he detallado.

En este momento, Mi Espíritu se derramará una vez más, y aquellos que se han mantenido firmes, aquellos que aún crean, serán Mis objetivos para este derramamiento. ¡Aquellos en quienes se puede confiar con verdadero poder y autoridad real! Ellos, a su vez, derramarán Mi Espíritu sobre aquellos que acudan a ellos, pero especialmente los ministros quíntuples (derramarán el Espíritu sobre aquellos que vengan).

Esto es lo que Mis santos de antaño han esperado con ansias. Es este movimiento del GRAN YO SOY del que deseaban formar parte. Y es este movimiento del Espíritu del que los ángeles en el cielo han estado hablando entre sí con asombro. NO os desaniméis, pueblo Mío. Mirad, ¡Ya podéis empezar a «ver» el comienzo de este tiempo! Amén».

El Sistema Médico – 2 de diciembre de 2021

El Señor me está hablando (a Kirk) sobre el sistema médico en la tierra. Me está mostrando que en el futuro habrá una industria médica/sanitaria mucho más pequeña. Los grandes monopolios institucionales de la sanidad serán sustituidos por servicios mucho más pequeños y mucho más personales. Las empresas farmacéuticas desaparecerán. Todas las grandes corporaciones médicas institucionales quebrarán o dejarán de existir. ¡Habrá un cambio a una escala que nadie que esté acostumbrado al/los sistema(s) actual(es) creería!

La razón de estos cambios es la <u>confianza</u>. Cuando el público empiece a comprender que le han mentido, le han obligado a tomar veneno y le han sometido a procedimientos que <u>no</u> eran para su beneficio y, ciertamente, tampoco para mejorar su salud, sino que únicamente buscaban el beneficio final de estas corporaciones, ¡No querrán saber nada del sistema actual!

Durante el tiempo de corrección en la industria de la salud, también se habrá derramado el Espíritu Santo. La sanación por el Espíritu de Dios se volverá esencial y confiable. El amor, la misericordia, los milagros y las sanaciones se normalizarán durante este período. Personas de todos los ámbitos, credos, colores, medios económicos y de todas partes del mundo llegarán a depender del Gran Médico. El Señor dice que esta dependencia será por necesidad. Habrá una gran reducción en el número de médicos, enfermeras y todo el personal médico disponible para ayudar a las personas.

A medida que esto se desarrolle, habrá un incremento en la esperanza de vida de las personas en todo el mundo. No solo habrá opciones de alimentos saludables disponibles, sino que comer de forma saludable se convertirá en algo normal. Los productos químicos y los aditivos serán reemplazados por alternativas que mejoren la salud y beneficien tanto a las personas como a los productores de los productos. La pereza no solo estará mal vista, sino que también será muy poco común. ¡El Señor dará gracia a aquellos que Le aman a Él! El trabajo se considerará tan bueno como agradable para aquellos que hayan seguido al Espíritu Santo. Él los guiará hacia el destino que el Señor había planeado para la eternidad.

El Señor también me está mostrando que habrá cursos de formación y escuelas que enseñarán a las personas a cuidar de su cuerpo. Dieta, vitaminas, minerales, etc. serán la «solución» para la salud, en lugar de los medicamentos que son tan populares ahora. Aprenderemos que incluso algunos de los medicamentos más benignos que hemos utilizado eran, en realidad, muy perjudiciales para nosotros. También descubriremos que la industria sanitaria ha ocultado o retenido algunos de los tratamientos más baratos y mejores. El Señor está destapando todo el engaño. La verdad será vista. Amén.

¡Ya casi Ha Terminado!- 9 de Diciembre de 2021

«¡Ya casi ha terminado, pueblo Mío! Así que ¡Mantened la fe! Proclamad con toda valentía la verdad a quien quiera escucharla. Estáis en el bando ganador. ¿Dónde está vuestro gozo? A estas alturas, sin duda estáis viendo a vuestro enemigo caer, día tras día, cayendo. Las mentiras se están desvelando minuto a minuto y vuestros enemigos ahora se están devorando entre ellos, ¡sí, se están traicionando unos a otros! Ahora es el momento de levantarse y mantenerse firmes. Sí, ¡Manteneos firmes y proclamad las obras del Señor!

Puede que haya caos y algunos intentos de avivar el miedo una vez más a medida que se extingue el mal, pero no funcionarán. La gente ya ha visto este juego antes y ahora se burla de los intentos de intimidaros para que volváis a caer en la estupidez. El pánico total será ahora la suerte de los mentirosos y charlatanes, al darse cuenta de que casi no les quedan opciones.

¿Estáis preparados, pueblo Mío, para ocupar vuestro lugar en el mundo y defender lo que es correcto? Sí, ¡Se os pedirá que realmente <u>hagáis algo</u>! Yo, el SEÑOR, estoy en una misión de rescate, eso es cierto, pero el bien debe sustituir al mal. No es momento de echarse atrás. ¡No Me complacen los cobardes ni los perezosos! Muy pronto jugaré Mi carta de Triunfo. ¿Estáis listos? ¡Venid y uníos a Mí en esta gran victoria! Os amo, pueblo Mío, y os estoy brindando una gran oportunidad para recuperar el sistema mundial en el nombre del Señor. Amén».

Visión de Iglesias en Casa – Apóstoles y Nodos – 14 de Diciembre de 2021

El Señor me está mostrando cómo será la «iglesia», Su iglesia, la Novia de Cristo. Vi que la Novia de Cristo estará compuesta principalmente por iglesias en casas o domésticas. Puede que haya algunas iglesias que realmente tengan un edificio destinado a tal fin, pero serán muy pocas.

Las iglesias en casa requerirán un gran número de ministros quíntuples. Serán muy numerosos. A los Apóstoles y sus Profetas se les asignará un número de estas iglesias sobre las que presidirán, y también habrá algunos Apóstoles con sus Profetas que estarán por encima de otros Apóstoles. Esta disposición se establecerá de la misma manera que una red. Tendrá conexiones como una red y nodos en los lugares donde se unen las conexiones. Por ejemplo, un Apóstol puede tener un «nodo» con sus doce iglesias, el «nodo» de otro tendrá cinco iglesias, etc. Habrá un Apóstol por encima de los dos Apóstoles y sus nodos, y así sucesivamente.

El Señor hará que cada «nodo» se especialice en una faceta particular del Evangelio, como la obra misionera o la evangelización, la sanación, la profecía, etc. Así, si se necesita formación en una de esas áreas, una persona puede ser enviada al nodo del Apóstol adecuado para que reciba formación en esa área.

El Señor exigirá que cada Apóstol se empareje con un Profeta, y juntos, junto con los demás Apóstoles y Profetas, empujarán en la misma dirección según las indicaciones del Espíritu de Dios. No habrá competencia por los feligreses, el poder o los recursos, porque el Espíritu del Señor los guiará y los dirigirá hacia la Verdad.

Además, los diferentes ministros de los cinco ministerios no serán puestos remunerados. Serán de naturaleza «a tiempo parcial» debido al tamaño de las iglesias domésticas y al número de iglesias domésticas que podrían gestionarse fácilmente de forma «a tiempo parcial». Habrá unos pocos que realmente sean a tiempo completo en el cargo de Apóstol de Apóstoles y que puedan recibir una remuneración, y serán siervos de todos los que están bajo su mando y serán llamados a este cargo por el mismo Jesucristo.

¿Se Pondrá Mucho Peor? – 16 de diciembre de 2021

¿Se Pondrá Mucho Peor? Parece que la gente sigue preguntando si las cosas seguirán empeorando. Otros afirman saber que la situación en la tierra seguirá empeorando. El Señor me ha pedido que escriba algo al respecto. Me sentí impulsado a leer Mateo 24 y 25. Mateo 24:4-14 NASB dice:

«Mirad que nadie os engañe. Porque vendrán muchos en Mi nombre, diciendo: «Yo soy el Cristo», y engañarán a muchos. Oiréis de guerras y rumores de guerras. Mirad que no os asustéis, porque es necesario que estas cosas sucedan, aunque eso aún no es el fin. Se levantará nación contra nación, y reino contra reino, y habrá en diversos lugares hambres y terremotos. Pero todas estas cosas son solo el comienzo de los dolores de parto. Luego os entregarán a tribulación, y os matarán, y seréis odiados por todas las naciones por causa de Mi nombre. En ese tiempo, muchos se apartarán y se traicionarán unos a otros, y se odiarán unos a otros. Se levantarán muchos falsos profetas y engañarán a muchos. Debido al aumento de la iniquidad, el amor de la mayoría se enfriará. Pero aquel que persevere hasta el fin, será salvo. El evangelio del Reino será predicado en todo el mundo como testimonio a las naciones, y entonces vendrá el fin.

Y luego escuché leer 2 Timoteo 3. Los primeros versículos me llamaron la atención.

Pero tened en cuenta esto: que en los últimos días vendrán tiempos difíciles. Porque los hombres serán amadores de sí mismos, amadores del dinero, jactanciosos, soberbios, blasfemos, desobedientes a los padres, ingratos, impíos, sin amor, implacables, calumniadores, sin dominio propio, crueles, aborrecedores de lo bueno, traicioneros, temerarios, engreídos, amadores de los placeres más que de Dios, que tendrán apariencia de piedad, pero negarán su poder. Evita a hombres como éstos. (Versículos 1-5)

Entonces, después de leer estos versículos, le pregunté qué quería decir con ellos. El Señor me preguntó: «*¿Cuál de estas cosas no está sucediendo ahora mismo?*». Le respondí que creía que todas las cosas sobre las que había leído estaban sucediendo ahora mismo.

Él dijo: «*Es correcto. ¿Podrías decir realmente a los cristianos coptos, a los cristianos chinos o a los cristianos que viven en Pakistán o en muchos otros lugares de la tierra que las cosas iban a empeorar mucho, mucho más? ¿Peor que las decapitaciones masivas, las quemas vivas, los ahogamientos, etc.? ¿Podrías decir que el sacrificio de niños va a empeorar mucho, mucho más? (Hasta el 16 de diciembre de 2021 a las 6:40 p. m., se habían producido 40.892.880 abortos en todo el mundo este año). ¿Podrías decir que aquellos que controlan la economía mundial, las naciones del mundo, en realidad el mundo mismo, van a empeorar mucho, mucho más? Incluso aunque estén bajo el control del mismísimo Satanás y, como tales, aprueban todo tipo de pecados, ¡Algunos de los cuales aún no hemos oído ni hablar! Hay otras cosas de las que podríamos hablar, cosas que son descabelladas en relación con el sexo, los deportes, la salud y el sistema de bienestar, las artes y el entretenimiento. ¿Hay algo, incluida la llamada iglesia, que no esté roto y corrupto?*"

El Señor ha dicho que Él está en una misión de rescate y que las cosas *nunca volverán* a estar tan mal. ¡Nosotros lo creemos! La corrupción será expuesta. El mal será castigado porque la justicia es Su fundamento de Su trono. Amén.

Sabiduría – No llaméis Falsos a los Profetas – 28 de Diciembre de 2021

¿No sabéis que sois un templo de Dios y que el Espíritu de Dios habita en vosotros? Si alguno destruye el templo de Dios, Dios lo destruirá a él, porque el templo de Dios es santo, y eso es lo que vosotros sois. Que nadie se engañe a sí mismo. Si alguno de vosotros se cree sabio en este mundo, debe volverse necio para llegar a ser sabio. Porque la sabiduría de este mundo es necedad ante Dios. Porque está escrito: «Él es el ÚNICO que atrapa a los sabios en su astucia», y también: «El Señor conoce los razonamientos de los sabios, que son inútiles». Así que nadie se jacte en los hombres. Porque todas las cosas os pertenecen, tanto si Pablo, o Apolos, o Cefas, o el mundo, o la vida, o la muerte, o las cosas presentes, o las cosas por venir; todas las cosas os pertenecen, y vosotros pertenecéis a Cristo, y Cristo pertenece a Dios. (1 Corintios 3:16-23 NASB)

Al preguntarle al Señor sobre estos versículos, preguntándome qué le gustaría decir al respecto, Él pregunta: «*¿Qué se llama santo en estos versículos?*».

Yo respondo: «Nosotros lo somos porque somos el templo de Dios».

El Señor responde: «*Tienes razón. Ahora, ¿Puedes ver lo que el Espíritu está diciendo aquí? Te digo que los sabios de esta era realmente creen que es su trabajo, sí, que están haciendo la obra* *de Dios, ¡Derribar el templo de Dios! Estudian y estudian las palabras en una página. Incluso se atreven a decirle a Dios a través de qué versión de las Escrituras se le permite a Él hablar. Se declaran sabios y no tienen humildad ni consideración por Mis siervos. Yo, el Señor, digo: «¡Estudiad esto, vosotros que queréis ser sabios!». Porque ¿qué dicen las Escrituras? ¡<u>Debéis</u> volveos necios para poder volveos sabios! ¿No destruiré Yo a los que destruyen a Mi templo?*

Por lo tanto, no os engañéis, vosotros los que deseáis sabiduría. Humillaos y venid a Mí. Un espíritu de orgullo se ha apoderado de vosotros y endurece vuestro corazón a la Verdad, y no hay amor en vuestros labios para aquellos que son el templo mismo del Señor. Vuestros gritos de «falso profeta» o «falso maestro» caen en oídos sordos porque vuestras palabras no tienen poder. Mis palabras son siempre palabras de amor, incluso cuando hablo de destrucción, porque YO SOY es amor y no puede ser algo diferente. No dejaré que el abuso contra aquellos a quienes Yo amo quede impune. Amén».

Por Tiffany Root y Kirk VandeGuchte

2022

Vientos del Cambio: Destapando el Mal y El Juicio Venidero – 4 de enero de 2022

«¿Veis lo que está revelando el Ángel de los Vientos del Cambio? ¿Se os ocurre alguna teoría conspirativa que no haya sido revelada y que ahora se reconozca como una realidad conspirativa? Necesito que Mi pueblo vea los hechos sobre lo que ocurre cuando los hombres llegan a pensar más de sí mismos de lo que deberían, cuando el dinero corrompe y cuando el amor no tiene sentido para aquellos que se han descarriado y han aceptado por completo el plan de Satanás. Estos hombres son la cizaña. No pueden inclinarse ante Mí. Saben a quién sirven ahora y lo hacen muy dispuestos y por completo. De hecho, se han vendido a la oscuridad. Nunca desearán la luz. Matan a los suyos sin remordimientos y tienen menos consideración por aquellos que se oponen a ellos.

Este es, pues, el «sistema mundial». Las vidas inocentes, los bebés, los ancianos, las diferentes razas, nada de esto significa nada para ellos, excepto para utilizarlos para expresar el odio que el mismo Satanás siente por Mí. Ellos dicen: «¡Despoblación!». Y Yo Soy les dará lo que desean. Sus búnkeres, provisiones y su «seguridad» son inútiles, y sus nombres pronto serán olvidados cuando Yo apague sus velas.

¡Mirad, pueblo Mío! Las guerras interminables, sí, fueron obra de estas personas de una forma u otra. Las enfermedades y las vacunas anti-fertilidad, de nuevo, sí, de diversas maneras fueron la

obra de estos malvados. ¡Virtualmente de cualquier forma concebible, han intentado llevar a cabo su agenda de despoblación! Bueno, el Ángel de los Vientos de Cambio tiene más que revelar, y lo hará, pero como aquellos que desean ansiosamente la Verdad, ¡Debéis abrir los ojos! Y debéis aprender a oponeros a este «sistema mundial».

¿Habéis notado que Mi pueblo Israel son y han sido guerreros? Jeremías 20:11 (NVI) dice: «Pero el Señor está conmigo como un guerrero poderoso; por eso mis perseguidores tropezarán y no prevalecerán. Fracasarán y serán completamente deshonrados; su deshonra nunca será olvidada».

¡Así que mirad hacia arriba! ¡Vuestra redención está cerca! Llamad a vuestros líderes para que se unan a esta lucha. Donald Trump, ¡Escucha al Señor! ¡O levantaré a otro! Yo, el SEÑOR, ya he ganado. ¡Uníos a Mí en esta lucha y saboread Mi victoria! ¡Amén!».

Sueño: El Lunático dice "Dennis". – 5 de Enero de 2022

Yo (Tiffany) soñé que Jill Biden dejaba a Joe solo en algún sitio. Yo estaba allí, y también había otras personas. Él se equivocó al hablar y dijo el nombre real de Jill, y yo pregunté: «¿Quién?». Luego lo repitió, y yo dije: «¿Quién eres tú? No eres Joe, ¿verdad?». «No», respondió él. Luego dijo que se llamaba Dennis o algo parecido. Continuó diciendo que «Jill» se enfadaría mucho por haber revelado quiénes eran.

Cuando sus manejadores le recogieron, nos reímos y le dijimos: «Adiós, Denny», y Joe estaba en pijama y actuando como un idiota torpe. Sentimos un poco de pena por él, pero sentí que tal vez el actor se salvaría o podría ser salvo.

Interpretación del Espíritu Santo:

El sueño es real, aunque no todos los detalles. El torpe se va a delatar públicamente. Los principales medios de comunicación se apresurarán a intentar arreglar lo que dijo.

Visión: Ángeles en la Sala De Guerra. – 11 de Enero de 2022

El Señor me llama (a Kirk): «¡*Sube aquí*!». Le pregunto: «¿A dónde, Señor?». Él responde: «*A los Tribunales del Cielo*». Así que fui. Me encontré con Jesús en el pasillo principal del tribunal. No había nadie más, solo nosotros. Él me saludó y empezó a caminar. No podía aguantarme y le pregunté si podía abrazarlo. Él me dijo: «¡*Por supuesto*!». Le dije que lo amaba mucho, y él me respondió lo mismo. Luego dijo: «*Ven*», y caminamos hacia la zona elevada donde se llevaría a cabo el juicio, junto a la gran silla ornamentada con las otras sillas a ambos lados, etc.

Él pasó por delante de todo esto y atravesó una puerta que daba a un pasillo por el que cabían caminar cuatro personas en fila (era de ese tamaño). Caminamos lo que me pareció un largo trecho y luego giramos a la derecha hacia una gran sala. ¡La sala estaba MUY ocupada! El Señor me indicó que siguiera siguiéndolo a Él, así que subimos por una estrecha escalera. Parecía que había muchas escaleras de ese tipo que conducían a una zona de observación por la que podías caminar y observar lo que sucedía abajo.

El Señor se detuvo y miramos por el borde de esta zona de observación. Señaló hacia abajo y dijo que esa zona se llamaba la «Sala de Guerra» y que allí los ángeles recibían instrucciones sobre lo que debían hacer. Al mirar, me pareció tridimensional. Le pregunté qué estaban haciendo en ese momento. El Señor dijo que estaban observando los acontecimientos actuales en la tierra y que los seguirían observando a medida que avanzaran hacia el futuro.

Luego me preguntó: «*¿Alguna vez te has preguntado cómo los ángeles se colocan en el lugar adecuado en el momento adecuado?*». Le respondí que suponía que nunca había pensado en eso antes. Entonces Él dijo: «*Sí, esta zona de la «sala de guerra» es para las guerras, y principalmente para los ángeles guerreros*».

Volvió a caminar por esta zona de observación y yo le seguí. De nuevo, se detuvo y miramos hacia abajo. El Señor dijo: «*Esta zona está dedicada a los santos de la tierra. Aquí los ángeles aprenden cuándo y dónde interactuar con Mi pueblo. También se les instruye sobre qué forma adoptar. Pero también tienen cierta libertad en esos asuntos. Por ejemplo, todos los ángeles que interactúan con Mis santos deben saber cómo manejar la voluntad de los santos, cómo manejar los cambios en las decisiones que se toman, cuánta presión aplicar para que alguien cambie de opinión, etc. En esto, los ángeles son maestros y saben exactamente qué hacer, y también siguen el más mínimo impulso de Mi Espíritu*».

Entonces pregunté: «*¿Entonces, cuánto del futuro está a su disposición?*». El Señor dijo: «*Toda la historia y todo lo que deseo que suceda en la tierra está a su disposición, pero el Padre se ha reservado algunas cosas para sí mismo*». Luego continuó... «*Por ejemplo, el día de Mi regreso está reservado*». Luego estaba de vuelta orando en mi silla.

Por Tiffany Root y Kirk VandeGuchte

Dios no ha cambiado Su Opinión – 18 de Enero de 2022

«Kirk, dile a la gente que el SEÑOR no ha cambiado Su opinión. He elegido a 45, Mi Trompeta, para realizar una tarea. Lo he criado y lo he capacitado. Él es Mi siervo, y Yo trataré con él. Santiago 4:12 dice: "Hay un solo Legislador y Juez, el Que puede salvar y destruir, pero ¿quién eres tú para juzgar a tu prójimo?". (NASB) Le he advertido que haga la tarea para la cual también lo he levantado, ¡y él la hará!

No permitiré que el «sistema mundial» continúe, así que sí, YO SOY estoy en una misión de rescate. Las cizañas que se han levantado con arrogancia y que deliberadamente trabajan en Mi contra, sabiendo que sirven al maligno, no escaparán de mi ira, ni en este mundo ni en el próximo. ¡Su destino está sellado y su caída es segura!

Tampoco Yo he cambiado Mi opinión con respecto a Mis elegidos, aquellos que se mantienen firmes, que renuncian a la familia, a la riqueza, a la comodidad de la vida, aquellos que protestan valientemente en Mi nombre, aquellos que animan, fortalecen y alimentan a los que son míos, ¡Los Profetas y Apóstoles que permanecen firmes! ¡Yo, incluso Yo, os veo! ¡Y vuestra bendición es tan segura como la recompensa de los malvados!

¡Tampoco Yo he cambiado Mi opinión sobre el sistema de «atención sanitaria»! ¡Veo las reuniones en los lujosos rascacielos! ¡Conozco vuestros motivos y sé que dispensáis veneno en nombre de la atención sanitaria! Veo la industria de la Farmacia y a aquellos que se enriquecen, líderes, científicos, médicos, hospitales. Sí, ¡Yo os veo a todos! ¡No escaparéis ilesos!

¡Y todos vosotros en la política! ¡Sí, vosotros! Vosotros que no podéis hacer más que el mal a Mi vista, vuestra caída será grande, sin igual en la tierra. Grandes y pequeños. ¡Desde el policía que obedece órdenes malvadas hasta los militares que hacen lo mismo, pasando por el gobierno comunitario y hasta los presidentes de los países¡ Ninguno de vosotros escapará.

¿Eres uno de los ricos? ¡También os veo! Oh, ¿Habéis hecho preparativos para vuestra supervivencia en caso de que las cosas no salgan bien? Yo, el SEÑOR, declaro aquí y ahora que esos preparativos fracasarán, ¡Y enriquecerán a Mi pueblo! Que así sea, dice el Señor de los ejércitos.

Sueño: Trump Elegido como Líder Mundial – 18 de Enero de 2022

Yo (Tiffany) soñé que otras personas (creo que todas mujeres) y yo estábamos en Washington D.C. o posiblemente en Canadá por Trump, por alguna razón. Estábamos en su grupo y él también estaba allí. Él sabía que estábamos con él y le dijo a alguien llamada «Ellie» que nos ayudara a encontrar dónde dejar nuestro equipaje. Yo llevaba un vestido patriótico. La mujer canadiense que estaba detrás del mostrador le comentó al hombre japonés que había emigrado a Canadá y que también trabajaba detrás del mostrador que Japón iba a conquistar el mundo. Él respondió algo así como: «¡Que venga, estoy preparado!». Actuó como si estuviera bromeando, pero creo que hablaba en serio. Yo no quería facturar mis maletas por motivos de privacidad, pero decidí quedarme con mi bolso y facturar mis tres maletas.

Interpretación del Espíritu Santo:

El Señor dice que algunos querrán decir que ellos podrían hacerlo, que podrían liderar el mundo, que podrían hacerlo mejor que Trump (comentario sobre Japón conquistando el mundo). Pero no podrían. Trump es el elegido del Señor. Será un líder MUNDIAL cuando vuelva al lugar que le corresponde. Debemos estar preparados para ello. Cuando diga algo, todo el mundo le escuchará. Esta vez, los medios de comunicación no lo silenciarán.

Nosotros, el pueblo, apoyamos a Trump (el vestido patriótico) porque ha sido elegido por el Señor. Algunos gobiernos querrán resistirse a él, pero sus gentes no se lo permitirán. Trump puede incitar a guerras civiles con solo hablar, y ellos lo saben. Él tampoco dudaría en hacerlo porque está con el Señor y quiere liberar al mundo del mal.

El Diablo Deseaba Ser Incluido – 20 de enero de 2022

– El Señor Dios ordenó al hombre, diciendo: «De cualquier árbol del jardín puedes comer libremente; pero del árbol del Conocimiento del Bien y del Mal no comerás, porque el día que comas de él, ciertamente morirás». (Génesis 2:16-17 NASB)

El Señor está diciendo: «*Cualquier criatura que Yo haya creado alguna vez, que tenga libre albedrío, desea ser incluida. Incluida en el amor, incluida en la toma de decisiones, incluida como parte de su sociedad o grupo particular. Nunca he creado ninguna criatura en el cielo o en la tierra, que tenga libre albedrío, que desee la soledad, estar separada o no ser incluida.*

Por lo tanto, el engañador también ha sido creado con este deseo, y en el Cielo estaba incluido en prácticamente todo. Prácticamente en todo. Y debido a este deseo de ser incluido en todo, este deseo se convirtió en orgullo, y su orgullo superó a todo lo demás en su mente hasta que abrumó la gratitud, el amor, el agradecimiento, y nada le satisfacía a menos que él fuera igual a Mí.

Ahora Satanás ha sido excluido y desea venganza, y que todas las demás criaturas del cielo y de la tierra estén <u>incluidas</u> con él y se unan a él en su <u>exclusión</u>, tanto para satisfacer su venganza como su deseo de ser incluido. Él pervierte la verdad y luego atrae a otros a su perversión. En todo esto, utiliza el deseo de cada criatura que puede elegir ser incluida contra ellos. Luego él recluta a los que son engañados para reunir a más a sus mentiras. Y de nuevo, utiliza una visión inflada de sí mismo para crear el atractivo de la inclusión, el placer, el conocimiento, el poder, y siempre para avergonzar a Dios, e <u>incluir</u> a más y más en este engaño.»

El Espíritu de Vida Trae Sanidad – 25 de enero de 2022

«Si Cristo está en vosotros, aunque el cuerpo esté muerto a causa del pecado, el espíritu está vivo a causa de la justicia. Pero si el Espíritu de Aquel que resucitó a Jesús de entre los muertos habita en vosotros, El que resucitó a Cristo Jesús de entre los muertos también dará vida a vuestros cuerpos mortales por medio del Espíritu que habita en vosotros. (Romanos 8:10-11 NASB)

Esto es lo que el Espíritu quiere decir sobre estos versículos: *Sí, el cuerpo está sujeto al pecado y a la muerte. La enfermedad y todo tipo de dolencias lo afectan. Pero a pesar de todo esto, ¡el espíritu es mantenido vivo por los justos!*

También es cierto que el Espíritu de Vida trae libertad del pecado y de la muerte para aquellos que están en Cristo Jesús. Porque cuando el Espíritu de Vida mora en ti, Él hace la salud divina disponible para tu cuerpo mortal.

«¡Seguramente no creerías que el Espíritu de Jesucristo mismo habrá olvidado traer sanidad y salud en Sus alas! La vida misma está en Mi Espíritu, dice el Señor. Él es VIDA y donde Él está hay vida porque no puede ser de otra manera. Dar vida significa derrotar a la muerte en todas sus formas, incluyendo la enfermedad, las dolencias, las lesiones, los problemas mentales y todos los problemas espirituales de nuestro enemigo. Todo lo que se necesita para acceder a esto es fe. Amén».

La Entrada y la Salida – 1 de febrero de 2022

Mientras soy llevado por el Espíritu hoy, yo (Kirk) veo a personas entrando y saliendo. Al observar todo el planeta, veo que esto está sucediendo. Me parece normal. La gente va al trabajo, de compras, a comer y por cualquier motivo bajo el sol. Mientras observo, veo que esta normalidad llega a su fin. El miedo se apodera de la tierra y la gente ya no sigue con sus rutinas normales. Si se aventuran a salir, el miedo se refleja en sus ojos. Se mantienen alejados de los demás y llevan mascarillas.

Mientras observaba, pasó el tiempo y, de nuevo, la gente comenzó a salir y a hacer cosas normales de forma limitada. Algunos seguían llevando mascarillas y se mantenían alejados. Otros no. Entonces, empecé a notar ira en los rostros de algunas personas. La ira y la valentía comenzaron a aumentar. Entonces todo se detuvo, como congelado.

Mientras miraba hacia la Tierra, apareció el Señor. Lo miré y, en mi mente, me preguntaba por qué las cosas se habían detenido. Con una voz muy tranquila, dijo: «*Aquí es donde te encuentras ahora en la historia. Ahora, sigue observando. La farsa está a punto de terminar, pero el maligno no se rendirá fácilmente. Mi misión de rescate sigue en marcha, pero era necesario despertar a más de mi pueblo, por lo que mis ángeles están trabajando incluso ahora para hacer precisamente eso.*

En muy poco tiempo, la gente saldrá sin miedo. Y la Cábala estará atemorizada, escondiéndose de la gente y de la justicia. A diferencia de los temores de la gente, ¡los de la Cábala caerán sobre ellos! Sí, lo que más han temido, se hará realidad. No tendrán dónde esconderse. Incluso los lugares secretos, que han ocultado con gran cuidado y han sido despiadados al hacerlo, han sido o serán descubiertos. Entonces, se les obligará a ver cómo les quitan sus fortunas. Y después vendrá la justicia que corresponde a aquellos que sabían lo que estaban haciendo y en lo que se estaban metiendo, los que me han abandonado y se han unido a Satanás y a sus siervos y que, aunque quisieran, no pueden volver a Mí.

El mundo conocerá entonces la profundidad de la depravación en la que ha estado sumido. Los libros de historia serán reescritos y la verdad será revelada a aquellos que deseen aprender. Pero aquellos mentirosos y charlatanes que han escrito todas las mentiras, sus nombres serán borrados de cada página, de cada ordenador, y nadie volverá a mencionarlos por respeto a aquellos que han perdido la vida a manos de estos malvados. ¡Su deseo de gobernar la tierra y sus logros serán borrados! Nadie volverá a hablar de ellos. ¡Sus nombres serán como la escoria de la tierra en la que nadie quiere pensar, dice el Señor!

Sí, y los años serán conocidos (como declaró el profeta [Enlow]) como "Antes de Trump y Después de Trump". Amén».

Por Tiffany Root y Kirk VandeGuchte

Poder pacífico: Fijaos en los Camioneros Canadienses – 12 y 15 de febrero de 2022

Hoy el Señor me está mostrando una forma pacífica y aún justa de cambiar la situación mundial. Como mucha gente, he llegado a creer que se necesitaría un levantamiento popular masivo y violento para conseguir justicia, y pensaba que eso ocurriría alrededor de todo el mundo.

Hoy me está mostrando algo muy diferente. Me dice: «*Kirk, ¿te has fijado en los camioneros de Canadá?*». Yo respondo: «Sí, Señor. ¿Qué pasa con ellos?».

Él responde: «*Paz. ¿Ves lo poderosa que es la paz? Mis ángeles han estado liderando esta manifestación de protesta pacífica, ¡Pero no te dejes engañar por las apariencias! ¡Hay violencia! Y la violencia es más real que cualquier guerra. ¡Vuestro enemigo ha sufrido una pérdida MUY GRANDE y sufrirá aún más pérdidas! El miedo al gobierno en Canadá prácticamente ha desaparecido. El miedo a lo que puedan hacer los militares de Canadá también ha desaparecido.*

La mayoría de la gente en Canadá también se ha dado cuenta de que la policía es inadecuada para el trabajo que se le ha encomendado. ¡Incluso la Cábala ha sido incapaz de agitar a los sospechosos habituales y hacer que esto parezca violento! Y a pesar de los intentos de camuflar su huida y su escondite, el Primer Ministro parece estar temblando como una hoja. Esto no ha pasado desapercibido para la mayoría de los Canadienses y, sí, para todo el mundo. El Sr. Trudeau, sin saberlo, ha envalentonado enormemente a la gente del mundo y ha erosionado aún más el poder del miedo. ¡La carnicería en los lugares celestiales ha sido realmente muy grande!

¡De hecho, hay una salida a esto! ¡Sí, una salida pacífica! A medida que el enemigo se vea acorralado, habrá amenazas y algo de violencia por parte de las autoridades. Pero el pueblo sabrá que estos intentos desesperados de intimidar a la gente para que se someta son solo amenazas impotentes y sin fundamento que provienen de líderes ineficaces e ilegítimos de una causa perdida. El grado de violencia que esto pueda alcanzar depende de esos líderes y de la participación de la policía y los militares. Pero yo, el Señor, digo que cualquier violencia será peor para aquellos que la desean y la llevan a cabo que cualquier solución no violenta.

En este momento, la Cábala está buscando iniciar algún tipo de distracción, guerra o evento para desviar la atención que se centra en su fallido reinicio. Escapar, abandonar el barco, desaparecer, será lo siguiente. ¡Cerca y pisándoles los talones en la huida vendrá la justicia!

Sed valientes y no temáis, pueblo Mío, porque Yo estoy con vosotros y Mis ángeles están trabajando en este momento. Hay una batalla que se libra de un extremo al otro del Reino, y vuestro enemigo, pueblo Mío, está sufriendo grandes pérdidas. La violencia en los lugares celestiales no tiene precedente desde el principio de los tiempos. De hecho, Satanás nunca volverá a tener los recursos para librar una guerra de esta magnitud. Mirad a vuestro alrededor. Yo no pierdo. Amén.

La Justicia de Jesús Salva al Mundo – 18 de Febrero de 2022

Yo (Kirk) leí Deuteronomio 7, 8 y 9, y luego le pregunté al Señor qué quería que viera en esos capítulos. Él comenzó a mostrarme algunas de las cosas que estaban escritas allí. Vi la forma en que hablaba de su pueblo Israel: que no eran la nación con más gente, sino la nación con menos gente. Ni siquiera eran necesariamente obedientes. Se quejaban y no parecían muy agradecidos por las cosas que el Señor les había proporcionado. Luego, en el capítulo 9, les dijo que <u>no</u> debían pensar en su corazón que estaban tomando la tierra y despojando a su pueblo de ella por <u>su</u> justicia. No era eso en absoluto, sino la injusticia de las gentes indígenas.

Entonces el Señor comenzó a expresar Sus pensamientos en mi mente. Pude ver cómo Él miraba a los pueblos del mundo, no los pecados individuales, ni siquiera el pecado general de las naciones, sino más bien la obediencia general o tal vez la desobediencia del mundo. Luego fue como si Él mirara a Su Hijo, Jesús, y oí las palabras: «*Consumado está*». Pude sentir y percibir el amor del Padre por Su Hijo, y el amor del Hijo por el mundo y por cada persona que vive en él. Junto con el amor había tristeza, y vi a todos aquellos que no habían tomado la decisión de aceptar a Jesús como su Señor y Salvador.

Vi a muchos que decían estar «en Cristo», pero que ni siquiera Le conocían. Habían tomado Su nombre (Cristiano), pero era en vano. Vivían igual que el mundo. Había iglesias enteras, incluso Mega-Iglesias, en las que solo un remanente realmente creía. Los líderes de estas «iglesias» solo tenían una preocupación, y era la «organización». Hacerla crecer, mantenerla en funcionamiento, ganar miembros, ¿cuánto dinero se recaudó esta semana?; construir, construir, construir, ¡Mantener las apariencias a toda costa! ¿Servir al Señor siguiendo Su Espíritu? No, ¡Nosotros tomamos decisiones basadas en una junta! Y, por supuesto, ¡El Pastor Principal se sienta a la cabeza de la junta!

Mientras considero todo esto, la voz del Señor irrumpe: «*Kirk, ¡Yo también estoy juzgando a Mi Iglesia! Y será más fácil para los del mundo venir a Mí que para aquellos que han tomado Mi Nombre engañosamente. ¡Son <u>ellos</u> los que afirmarán ser <u>justos</u> y que, gracias a la justicia de ellos, la tierra ha sido salvada!* (Esto no es cierto). *Pero cuando Mi Espíritu se derrame de nuevo en la Lluvia Tardía, quedará claro quién está verdaderamente «en Cristo» y quién no es de la Verdad».*

Entonces Él se vuelve y veo a aquellos cuyos corazones son Suyos y que caminan en Su gracia y favor. Él ama profundamente a estos santos porque han elegido morir al mundo y solo encuentran la vida en Su Hijo, Jesucristo. ¡Su corazón y Su deseo es que todos encuentren este camino hacia la vida! Estos nunca afirmarían que fue la justicia de <u>ellos</u> lo que hizo que el Señor encontrara favor con el mundo, porque han descubierto que la verdadera vida solo se encuentra en Jesús, y si se encuentra justicia en el planeta, es solo porque Su obra en la cruz la ha traído.

Por lo tanto, pueblo de Dios, debemos elegir <u>HOY.</u> ¿Depende de nosotros? ¿Podemos salvar a la humanidad del maligno? ¿Nos enorgulleceremos cuando el Señor se mueva sobre la tierra, creyendo que fue <u>nuestra</u> justicia la que lo provocó? ¡Elegid HOY a quién serviréis! ¡Amén!

Tened Fe en las Cosas Más Grandes – 25 de febrero de 2022

Yo (Kirk) estoy hablando con el Señor cuando Él me pregunta: *«Kirk, ¿tienes fe?».*

Él continúa antes de que yo responda: *«¿Tienes fe para una visión? ¿Para una palabra Mía? Profeta, ¿tienes fe para profetizar? Bueno, yo, el Señor, digo: «¡Sí! ¡La tienes!». Pero hoy YO SOY te llama para que traigas fe a otros.*

¿Dónde está Mi Iglesia y dónde están Mis discípulos? ¿Dónde están Mis fieles? Mis ojos recorren toda la tierra buscando a aquellos que tienen fe. ¿Crees que Yo Soy el Dios que habla? Entonces ten fe en que tú <u>Me oirás</u> cuando escuches Mi voz.

¿Crees que yo soy el Gran Médico? Entonces, <u>en fe</u>, da un paso adelante e impón las manos sobre alguien que necesite ser sanado. He dado dones por medio de mi Espíritu. ¡Están disponibles para todos los que tienen <u>fe</u>! ¡Estas son las cosas elementales que aquellos que tienen <u>una medida de fe</u> deberían estar haciendo!

Sí, hoy Yo Soy te está llamando a ti, que profesas tener fe. ¡Ahora es el momento de practicar esta fe que dices tener! ¡Primero debes practicar y hacer las cosas elementales antes de que puedas comenzar a ser llamado a las cosas más grandes del Espíritu de Dios! ¡Vamos! ¡Muere a ti mismo y vive para Cristo! ¡Olvida tu orgullo y tu dignidad, y la mentalidad de «qué pensarán mis amigos de mí»! Yo Soy te llama a algo más elevado, te llama a un lugar donde haces lo que hizo Jesús, y luego a MÁS y mayores cosas, ¡Para la gloria de Dios! Muere a ti mismo. De todos modos, nunca fuiste creado para vivir para ti mismo. ¡Entra en la verdadera libertad y la verdadera fe! Amén.

Actores – 8 de Marzo de 2022

Yo, (Kirk), he estado viendo muchas noticias últimamente de todas partes: mi estado natal, Míchigan, Estados Unidos y el mundo. En este momento, la atención se centra en Ucrania, por supuesto. Mis pensamientos se centran en los «líderes» del mundo y su papel en los asuntos de los hombres. Mientras reflexionaba sobre estas cosas, el Señor puso en mi mente la palabra «*actores*». Al principio, pensé en 46 (Biden), porque se nos ha dicho que es un actor y no la persona real. Pero decidí continuar con esto en oración y preguntarle al Señor qué quería que supiera. Cuando le pregunté, me dijo que prácticamente todos aquellos en quienes había estado pensando eran actores. ¡No podía imaginarlo!

Él continuó... «*Sí, algunos de los que supones que son los líderes elegidos son en realidad otras personas. Sí, ¡Verdaderamente actores! Otros no son líderes. Simplemente representan el papel, pero se han visto comprometidos de principio a fin. Actúan en el papel de «líderes», pero no lideran. Ellos simplemente siguen órdenes. Harían cualquier cosa que se les ordenara: iniciar guerras, asesinar a su propio pueblo, incluso recurrir a armas nucleares. Se han vendido totalmente al mal, y ambos lo saben, y de hecho abrazan al maligno, y han decidido seguir/obedecer a los secuaces del diablo en su cábala.*

Por lo tanto, Yo Soy, el SEÑOR, os digo esto, pueblo Mío, para que no lloréis la desaparición de estas personas que están en el liderazgo y en puestos de poder sobre las naciones. Yo Soy también quiero que sepáis que hay quienes no se han comprometido. ¡Incluso hay quienes cumplen Mi voluntad sin conocerme! De todas formas, no cedáis al miedo. Yo conozco el final desde el principio. NUNCA me han engañado, nunca me han confundido, nunca me he sentido débil. Nunca me he sentado a retorcerme Mis manos con preocupación, ¡Y YO NUNCA PIERDO!

¡Mis Ungidos darán un paso adelante! La carta de triunfo será jugada. ¡Y aquellos que trafican con el miedo se volverán temerosos! ¡Mi justicia SERÁ SERVIDA! ¡TODO esto entrará en juego pronto, muy pronto! Así que mantened vuestros ojos en Mi bondad y en Mis promesas de los buenos tiempos que vendrán. ¡No os dobleguéis, pueblo Mío! ¡No temáis! ¡Mi Espíritu está siendo derramado sobre cualquiera que esté dispuesto a llevarlo A Él! Pedidlo. ¡No os será negado! ¡Amén!».

Profecía de la Bola de Nieve – 14 y 15 de Marzo de 2022

El Señor dijo que Su Gran Reinicio es como una bola de nieve que baja por una montaña y ya ha recorrido la mitad del camino hasta llegar abajo. La última parte es donde realmente gana velocidad y masa. Nos encontramos en esta segunda mitad.

Ahora, el Señor me está recordando (a Kirk) la profecía del Horizonte de Sucesos del 30 de junio de 2021 y la Visión de las Naves del 19 de septiembre de 2021. Cuando estas palabras llegaron, pensamos que eran palabras «actuales». Pero el Señor las está resaltando ahora. Está diciendo que la bola de nieve está a mitad de camino de la montaña; ha ganado algo de velocidad e impulso y ahora no se puede detener. Sí, se podría decir que está más allá del mismo horizonte y ¡No se puede detener!.

Él dice: «*Mirad los barcos. ¿Podéis empezar a ver la confusión en su formación? Sí, la unidad que era evidente en los acontecimientos que habían planeado los sombreros negros ahora se está desmoronando. Algunos países siguen adelante con la agenda malvada, mientras que otros luchan de un lado a otro. Otros, sin embargo, están girando completamente hacia la derecha. ¡Mirad la velocidad a la que se ESTÁ produciendo este giro! El impulso «Big Mo» (o «Gran Impulso») ha cambiado ahora, y lo veréis. La segunda mitad de Mi Gran Reinicio ocurrirá mucho más rápido que la primera mitad. Si la primera mitad tomó 100 años, la segunda mitad tardará un día. Será un viaje salvaje, ¡Pero no temáis! ¿No os he dicho que sería salvaje? ¡Aguantad! Las bendiciones para aquellos que mantengan la fe, sí, que mantengan sus ojos en Mí, ¡Serán aún más salvajes! Amén*».

Profecía del Big Bang – 17 de marzo de 2022

Oigo al Señor decir: «*Tiffany, el Big Bang se acerca. Han propagado un Big Bang que saben que no es cierto, y estoy a punto de darles un Golpe (Bang) que ni esperan ni anticipan de ninguna manera. Mis ángeles están trabajando a la vista y ni siquiera pueden verlo. Una destrucción repentina caerá sobre ellos y, de las cenizas, crearé belleza para aquellos que están conmigo y que han permanecido firmes en estos difíciles tiempos de pruebas. Se acabaron las luchas por encontrarme a Mí. Mi Espíritu se ESTÁ derramando. Él está aquí y las cosas ESTÁN cambiando. ¡GRANDE es el SEÑOR Todopoderoso! Que vuestra oración sea: ¡Bienvenido, Espíritu Santo! Eres bienvenido aquí, ¡Haz lo que Tú quieras!*

Ahora, levantaos y mirad con ojos de fe. Deshaceos de las críticas y de miraros a vosotros mismos, y mirad con ojos de fe cada situación y cada persona. ¿Qué es lo que estoy diciendo y haciendo? ¡Deja que la fe se eleve en vosotros! ¡Mi Hijo ha vencido! Amén».

Va a ser un cambio tan repentino y severo (un big bang) que la vida de todos cambiará.

Visión del Lagarto en China – 18 de Marzo de 2022

Yo (Kirk) vi un lagarto gigante, o tal vez un dragón. Estaba en el mar de la China Meridional. Su cabeza estaba en China y su cuerpo entre Vietnam y Filipinas. Lo vi agitando la cola y causando estragos en todos los lugares a los que llegaba. La cola se hizo muy larga y afectó a más y más países y lugares de la Tierra. Mientras lo observaba, pensé: «¿Quién podría contener o detener esto?».

Pero después de un rato, los golpes parecieron ralentizarse y el color del lagarto/dragón comenzó a cambiar de gris a rojizo y luego a amarillento. Cuando esto sucedió, los golpes se detuvieron por completo. Todos sus movimientos se detuvieron. Entonces, la cabeza del lagarto/dragón pareció desaparecer lentamente y todo su cuerpo fue arrastrado hacia China, y desapareció al ser arrastrado. Después de un rato, ya no estaba.

Seguí mirando el lugar donde había estado el lagarto/dragón. Pasó el tiempo. Seguí mirando y me pareció ver algo de color blanco que aparecía allí. Sí, estaba creciendo en tamaño, pero no tenía forma. Al principio parecía tener forma de lágrima. Luego pude distinguir un pájaro. ¡Una paloma! Una paloma blanca cubría el centro de China.

De repente, la paloma extendió sus alas y cubrió completamente China. Permaneció en esa posición durante un tiempo. Entonces pareció que las plumas de la paloma se caían, ¡que la paloma se desmoronaba! Entonces me di cuenta de que la enorme figura de la paloma se había convertido en millones, quizás miles de millones, de palomas más pequeñas. Y mientras observaba, ¡Se dispersaron! ¡Por todo el mundo, a todos los países y naciones! ¡Fueron a todas partes de la tierra! Entonces la visión se desvaneció lentamente de mi vista...

Revelación sobre la visión...

El lagarto es la serpiente antigua, el diablo. Él ha puesto su «cabeza» en China y desde allí ha estado «creciendo» y expandiendo su influencia. Parece imparable. El PCCh (Partido Comunista Chino), que en realidad es lo mismo que el Socialismo, el Satanismo, el Marxismo, el Liberalismo, el Totalitarismo y el Comunismo (véase la visión de los barcos, parte 1), es donde se encuentra la cabeza. Pero en realidad todo es lo mismo, solo que se le da un nombre diferente.

Tal y como muestra la visión, el dragón se enfurecerá (se volverá rojo), pero será demasiado tarde, ya que está perdiendo poder y luego se volverá amarillo –enfermizo- y muere. El color gris con el que comenzó se debe a que en el infierno no hay color. No hay vida ni belleza, sino fealdad, muerte y maldad. El Gran Reinicio del SEÑOR no solo mata al dragón mientras pierde influencia hasta el punto de morir, incluso en China, donde está la cabeza, Él (el SEÑOR) provocará allí el Gran Avivamiento que ya ha comenzado, ¡Y aquellos que han sembrado con lágrimas (la forma de lágrima de la paloma) cosecharán con alegría!

La iglesia China TENDRÁ su recompensa. Él está enviando a Sus Grandes Apóstoles, Profetas y Evangelistas para ayudar con el equipamiento y la formación del cuerpo allí y para ayudar en el avivamiento. El Espíritu Santo será derramado en tal GRAN medida que China <u>nunca</u> parecerá la misma. Y ellos saldrán a todo el mundo. Allí donde el enemigo quería tomar el control, ¡El SEÑOR tomará el control! Amén.

Inteligencia Artificial– 1 de Abril de 2022

Yo (Kirk) le pregunté al Señor sobre la IA después de leer un breve artículo sobre ello. La verdad es que no sé casi nada sobre eso. Sin embargo, por lo que sé, la idea detrás de esto es básicamente crear circuitos que puedan ser o que sean mejores en tomar decisiones que lo que el cerebro humano hace. Poco después de esto surge la preocupación de que los seres humanos vayan a estar gobernados por estas máquinas. Sobre esto es sobre lo que le pregunté al Señor.

El Señor respondió a mi pregunta/observación: «*Kirk, hay hombres que actualmente están tratando de hacer exactamente lo que has dicho. La tecnología en general no se ha utilizado para facilitar la vida de los hombres, sino para esclavizarlos. Relojes de tiempo, medidas, complejidad incrementada, seguimiento de cada movimiento, cámaras... en casi todas las maneras posibles, y con gran desconfianza hacia otros, estos dispositivos se han utilizado para quitar la libertad en lugar de darla*».

El Señor dice que las personas se sienten seducidas por la promesa de facilidad, rapidez, ausencia de esperas y más tiempo libre del trabajo. Hasta la fecha, todo esto son básicamente mentiras. Ahora tenemos que atender llamadas y responder mensajes, hacer videoconferencias, etc. Y para otros, se cuenta cada paso, cada movimiento, y a algunos incluso se les exige que sometan las necesidades del cuerpo físico al control de un reloj o una máquina. Todo esto se hace, no para mejorar la vida de las personas, sino por lucro, por eficiencia. La interacción social se ha reducido al mínimo. ¡Solo se tolera realizar el trabajo que tienes ante ti! Ahora existe un plan mediante el cual se logrará el control sobre las personas utilizando su dinero: el dinero digital.

«*¡Yo Soy dice que esto no se mantendrá! ¡Se está construyendo de nuevo la Torre de Babel! El único idioma es el digital. ¡El objetivo es ascender a los cielos! ¡Para convertirse en DIOS! ¡YO SOY dice NO! ¡No permitiré al Árbol del Conocimiento del Bien y del Mal echar su fruto! ¡El maligno será frustrado de nuevo! ¡Todas estas cosas que han sido diseñadas y creadas para el mal serán revertidas y se utilizarán para el bien! YO SOY ha hablado. Amén*».

Última llamada del Pastor al Arrepentimiento – 7 de Abril de 2022

¡Ay de los pastores que destruyen y dispersan a las ovejas de Mi prado!, declara el Señor. Por lo tanto, así dice el Señor Dios de Israel acerca de los pastores que cuidan a Mi pueblo: Habéis dispersado a Mi rebaño, los habéis ahuyentado y no los habéis atendido; mirad, yo voy a ocuparme de vosotros por la maldad de vuestras obras, declara el Señor. Entonces Yo Mismo reuniré el remanente de Mi rebaño de cada país adonde los he expulsado y los traeré de vuelta a su prado, y serán fructíferos y se multiplicarán. También levantaré pastores sobre ellos y los cuidarán; y ya no tendrán miedo ni estarán aterrorizados, ni faltará ninguno, declara el SEÑOR. (Jeremías 23:1-4 NASB)

El SEÑOR se dirigirá una vez más a los «pastores», las «ministros» y los administradores de la «iglesia».

«Sí, vosotros los que decís haber sido «llamados» al ministerio, ¿Podéis siquiera oír la voz del Espíritu Santo? ¿Recibisteis las clases, aprendisteis de los libros (que fueron escritos por otros que NO fueron llamados) y pagasteis por ese diploma para poder ser llamados «pastores»? ¿Fue realmente el SEÑOR quien os llamó, o tal vez lo hizo un comité y luego lo votó una junta? ¿Compráis luego vuestros sermones en internet? ¿Os coordináis con el equipo de alabanza y el personal de producción? ¿Habéis revisado dos veces la máquina de humo para luego poder fingir la presencia del Señor? ¿Entonces, dónde está el SEÑOR? ¿Podría decir alguien si realmente Él ha abandonado tu «iglesia»? ¿Quizás tu «iglesia» es miembro de una de esas denominaciones que creen que Dios ha cambiado porque ahora Su libro está disponible, por lo que ahora tenéis una forma de piedad, pero negáis su poder?

¡YO NO HE CAMBIADO, dice el SEÑOR de todo! ¡Y YO SOY está llamando hoy al arrepentimiento a todos los falsos pastores, ancianos, diáconos y maestros! ¡He decidido extender Mi misericordia una vez más hacia vosotros! ¿Habéis estado siguiéndome a Mí o seguís al diablo? ¿Caigo YO en el miedo y pido a Mi iglesia que cierre sus puertas? ¿Que usen máscaras? ¿Que mantengan la distancia social? ¿He dicho Yo: «Vacunaos por vuestra salud»? ¿Lo hago? ¡YO SOY exige una respuesta! Hoy es el día: ¡Arrepentíos! ¡Arrepentíos! Porque Yo, Yo Mismo, voy a ocuparme de vosotros ahora por el mal que le habéis hecho a Mis ovejas.

Pero vosotros diréis: «No lo sabíamos» o «¡Solo hicimos lo que era prudente hacer!». YO SOY dice: ¡Vuestra ignorancia no es excusa, y vuestra prudencia es una máscara para el miedo! ¡Arrepentíos! ¡O preparaos para recibir lo que más teméis! ¡Vuestra sabiduría es necedad ante Mí, y vuestras excusas son humo en Mis fosas nasales! ¡Amén!».

Lo Mejor de los Tiempos / Los Peor de los Tiempos – 8 de abril de 2022

El Señor pregunta: «¿*Sois vosotros las ovejas de Mi pasto o no? ¿No lo veis? ¡Este es/será el mejor de los tiempos para aquellos que son Mis ovejas! Por el contrario, será un tiempo de incertidumbre y miedo para aquellos que no son Míos. Sí, será el peor de los tiempos para ellos debido a su falta de fe!*

¡Levantaos, pues, Mis fieles! ¡Ocupad vuestro lugar como luz en un mundo de tinieblas! No temáis en absoluto, porque Yo Soy está con vosotros. Amén».

Una Palabra Para las Naciones y la Iglesia – 13 de abril de 2022

Una palabra para los **Estados Unidos**: «*Profeta del Señor, quiero que el pueblo sepa que el Gran YO SOY no los ha abandonado y que no hay un plan B. Las palabras de los profetas se cumplirán. Mi Trompeta está haciendo su movimiento y no hay otro plan. ¡Es Mi manera de arrebatar la victoria de las fauces de la derrota! ¡Poner a Mis enemigos en su sitio justo cuando creen que Me tienen! Mi camino es exigir fe. Sí, confiar en Mí y en Mis caminos es un requisito para evitar el miedo, dice el Señor de todo. ¡Mírame a Mí, habita en Mí y Yo en ti, y todo miedo se disipará y se irá!*

Observa cómo el líder **Ruso** *prevalece en* **Ucrania** *y los nazis son derrotados. Observa cómo esto ES una victoria para el bien y no para el mal. Observa cómo el pueblo de Ucrania se beneficia, Rusia se beneficia, sí, y el mundo entero se beneficia de que el mal sea erradicado allí.*

Una vez más, ¡tomad nota de lo que está sucediendo en **China***! Ese dragón no está siendo asesinado por fuerzas externas, ¡sino que se está pudriendo desde dentro! Sí, la buena gente de esa tierra se está levantando, ¡y son poderosos en Cristo Jesús! Después de un tiempo, ningún castigo, coacción o incluso fuerza bruta mantendrá vivo a ese dragón.*

Sí, y miren a **Canadá**, *¡porque el Señor también se está moviendo allí! ¿Seguirá siendo el Sr. True (así lo llamó el Señor) su líder, o se irá, pregunta el Señor de todo? ¡Se irá! Y a medida que el Espíritu se mueva allí, y cuando JT se vaya, un gran temor se incrementará en los líderes restantes, que intentarán ganarse el favor abriendo el diálogo con el convoy. ¡Pero esto fracasará debido a la profunda desconfianza del pueblo!*

*¡Tomad notas también de **Australia**! ¿Habrá justicia y confianza de nuevo en todas las Provincias? Habrá otro intento de totalitarismo utilizando tecnología y tácticas de mano dura por parte de aquellos que se supone que deben mantener la paz. Esto también fracasará debido a la oleada de personas que ahora se opondrán a ello. Se dan cuenta de que fueron engañados la primera vez con respecto a las vacunas, las mascarillas, el distanciamiento, etc., porque <u>nada</u> de eso funcionó en absoluto.*

*¡Y observad **Europa**, en particular el **Reino Unido**, si se intenta allí de nuevo algún <u>mandato</u>! Sí, ¡Europa está <u>MÁS</u> despierta de lo que ha estado en mucho tiempo! ¡Se acabó lo de limitarse a seguir la corriente de los demás!*

¡El Señor está buscando a Sus fieles en cada país! ¡Esta lista de países podría ser muy larga! Pero el remanente, aquellos que están llenos de Su Espíritu, son en los que realmente Él está interesado. ¡Ellos son su Iglesia! ¡Son la SAL y la LUZ! ¡Éstos son los que cambiarán el mundo! ¡Amén!».

Rapto: Explicación del Trigo y la Cizaña – 15 de abril de 2022

Les propuso otra parábola, diciendo: «El Reino de los cielos es como un hombre que sembró buena semilla en su campo; pero mientras los hombres dormían, vino su enemigo y sembró cizaña entre el trigo, y se fue por su camino. Pero cuando el grano brotó y produjo una cosecha, entonces apareció también la cizaña. Así que los siervos del dueño vinieron y le dijeron: «Señor, ¿no sembraste buena semilla en tu campo? ¿Cómo es entonces que tiene cizaña?» Él les respondió: «Un enemigo ha hecho esto». Los siervos le dijeron: «¿<u>Quieres</u>, pues, que vayamos y las recojamos?».

Pero él respondió: «No, no sea que al recoger la cizaña, arranquéis también el trigo. Dejad que ambos crezcan juntos hasta la siega, y en el momento de la siega diré a los segadores: Juntad primero la cizaña y atadla en manojos para quemarla, pero juntad el trigo en mi granero». (Mateo 13: 24-30)

Entonces Jesús despidió a la multitud y entró en la casa. Y sus discípulos se le acercaron y le dijeron: «Explícanos la parábola de la cizaña del campo». Él les respondió y les dijo: «El que siembra la buena semilla es el Hijo del Hombre. El campo es el mundo, la buena semilla son los hijos del reino, pero la cizaña son los hijos del maligno. El enemigo que la sembró es el diablo, la cosecha es el final de la era, y los segadores son los ángeles. Así como se recoge la cizaña y se quema en el fuego, así será al fin de esta era. El Hijo del Hombre enviará a Sus ángeles, y ellos sacarán afuera de Su Reino todas las cosas ofensivas y a aquellos que practican la iniquidad, y los echarán en el horno de fuego. Habrá llanto y crujir de dientes. Entonces los justos resplandecerán como el sol en el reino de su Padre. El que tiene oídos para oír, que oiga». (Mateo 13:36-43)

Así será el fin de los tiempos, porque Dios ha hablado esta parábola y también su interpretación. Prestad atención a esto, pues. Según Jesús, así será el final de la era. Esta parábola y su interpretación constituyen una base para saber a qué se parecerá el final de la era.

Tened en cuenta que Jesús dice específicamente que el trigo no debe ser juntado antes que la cizaña, y dice específicamente que la cizaña debe ser juntada por los ángeles al final de la era, y luego el trigo. Otras Escrituras relativas al «final de la era» o la segunda venida de Jesús estarán de acuerdo con esto. Si se interpreta de otra manera, o se forma una doctrina en oposición a lo que Jesús enseñó claramente, está mal.

Por Tiffany Root y Kirk VandeGuchte

"Pastores" – 28 de Abril de 2022

En esta palabra, el Señor se dirige a un «pastor» específico y a todos los «pastores».

El Señor dice: *«He llamado a Mis Ministros a ocupar su lugar en Mi ministerio quíntuple. Ellos saben sin lugar a dudas que han sido llamados por Mí. Ellos caminan con autoridad y poder. El Espíritu de Cristo da testimonio constantemente de su llamado. Cualquier desafío al llamado que les he dado es básicamente ignorado. Ellos Me conocen, y Yo doy testimonio de su llamado, y no sienten la necesidad de demostrar nada.*

Su desafío a los demás es el mismo que el de Aquel que los llamó. Es este: «Si no crees en lo que digo, al menos cree en las obras que Yo hago». Estas obras son el propio amor, porque YO SOY Amor, dice el Señor. Estas obras también son imposibles de realizar por cualquier hombre por sí mismo. Por lo tanto, Mis ministros ministran en el poder del Dios viviente, y no en la «inteligencia» o «sabiduría» de los hombres. ¡Mi llamado y Mi expectativa son mucho más altos, sí, MUCHO MÁS ALTOS que lo que es posible para los simples hombres!

Mis ministros han muerto, y no les impresionan en absoluto las cosas que los hombres valoran: dinero, número de seguidores, el tamaño de un edificio de iglesia, los elogios de los hombres, etc. ¡Pero TIEMBLAN al oír Mi voz!

¡Ahora, a aquellos que son impostores! ¡Vosotros, usurpadores insolentes que vivís para debatir y discutir, que deseáis poner en duda a Mis verdaderos ministros! ¡Vosotros, que os llamáis a vosotros mismos «pastores», pero vuestras obras son las obras de los hombres para lograr lo que deleita a los hombres! ¡Vosotros, los que tenéis un pedazo de papel, pero NO tenéis poder! ¡Vosotros,

los que os jactan del éxito según los estándares de los hombres, pero NO tenéis obras según el Espíritu de Cristo! Vosotros sabéis quiénes sois. Ningún profeta os ha llamado jamás. Ningún apóstol os ha designado. Y, sin embargo, sois tan insolentes y orgullosos de vosotros mismos que creéis que como hombres podéis convocar un debate o incluso tener una audiencia con Mis ministros.

Yo digo NO. El gran YO SOY dice: «¡Arrepentíos! ¡Arrepentíos ahora!». Estoy harto de esta farsa religiosa, una forma de piedad que niega Su poder. ¿El Espíritu sin poder? ¿Cómo puedo permitir que esto continúe? ¿Mi Espíritu sin poder? ¿MI ESPÍRITU SIN PODER? ¡Arrepentíos o seréis destruidos!

La cosecha del fin de los tiempos está comenzando, y esta vez no permitiré que aquellos que dan crédito solo de boquilla al poder de Mi Espíritu se interpongan en el camino. Arrepentíos, porque el tiempo está cerca, ¡y no permitiré que débiles cobardes frustren Mis planes! Amén».

"Pastores" Continuación...– 29 de Abril de 2022

«Profeta, mis ministros quíntuples son apreciados en la tierra porque YO SOY los ha elegido a cada uno de ellos. YO SOY siempre ha tenido a sus ministros elegidos en la tierra, pero ellos son diferentes en estos últimos días. Los llamados son mucho más elevados, y la gloria en la que caminarán es mucho mayor. Sí, aquellos que serán llamados al quíntuple en estos tiempos del fin llevarán realmente ese nombre (Ministro de los Tiempos del Fin).

Hay quienes realmente Me aman que han dicho que YO SOY ha cambiado, y también que Mis apóstoles y profetas han cambiado, que ya no llevan la misma unción que tenían en el Antiguo Pacto o en el Nuevo Testamento. Esta línea de pensamiento proviene principalmente de las cartas de mi apóstol Pablo. Si bien se le dio autoridad para dar instrucciones a sus iglesias, aplicar estas instrucciones a todos y en todas partes es incorrecto. El Apóstol Pablo y aquellos que recibieron estas cartas ya tenían este entendimiento y no habían necesitado que se les dijera esto. Por lo tanto, era de conocimiento común que Dios no cambia, pero que los apóstoles podían establecer pautas para las iglesias con el fin de guiarlas a seguir el Espíritu de Cristo. YO SOY el Señor; Yo no cambio.

Profeta, dile al pueblo que deben esperar ver a los ungidos en el ministerio quíntuple según el ejemplo de su Señor, Jesús. Sí, y más que eso, porque todos Mis discípulos serán investidos de poder en estos últimos días. Porque lo que Jesús ha hecho se repetirá una y otra vez en los últimos días. Sí, e incluso lo que se hizo a manos de los Padres y Profetas de antaño será algo común durante la lluvia tardía.

He aquí, no habrá lugar para los cobardes sin poder y los usurpadores durante este tiempo. Porque serán vistos tal como son mientras estén lejos. ¡Amén!

Visión del Árbol de la Vida – 6 de mayo de 2022

Jesús aparece y me pregunta (a Kirk) si hay algo que deseo. Le dije que esperaba tener una visión. Entonces Él dice: «*Sí, ven Conmigo entonces*».

Mientras camino hacia Él, todo cambia. Estoy rodeado de una hermosa vegetación, caminando entre la hierba corta, y también hay animales por todas partes. Me preocupaban los animales más grandes: leones, tigres, perros, osos... Sin embargo, todos parecían muy tranquilos, incluso parecían llevarse bien entre ellos y prestarnos poca atención. Caminamos durante un rato, ¡y no en silencio! Pero, por alguna razón, no recuerdo de qué hablamos.

Jesús se dirige directamente hacia un gran árbol. No tenía ni idea de dónde estábamos. Supongo que en medio de un bosque increíblemente hermoso. Al acercarnos al árbol, me di cuenta de que tenía frutos. Los frutos eran impresionantes, de color rojo brillante y bastante grandes, del tamaño de un pomelo. Colgaban muy bajos y como que pedían que los cogieran. Jesús se detuvo antes de llegar y dijo: «*Este es el árbol del conocimiento del bien y del mal. No comas de él*». Continuó diciendo: «*Los que coman de este árbol volverán a tener hambre y, de hecho, nunca estarán satisfechos. Siempre desearán su «fruto» y lo perseguirán sin cesar*».

Jesús giró a la derecha y volvió a ponerse en marcha. Empecé a sentir hambre y ganas de comer. Entonces Jesús se volvió hacia mí y me dijo: «*Solo un poco más; aguanta un poquito más*». Así que seguimos adelante. Vi un árbol más adelante hacia el que Él parecía dirigirse. Al acercarnos a este árbol, no parecía tan atractivo como el Árbol del Conocimiento. El fruto era más pequeño y no se podía alcanzar desde el suelo. ¡Y el árbol parecía un poco difícil de escalar también! Jesús dijo: «*Este es el Árbol de la Vida. Si comes de él, nunca tendrás hambre. Adelante, y come*».

Así que, con cierta dificultad, trepé hasta que pude alcanzar algunos frutos. Eran verdes y algo más pequeños, como manzanas grandes quizás. Bajé y le di un mordisco. Era dulce, pero había que masticarlo mucho y a veces costaba tragarlo. Mientras lo comía, empecé a sentirme diferente, ¡mejor que nunca! No tenía semillas y, a medida que comía, me fui llenando, aunque era bastante pequeño en comparación con el hambre que tenía cuando empecé a comerlo. Empecé a pensar en tirar la parte que quedaba porque me sentía lleno. En ese momento, Jesús dijo: «*Debes comértelo todo para obtener el efecto completo de la Vida que le da nombre a este árbol*». Amén.

Revelación sobre la visión:

Para empezar, Kirk sigue a Jesús. Está buscando la Verdad, está buscando el camino correcto, está buscando lo que sea que Dios tenga para él, y eso se encuentra siguiendo a Jesús. Así que Jesús lo guía a través de un hermoso bosque. Parece que podría dar miedo, pero es agradable y tranquilo. Las personas que buscan la Verdad descubrirán que, al seguir la guía de Cristo, puede parecer que da miedo, pero en realidad no lo es. Todo está en orden y bien con el Señor allí.

Llegan a un árbol y, para todo el mundo, ¡parece increíble! El fruto está maduro, es grande y hermoso. Es fácilmente accesible, pero Jesús dice que no lo coman. No les satisfará. En cambio, les dejará con hambre de más y nunca estarán satisfechos. ¿Por qué lo come la gente, de todos modos? Come para vivir y para satisfacer el hambre. El Árbol del Conocimiento del Bien y del Mal parece que lo hará, pero no es así.

La religión come de este árbol continuamente, pero nunca se sacia. Nunca. Su fruto es fácil de conseguir porque lo obtienen por su propio conocimiento y comprensión. El fruto es tentador porque las personas muy inteligentes hacen alarde de su conocimiento y cuanto más aprendes, más títulos tienes, mejor te ves. Parece bueno estudiar y establecer barreras, reglas y principios que te ayuden a vivir santamente y a evitar el pecado. Sin embargo, el fruto que comes nunca te da vida. Los sermones interminables, el servicio a la iglesia institucional y la obediencia a todas las reglas de tu denominación particular te hacen sentir que eres bueno porque todos los demás también lo hacen y piensas que si lo haces, Dios estará contento. Es una mentira. Nunca satisface y solo te engaña haciéndote creer que estás vivo porque sigues comiendo, así que debes estar vivo.

Mientras que el Árbol de la Vida parece pálido en comparación con el Árbol del Conocimiento del Bien y del Mal. «*Porque el mensaje de la cruz es una locura para los que se pierden...*» (1 Corintios 1:18a). *El Árbol de la Vida es un tropiezo para los judíos y una locura para el resto del mundo* (v. 23). Y, sin embargo, es el Árbol de la Vida el que satisface.

Jesús es el Camino al Árbol de la Vida. Él es el Árbol de la Vida y Él es el Fruto del Árbol de la Vida. ¡Debemos comerlo a Él y todo de Él! El árbol no era fácil de escalar ni de bajar para Kirk. El fruto no era fácil de masticar a veces y tampoco era fácil de tragar otras veces. De hecho, se sintió tentado a tirar parte del fruto cuando se sintió lleno. El camino de la Vida es difícil y estrecho. No se trata de acercarse a un árbol y coger alguna fruta que cuelga baja y que se come fácilmente. Se trata de hacer un esfuerzo. Se trata de dejar a un lado lo que creemos para recibir lo que Él tiene que decir. «*El reino de los Cielos sufre violencia, y los violentos lo toman por la fuerza*» (Mateo 11:12).

Se trata de comer a Jesús incluso cuando no nos gusta. Quizás no nos gusta lo que Él nos dice que hagamos. Quizás no nos gusta lo que Él está haciendo en nuestras vidas o en el mundo. Es morir a uno mismo para poder vivir verdaderamente. Y para que tenga el efecto completo, hay que comer toda la fruta. O, como decimos, hay que comer todo el cordero de Pascua y no dejar nada para la mañana siguiente.

A algunas personas les gusta conformarse. Empiezan a comer el fruto y deciden que ya han tenido suficiente. Han probado al Espíritu Santo y eso les basta. Quizás quieren sentirlo en un servicio de adoración o escuchar «bonitas» palabras proféticas, pero cuando se trata de la corrección de un profeta, o la dirección de un apóstol, o el Espíritu Santo les dice que tienen una fortaleza de la que deben deshacerse, entonces ya no quieren más fruto.

Jesús dijo que Su cuerpo es verdadero pan y Su sangre es verdadera bebida, y que si queremos vivir, debemos comer Su cuerpo y beber Su sangre. Lo que quiere decir es que Él ha venido en carne como Hombre, y si realmente creemos eso, aceptaremos TODO lo que Él dice y le creeremos, es decir, lo obedeceremos. No vamos a elegir lo que nos conviene. Él dio Su cuerpo físico y Su sangre física por nosotros para que tengamos vida, y para que esa vida tenga su efecto completo, debemos comerlo y beberlo todo por fe.

Así que, por ejemplo, decir que solo quieres ser salvo y que eso ya es bastante bueno, que no necesitas la sanidad, la liberación o la paz que Él ofrece, significa que no estás comiendo Su carne ni bebiendo Su sangre. No estás comiendo todo el fruto del Árbol. Te estás conformando.

Decir que quieres que la gente sea «amable» y que quieres sentir la presencia del Espíritu Santo en tu escuela o en tus reuniones, pero no quieres que Él profetice. No quieres que Él te diga nada difícil de hacer. No quieres que Él te lleve al desierto, etc., significa que no le quieres a Él. Te estás engañando a ti mismo y no solo no estás recibiendo todo lo que Él tiene para ti, sino que lo estás rechazando cuando le dices «no», especialmente cuando lo escuchas a Él, sabes que es Él y aún así decides seguir tu propio camino... comiendo una vez más del Árbol del Conocimiento del Bien y del Mal.

Pero aquellos que aman al Señor harán lo que sea necesario para seguirlo hasta el Árbol de la Vida, incluso aunque tengan hambre. Harán lo que sea necesario para trepar al árbol, coger el fruto y volver a bajar. Harán lo que sea necesario para masticar el fruto y tragarlo, incluso cuando sea difícil y no quieran hacerlo. Morirán verdaderamente a sí mismos para poder vivir. Comerán todo el fruto. Amén.

Comunidad – Jesús es el Modelo – 7 de Mayo de 2022

«¿Alguna vez te has fijado en que hay varios lugares donde hay comunidades de creyentes que son muy agradables? Tienen bajos índices de criminalidad, comunidades bien cuidadas y son zonas acogedoras. Estas abarcan pueblos y aldeas enteros, o incluso áreas más grandes. Estas zonas también son atractivas para los no creyentes y, debido a su atractivo, el crecimiento en estas zonas es rápido. Gente de todas partes se muda allí, no para formar parte de la comunidad de creyentes, sino para sacar ventaja de lo que ellos han hecho.

Esos no tienen intención de ajustarse a las normas y creencias de la comunidad y, de hecho, empiezan un proceso de cambio. ¡Un cambio que está lejos de las buenas razones por las que se mudaron a la zona! Si esta comunidad considera a todos por igual: sus ideas, sus creencias y sus opiniones, entonces su desaparición está asegurada.

Fíjate en Mis discípulos, los Doce. Yo los llamé a todos. Se ajustaron a Mi semejanza. ¡Realizaron milagros, curaciones y señales! Cuando dije que había uno entre ellos que Me traicionaría, se miraron unos a otros con incredulidad porque no podían imaginar que hubiera alguien allí que hiciera eso. Pero lo importante aquí es que yo lo llamé afuera, ¡y no se le permitió cambiar a los demás! Judas tuvo la misma oportunidad de creer, pero Satanás había entrado en su corazón y él no lo rechazó».

Así pues, teniendo esto en cuenta, no podemos impedir que «los otros» se instalen en nuestras comunidades, ¡pero no debemos permitirles que establezcan las normas en las que nosotros, los discípulos de Cristo, formamos a otros discípulos! ¿Y por qué deberíamos hacerlo? ¿Por beneficio? ¿Por aceptación? ¿Por comodidad? ¡NO! ¡DEBEMOS SER DISCÍPULOS DE JESÚS! Esto debe seguir siendo siempre lo primero y lo más importante. Amén.

Nota: Jesús utiliza a Judas como ejemplo de permitir el mal y no rechazarlo. No se podía permitir que el mal se infiltrara en la comunidad de discípulos. Por eso, Jesús reprendió a Judas y no le permitió continuar.

Los Judíos Piden Señales y los Griegos Buscan Sabiduría – 13 de mayo de 2022

Porque el mensaje de la cruz es locura para los que se pierden, pero para nosotros que estamos siendo salvados es el poder de Dios. Porque está escrito: «Destruiré la sabiduría de los sabios, y llevaré a la nada el entendimiento de los entendidos». ¿Dónde está el sabio? ¿Dónde está el escriba? ¿Dónde está el disputador de esta era? ¿No ha hecho Dios absurda la sabiduría de este mundo? Puesto que, en la sabiduría de Dios, el mundo a través de su sabiduría no conoció a Dios, agradó a Dios mediante la insensatez del mensaje predicado el salvar a aquellos que creen. Porque los Judíos piden señales, y los Griegos buscan sabiduría; pero nosotros predicamos a Cristo crucificado, para los Judíos tropiezo, y para los Griegos insensatez, pero para los llamados, tanto Judíos como Griegos, Cristo es poder de Dios y sabiduría de Dios. Porque la insensatez de Dios es más sabia que los hombres, y la debilidad de Dios es más fuerte que los hombres.

Porque mirad, hermanos, vuestro llamado, que no sois muchos sabios según la carne, ni muchos poderosos, ni muchos nobles. Pero Dios ha escogido las cosas insensatas del mundo para avergonzar a los sabios, y Dios ha escogido las cosas débiles del mundo para avergonzar aquellas que son poderosas; y Dios ha escogido las cosas bajas del mundo y las cosas despreciadas, y las cosas que no son, para reducir a la nada las cosas que son, a fin de que nadie se glorie en Su presencia. Pero por Él vosotros estáis en Cristo Jesús, que se convirtió para nosotros en sabiduría de Dios, y en justicia, santificación y redención, para que, como está escrito: «El que se gloría, gloríese en el SEÑOR». (1 Corintios 1:18-31)

El Señor dice: *«¿Verán alguna vez los «Judíos» suficientes señales para que puedan venir a la fe? Yo caminé entre ellos en Mi tiempo. Mordí su anzuelo y sané a aquellos que habían sido invitados a la sinagoga simplemente para tenderme una trampa. ¿Creyeron entonces? No. Realicé señales y prodigios a diario, haciendo cosas que nunca antes se habían hecho. ¿Creyeron entonces? No. Por lo tanto, ¡ninguna cantidad de señales convencerá o llevará a la fe a los «Judíos» de vuestro tiempo tampoco!*

Entonces, ¿Qué pasa con los «Griegos»? ¿Terminará alguna vez su búsqueda de la sabiduría? Yo, Yo mismo, les he dado la verdadera sabiduría, pero no creyeron. Las mentes débiles de los «Griegos» buscan la razón, el conocimiento y un fundamento de legalismo. Debaten y forman juicios; razonan que esto más aquello equivale a un fundamento firme. Pero nunca llega a aparecer un fundamento real. Porque una generación encuentra este «fundamento firme» y la siguiente lo derriba. La verdadera sabiduría nunca se alcanza.

Debería ser obvio para los sabios y los religiosos a estas alturas que el Árbol del Conocimiento del Bien y del Mal es un señuelo, un anzuelo, del que no puede salir nada bueno. Es realmente un agujero negro que absorbe a las personas y no tiene fin, ni verdad real, ni sabiduría. ¡Y todas las señales que apuntan a su «valor» son falsas! Pero los religiosos y los que buscan la sabiduría siempre piensan que ellos serán los que encontrarán el tesoro al final del arcoíris. ¡Necedad, todo necedad, dice el Señor!

Primera de Corintios 1:30 (NASB) dice: «*Pero por lo que Él hizo vosotros estáis en Cristo Jesús, quien se convirtió para nosotros en sabiduría de Dios, y en rectitud, santificación y redención, para que, como está escrito: «EL QUE SE GLORÍA, QUE SE GLORÍE EN EL SEÑOR»»*.

La verdadera sabiduría no se encuentra en ningún otro lugar, y esta sabiduría es el fundamento establecido por Jesús como su piedra angular, y sus Apóstoles y Profetas como el fundamento que no necesita señales, sino que se encuentra por la fe. Amén».

¡Tened fe! – 13 de mayo de 2022

«Como he dicho: ¡Es Mi manera de arrebatar la victoria de las fauces de la derrota!

Profeta, ¡dile a Mi pueblo que confíe en Mí! Yo no me retuerzo las manos en preocupación. Por lo tanto, ¡tampoco vosotros debéis hacerlo! Veo lo que ha ocurrido en las elecciones de Francia. Veo la inflación. He puesto Mi dedo en el pulso en este conflicto en Ucrania. Veo a la Cábala trabajando para fabricar todas las crisis. ¿Están estas cosas empezando a afectaros? ¿Veis cómo aumenta el miedo en el mundo? ¿Se preguntan ya algo a sí mismos aquellos que llevan las pancartas de "Black Lives Matter"?

Por lo tanto, sí, YO SOY ESTOY en una misión de rescate. ¡Tened fe porque yo nunca llego tarde y Mi tiempo es SIEMPRE perfecto, dice el Señor! ¡Animaos! ¡Cantad alabanzas al Señor! ¡He levantado a cada uno de vosotros para un momento como este!

Vuestra fe no vacilará. Así como Mi Trompeta también se levantará en la fe, y de hecho, ¡ya lo está haciendo!

No os dejéis engañar por las cosas de este mundo, ¡sino acumulad para vosotros verdaderas riquezas! ¡Tened fe! ¡Hablad con fe! ¡Escuchad solo fe! Aguantad hasta el final. No está lejos. Hablad entre vosotros de Mi justicia, Mi generosidad, Mi recompensa a los fieles, ¡el REALMENTE GRAN reinicio! ¡El día en que Mi pueblo bailará en las calles, el día en que aquellos que están en contra de Mí serán avergonzados! ¡Sí, Mi pueblo! ¡Es hora de EMOCIONARSE! ¡AMÉN!».

La Verdad Abunda Más – 19 mayo 2022

El Señor dice: "*¿Os habéis dado cuenta de que cuando se acusa a los que han obrado mal, si no miran hacia Mí en busca de ayuda, responderán con medias verdades y mentiras descaradas? Y, sin embargo, la Verdad siempre vence porque la Verdad procede del Amor, y el Amor nunca falla.*

Las mentiras han aumentado, en lugar de disminuir. Temed a las mentiras. Aquellos que han hecho el mal tienen miedo porque la Verdad está saliendo; está siendo revelada. Nadie sabe esto más que Mis fieles, los que han permanecido y se han mantenido en pie. Sí, profetas y más que eso - aquellos que escuchan a los profetas y aquellos que no saben lo suficiente para escuchar pero buscan la Verdad y quieren saber. A ellos también les ayudo. Su entendimiento es intelectual, pero aún así, sus corazones están siendo preparados para que las semillas de la vida sean plantadas.

Las mentiras abundan, pero la Verdad abunda mucho más. Aunque el Ángel de los Vientos del Cambio encuentre oposición, ni se rinde, ni pierde. Cuando Yo quiero un cambio, lo traeré. Por lo tanto, los Vientos del Cambio han estado soplando, y continuará haciéndolo hasta que Mi Gran Reinicio sea totalmente consumado."

Una Palabra de Ánimo – 26 de mayo de 2022

"¡Mirad hacia arriba, pueblo Mío! ¡Mirad hacia arriba! ¡No os desaniméis ahora! ¿Qué estáis mirando que os hace bajar la cabeza? ¿Hay algo que os está sacudiendo? Bueno, es sólo vuestro enemigo tratando de infundiros algo de miedo. Alejaos de eso y miradme a Mí.

Vuestro enemigo hace sus planes y estrategias contra vosotros y contra Mí, ¡pero Yo ya las sabía desde hace diez mil años! Él trabaja en la oscuridad, en cuevas profundas, oculto y seguro, y guarda secretos profundos que sólo conocen los más malvados y el nivel "más alto" de los condenados! ¡Pero Yo ya sé todas estas cosas y también sé las cosas "más secretas" en las que ellos ni siquiera han pensado todavía! En toda la eternidad, y por todos los tiempos, Satanás nunca ha hecho nada que Yo no supiera antes de que lo hiciera.

Satanás ahora cree que puede burlarse de Mí usando trucos con máquinas, computadoras e inteligencia artificial, pero Yo simplemente vendré y lo desconectaré. ¡Esta torre de palabrería ("babble"=Babel) también quedará en nada! ¡Yo no hago planes para contrarrestar a Mis enemigos! ¡Yo Soy el Señor! Yo conozco el fin desde el principio. Solo tengo un Plan A porque no es necesario ningún otro plan. TODO saldrá de acuerdo a Mi deseo. No hay ninguna otra opción.

Entonces, confiad en Mí. ¿Hay alguna otra opción? Yo Soy el Señor de todo, el Nombre sobre todos los nombres que puede ser nombrado, y Yo sostengo todo lo que he creado por la Palabra de Mi poder. No hay nadie ni nada más elevado que Yo. Yo no tengo ningún rival, ni siquiera un desafío o alguien que me rete. Nada puede compararse a Mí. He preguntado: "¿Encontraré fe en la tierra cuando regrese?". Y cualquiera puede decir: "¡Sí, tengo fe! Pero Yo, el Señor, digo que ¡tanto el amor como la fe necesitan ser probadas para encontrar su valor!.

Aquellos que creen que simplemente «saldrán volando» cuando comiencen los problemas, deberían «ver» ya que no es el caso. He <u>prometido</u> persecución y tribulación a aquellos que creen. ¿Por qué esto no está claro? ¿No podéis ver que ya hay tribulación en la tierra? Por lo tanto, ¡<u>Volveos</u> y sed Mi Iglesia! ¡Salid de vuestro escondite y volveos y ayudad a vuestros hermanos y hermanas en Cristo! ¿No podéis ver a los mártires, a los perseguidos y a los pobres en Mi Casa? Esconderse y esperar <u>no</u> es una estrategia que venga de Mí.

¡Por último, Pueblo Mío! He dado muchas, muchas «palabras» a los Profetas con respecto a lo que estoy haciendo, la prosperidad que viene, Mi Trompeta, el destino de los Luciferinos, el engaño desenfrenado, el Ángel de los Vientos de Cambio, la exposición y la caída del mal que está gobernando la tierra, sí, y mucho más. ¡Yo no hago este tipo de revelaciones para eventos menores! Si mantener la fe fuera fácil, no se necesitaría ningún estímulo. Estoy siendo muy claro al deciros que mantengáis vuestros ojos en Mí. No temáis. Manteneos animados. Reuníos con otros que tienen la misma mentalidad y tienen sus ojos en Mí, ¡no con aquellos que sólo repetirán las malas noticias del día! ¡Alzad la vista! ¡Ya casi ha terminado! Amén".

Por Tiffany Root y Kirk VandeGuchte

¡Dadle a los Ángeles Algo con lo que Trabajar: Fe! – 28 de mayo de 2022

«*Profeta, dile a la gente, a Mi pueblo, que no coma inmundicia, que no crea en mentiras y que no se involucre con el mundo. No finjáis ser cristianos con los religiosos. Porque SON ellos lo que pusieron a Mi Hijo en la cruz. Ellos están aliados con el espíritu del anticristo. Sin embargo, aparentan ser ángeles de luz. Estos idolatran un libro que ellos mismos no siguen ni comprenden.*

¡Pueblo Mío! ¡No veáis ni escuchéis las mentiras que llaman noticias! ¡Todo eso son chismes, mentiras y propaganda, y todo ello está producido y planeado para engañar y lograr un determinado resultado!: ¡<u>Miedo</u>!

Así que, cuando Mis profetas profeticen abundancia, bendiciones y Mi gran reinicio, entonces proclamadlo a los cuatro vientos. No creáis lo que veis o lo que informan las noticias (como hambrunas, carencias, sufrimiento, etc.). ¡Manteneos unidos! ¡Declarad Mi verdad! Dadles a Mis ángeles algo con lo que trabajar (FE). ¡Pueblo Mío! ¡Levantaos y luchad! ¡Vamos! Cualquiera puede decir que está conmigo, pero la verdad será VISTA en aquellos que realmente creen. ¿O acaso creéis que el gran Yo Soy dará crédito a aquellos que solo fingen tener fe, pero nunca defienden nada, especialmente a MÍ?

Hablad la verdad, proclamad la verdad, permaneced con Mis profetas. ¡Mis palabras son verdad! ¿Estáis repitiendo las noticias del día? ¿Habrá escasez de alimentos? ¿Costará el combustible 10 dólares el galón? ¿Qué hay de la guerra mundial? ¿Hará algo alguna vez la Trompeta? YO SOY dice: «¡Basta ya!». Al hacer esto, ¡ayudáis al enemigo a generar más miedo! Hablad palabras de fe. ¿Por qué deberías hacer otra cosa?

¡Alzad vuestras cabezas, vosotras puertas de bronce; vosotros, barras de hierro, ceded, y dejad pasar al Rey de Gloria! ¡La cruz está en el campo! (El Señor me recuerda una canción que escuché una vez).

Sí, esto sigue siendo una misión de rescate, y esta misión no puede ser detenida. Toda rodilla se <u>doblará</u> ante el Rey de Gloria. ¡Nadie escapará a Su recompensa, tanto a la buena como a la mala! Amén.

La Justicia Venidera – 31 de mayo de 2022

Escucha, hijo mío, la instrucción de tu padre

Y no abandones la enseñanza de tu madre;

Ciertamente, son una corona de gracia para tu cabeza

Y adornos para tu cuello.

Hijo mío, si los pecadores te seducen,

no consientas.

Si te dicen: «Ven con nosotros,

acechemos la sangre,

embosquemos al inocente sin causa;

traguémonoslo vivo como el Seol,

íntegros, como los que descienden al abismo;

encontraremos toda clase de riquezas preciosas,

llenaremos nuestras casas de botín;

une tu suerte a la nuestra,

todos tendremos una sola bolsa»,

hijo mío, no andes por el camino con ellos.

Aparta tus pies de su senda,

porque sus pies corren hacia el mal

y se apresuran a derramar sangre.

En verdad, es inútil tender la red con cebo

a la vista de cualquier pájaro;

pero ellos acechan su propia sangre;

emboscan sus propias vidas.

Así son los caminos de todos los que ganan con violencia;

les quita la vida a sus poseedores. (Proverbios 1:8-19 NASB)

El Señor de todo dice: *«¡He visto a Mis preciosos pequeños ser asesinados, y su sangre clama a mí cada minuto! También he oído la necedad. «Mi cuerpo, mi elección», ¡pero ellas no matan sus cuerpos! Esta práctica de derramar sangre inocente se realiza como un sacramento a Baal, y <u>no</u> hay excusa para apoyarla; ¡<u>ninguna</u>! Como dice el proverbio: «Esta violencia quitará la vida a sus poseedores». El tiempo para el arrepentimiento está llegando al final ahora.*

Yo, el Señor, declaro que hay otra práctica que YO ESTOY exponiendo. Esta práctica crea «medicina» que tiene como objetivo quitar vidas, en lugar de preservarlas. El miedo es el cebo para esto, pero yo digo que esta red con cebo está siendo expuesta y ya no funcionará porque el Ángel de los Vientos del Cambio está quitándole la tapa a este engaño. Yo digo -dice el Señor- que aquellos que participaron en esto serán atrapados por su propia trampa, ¡y su destino será peor que el de aquellos a quienes pretendían atrapar!

El Gran YO SOY también dice: *¡También veo a los políticos de las naciones! ¡Aquellos que no pueden hacer nada bueno a Mi vista; aquellos que fingen apoyar a su pueblo! ¡Aquellos que engañan al pueblo en las urnas! ¡Aquellos que abren la boca y vomitan mentiras! ¡Aquellos cuya única intención real es oprimir, engañar, utilizar y, sí, matar! ¡Lamento y crujir de dientes surgirán de ellos cuando sean arrastrados por los pies ante la justicia! ¿Hay <u>ALGUIEN</u> que sea bueno? <u>Ahora es el momento</u> de que te separes de los malvados, o serás considerado uno de ellos. El tiempo es muy corto <u>ahora</u>.*

Las mentiras y los secretos, así como las sociedades y asociaciones, están siendo expuestos <u>ahora</u>. El tiempo en que el Ángel de los Vientos del Cambio expone todo esto está a punto de cerrarse. Entonces vendrá un tiempo de justicia y retribución que hará que el mundo entero se quede sin aliento, se enfurezca y finalmente quede satisfecho. Será durante estas últimas fases cuando se necesitará amor y moderación para que la justicia no vaya demasiado lejos.

¡Pueblo Mío! ¡Preparaos para celebrar! ¡El mundo entero se regocijará por Mi Bondad! Amén».

Amad como Ama Jesús – 3 de junio de 2022

«Este es Mi mandamiento: que os améis unos a otros, tal y como Yo os he amado. No existe amor mayor que éste, que uno ponga su vida por sus amigos. Vosotros sois Mis amigos si hacéis lo que Yo os mando. Ya no os llamaré siervos, porque el siervo no sabe lo que

su señor está haciendo; pero os he llamado amigos, porque todo lo que he oído de Mi Padre os lo he dado a conocer. No me elegisteis vosotros a Mí, sino que Yo os elegí a vosotros, y os designé para que vayáis y deis fruto, y vuestro fruto permanezca, a fin de que todo lo que pidáis al Padre en Mi nombre, Él os lo conceda. Esto os mando: que os améis unos a otros». (Juan 15:12-17 NASB)

Jesús sigue diciendo: «¡*Amaos unos a otros como yo os he amado!*». El Señor no ha dicho que os améis unos a otros según vuestra definición de amor. Amar como Jesús amó NO es sacar de la Biblia todos los versículos que tú u otra persona creéis que se parecen al amor. Eso seguiría siendo amor según la definición del hombre. Lo que Jesús dijo es que el Espíritu Santo, el Espíritu de la Verdad, nos guiará a toda la Verdad. Esto es amor, entonces, que renuncies a tus pensamientos, renuncies a tu vida y lo sigas a Él. ¡El Espíritu de Cristo en ti! Sí, ¡muere a ti mismo y vive para Cristo Jesús!

¡Jesús tenía necesidades! Dormir. Comer. Ropa. Pero no ministró a las personas para obtener esas cosas. No exigió el diezmo para sostener Su ministerio. Su vida no era suya. Él dijo que no podía hacer nada por Sí mismo, sino que solo hacía lo que veía hacer a Su Padre. Confiaba en que el Padre satisfaría sus necesidades. Realmente Él había entregado Su vida. Sí, ¡Él había muerto a sí mismo!

Se ha dicho que morir por Cristo es más fácil que vivir para Él. Se muere una vez y se es enterrado. Pero vivir para Él es tomar la cruz cada día. Sí, despertar y morir a uno mismo cada día, todos los días. Renunciar a los propios pensamientos en favor de los Suyos. Hacer lo que Él desea que hagas. Ir adonde Él dice que vayas. Renunciar a aquellas cosas que uno cree que le harán feliz y seguir en cambio la voz suave y apacible. ¿Hacer esto te hará parecer tonto, grosero, arrogante ante los miembros de tu familia, etc.? Probablemente. Pero -y este es un PERO muy grande- ¡nunca serás más feliz, ni te sentirás más realizado ni te sentirás más rico que cuando vives tu vida exactamente como Jesús! ¡Los muertos no pueden sentirse decepcionados, ofendidos, pobres, enfermos o frustrados!

El concepto de vivir la vida como lo hizo Jesús es sencillo, pero llevarlo a la práctica es muy, muy difícil. ¡Pero vale la pena! Amén.

Todos están Luchando, pero la Palabra de Dios PREVALECERÁ – 14 de junio de 2022

«Kirk, mira a tu alrededor. ¿Hay algún creyente lleno del Espíritu que conozcas que no esté luchando? ¿Luchando contra la enfermedad, la opresión demoníaca, la persecución religiosa? Sí, te digo que vuestro enemigo está desesperado, enfurecido, y haciendo todo lo posible para avergonzarme a Mí. Tendrá su pequeña rabieta.

No apartéis vuestros ojos de Mí. No cedáis. ¡No empecéis a miraros a vosotros mismos! ¿No os he dicho lo que va a pasar? Os digo que ninguna de Mis palabras fallará. ¡Yo soy el SEÑOR! ¡Vuelve a mirar esas palabras que fueron pronunciadas! ¡Mira las mentiras que fueron descubiertas, así como a los mentirosos! ¿Qué dijo mi Trompeta? ¿Qué pasaría si no fuera elegido? ¡Yo, el Señor, os lo diré! Dijo que habría inflación, que subirían los precios del combustible, que habría escasez, disturbios políticos, guerras, etc., etc. ¿Cómo lo sabía?

Por lo tanto, mirad cómo se están desmoronando las cosas para los luciferinos. ¡Matar, robar y destruir no son meras palabras por las que ellos viven! Son cosas que suceden por defecto. No tienen que intentar matar, robar y destruir. Las cosas simplemente se les caen de sus manos. Esto es porque éstas son Mis palabras con respecto a ellos, dice el SEÑOR.

Prestad atención entonces -dice el Señor-. ¡Prestad atención a las palabras que he usado con respecto a aquellos a quienes amo! Estas palabras prevalecerán para ellos. ¡Palabras de esperanza y futuro, palabras de prosperidad, palabras de salud y sanación, libertad y favor! Amén.

La Biblia Contra Mi Iglesia – 20 de junio de 2022

El Señor dice: «*Mi Iglesia cree en lo que dicen las Escrituras. Saben lo que significa cuando digo que Mis ovejas escuchan Mi voz. Me conocen y no seguirán a otro. Estas cosas acompañan a Mi Iglesia: en Mi nombre (Jesús), expulsan demonios; hablan en «otras» lenguas; manejan serpientes; y si beben veneno mortal, no les hará daño; imponen las manos sobre los enfermos, ¡y los enfermos se recuperan!*

Mi Iglesia ha sido edificada sobre el fundamento (que establecen) de los Apóstoles y Profetas, y Jesús Mismo es su Piedra Angular. En Mi Iglesia, yo mismo elijo a los líderes, incluso a los Apóstoles, Profetas, Evangelistas, Pastores y Maestros. En mi Iglesia hay <u>Unidad</u>, porque hay un solo cuerpo, un solo Espíritu, un solo Señor, una sola fe, un solo bautismo, una sola esperanza y un Único Dios y Padre de todos, Quien está por encima de todos, a través de todos y en todos.

Cuando digo que la fe viene por el oír, ¡Mi Iglesia sabe lo que eso significa! ¡No tiene nada que ver con palabras escritas en una página! Mi Iglesia sabe lo que significa ser transformada a la imagen de Mi Hijo, y tiene fe en que hará lo que Él hizo y cosas aún mayores. Mi Iglesia entiende que no puede hacer NADA por su propia fuerza, y que puede hacerlo TODO en el poder del Espíritu de Cristo.

Mi Iglesia no pone mucho énfasis en conocer <u>sobre</u> Mi Hijo. ¡Ellos sinceramente y desesperadamente quieren CONOCERLO! Mi Hijo murió y envió al propio Espíritu de Dios a vivir en los hombres. ¡Mi Iglesia entiende la importancia de esto! Mi Iglesia está compuesta por vencedores. Ellos vencen por la sangre del Cordero y la palabra de su testimonio, y no aman su vida, incluso cuando se enfrentan a la muerte. Cada mañana, se despiertan y mueren a sí mismos para poder vivir para Mi Hijo. ¡Esconderse, sentarse sobre una pila de provisiones y esperar el rapto está por debajo de ellos! ¡Perder el tiempo realizando «deberes» religiosos está, de nuevo, por debajo de ellos! ¡Mi gloriosa Iglesia sabe lo que significa <u>vivir</u> para <u>Mí</u>! ¡Y Yo abriré el almacén del cielo para satisfacer todas sus necesidades!

¿Serán puestos a prueba? ¡SÍ! Pero esta prueba es para que comprendan qué y quiénes son y qué defienden. ¡YO SOY no está abriendo los cielos para la lluvia tardía para su entretenimiento! Hay trabajo por hacer, y Mi Espíritu anhela trabajar con Mi Iglesia, y lo hará. Amén».

El Espíritu derramado en mayor medida – 21 de junio de 2022 –

«*Tiffany, ¿sabes por qué estoy derramando Mi Espíritu en mayor medida? Porque estos últimos días son más importantes que los anteriores. Se necesita un mayor derramamiento para una mayor cosecha, para obras más grandes y para la mayor manifestación de Mi Hijo a través de Su Iglesia, la Iglesia que lo conoce y es como Él. A estos los amamos y Mi Espíritu está ansioso por venir sobre*

ellos. Necesitáis mayor poder y gloria para tiempos y días más grandes».

La Perspectiva – 24 de junio de 2022

Hoy el Señor quiere mostrarnos la perspectiva para los Estados Unidos y el mundo.

«*¿Tenéis los ojos abiertos?*», pregunta. «*Mirad a vuestro alrededor. Mirad la economía... ¿veis políticas ganadoras en marcha? ¡NO! Como os he dicho: matar, robar, destruir no es simplemente algo que hace vuestro enemigo, ni siquiera algo que quiera hacer necesariamente. ¡No puede evitarlo! Las cosas se desmoronan en sus manos porque estas son las palabras que Yo, el Señor, he dicho sobre él. Mis palabras son poderosas y creativas por naturaleza.*

Por lo tanto, 5 o 6 dólares por un galón de gasolina es un indicio de fracaso. La escasez es otro indicio de fracaso. La inflación equivale al fracaso. La escasez de alimentos y otros productos: ¡fracaso! ¿Hay algún ámbito de la economía en el que haya éxito? ¿Hay éxito en el ámbito de la familia, tal vez, o en la religión, la política, la educación, los medios de comunicación, las artes? ¿Dónde están ahora esas grandiosas promesas? ¿Dónde está ese éxito y bienestar para todos que nos prometió la izquierda? ¿Qué hay de la sentencia clave sobre el sacrificio de niños? ¿Cómo va el caso Roe contra Wade? ¿Y qué hay del modelo de control de armas en Nueva York? ¿Cómo está funcionando eso?

Esto es solo en Estados Unidos y es un microcosmos de lo que está sucediendo en todo el mundo. El fracaso de la izquierda (la Cábala, los luciferinos, los globalistas) está a la vista de TODOS ahora, y se hace cada vez más evidente con cada día que pasa.

Ahora la pregunta es: ¿Qué haréis al respecto? ¿Os limitaréis a quedaros de brazos cruzados y dejar que suceda, pueblo mío? ¿U os manifestaréis cuando Mi Espíritu venga sobre vosotros para hacer algo? Una vez más, ¡Abrid los ojos! Mis profetas os han traído una imagen del futuro, ¡y es Grandiosa! ¡Este es el futuro que Yo, el Señor, he deseado para vosotros! ¿Pensasteis que eso simplemente sucedería sin vuestra participación? ¡Se os pedirá que os manifestéis! Cuando simplemente sigáis a Mi Espíritu, ¡no podéis perder! Esta es, entonces, Mi Palabra para vosotros, y nuevamente, es creativa y poderosa, y no puede fallar. Amén.

«¡La carrera ha comenzado!»

El Gusano ha Girado – 28 de junio de 2022

Toda la mañana de hoy, el Señor me ha estado hablando (a Kirk) sobre un giro, un cambio en la atmosfera, un desplazamiento.

Me estaba mostrando los cambios que se esperaban, se anhelaban e incluso se deseaban entre un grupo bastante reducido de buenos amigos. ¡Pues bien, parece que el dique está empezando a romperse! ¡Por fin! En una palabra que nos dio el 14 de junio de 2022, el Señor nos preguntó si conocíamos a algún creyente lleno del Espíritu que NO estuviera pasando por dificultades. Así que, al mirar hoy, estas cosas prometidas están encajando: se ha producido la sanación, se ha recibido el papeleo que estaba estancado en el gobierno después de una larga espera, se ha proporcionado vivienda y transporte, etc.

Así que, después de que Él me hubiera estado mostrando estas cosas durante un tiempo, me tomé un momento de silencio. Mientras oraba y escuchaba, me vinieron estas palabras: «*El gusano ha girado*». Ya había oído esta expresión antes y su significado me parecía obvio, pero sentí la necesidad de buscarlo. Descubrí que esta expresión idiomática se remonta al siglo XVI y que su significado habla de cambio. En la página web «Grammarist» hay algunos ejemplos de su significado. «*El gusano ha girado significa que alguien que antes estaba oprimido ha triunfado; alguien que antes tenía mala suerte ahora tiene buena suerte; o alguien que antes era obediente ahora ha alzado la voz. La idea es que la actitud de alguien hacia otro o la fuerza de su convicción ha cambiado*».

Me pareció muy interesante que el Señor hubiera utilizado esta expresión en particular después de mostrarme los cambios en mi pequeño grupo de amigos.

Mientras reflexionaba sobre esto, Él me mostró de nuevo las decisiones del Tribunal Supremo de los Estados Unidos (que anuló la sentencia Roe contra Wade, derogó leyes inconstitucionales en Nueva York relativas al control de armas, la libertad de religión en relación con la oración, etc.). ¡El cambio, la transformación y el reciente valor encontrado que se respira allí son impresionantes! Entonces recordé las «palabras» que Él nos había dado sobre una bola de nieve rodando montaña abajo y el «efecto cascada» que Él había dicho que ocurriría. Luego, una palabra reciente que decía: «¡*La carrera ha comenzado!*». Y todo el tiempo, Él nos ha dicho que mantengamos nuestros ojos fijos en Él, o que abramos nuestros ojos para ver lo que Él está haciendo.

Así que le pregunté sobre todo esto, si había algo más que añadir. Lo único que dijo fue que yo (nosotros) necesitamos mirar atrás a algunas de las palabras proféticas que han llegado. El fruto de esas palabras se puede ver o se verá pronto. Amén.

Cascade effect - https://youtu.be/QarjmU-FvaI

Snowball - https://youtu.be/0OezCNI9QnM

Event Horizon - https://youtu.be/-2booVB62mQ

Vision of the Ships Part 1 - https://youtu.be/WODfj1HcxAk

Vision of the Ships Part 2 - https://youtu.be/UtUyIvZkYhI

Vision of the Ships Part 3 - https://youtu.be/j4I7MF4O8ZY

Change & White House Imposters Removed - https://youtu.be/xJbqjngAxFo

La Novia Guerrera – 6 de julio de 2022

Hoy el Señor quiere hablar sobre su novia.

«¡Mi novia no es débil ni necesita cuidados constantes en los últimos días! Porque Mi novia es probada y verdadera, y no hay falsedad ninguna en ella. Como he dicho antes, tanto el amor como la fe deben ser puestos a prueba para encontrar su fuerza. Mi novia es una guerrera, y en estos últimos días será puesta a prueba, pero no será encontrada falta.

Así como un caballo de guerra corre a la batalla, ella también está siempre lista para la batalla. Sí, ¡pero cada uno de sus movimientos está hecho con amor! Sí, ¡ella es Mi novia! Su fuerza como guerrera no está en su capacidad de destruir, ni en su capacidad de matar, sino en su capacidad de amar. La fuerza de mi novia guerrera se encuentra en Mí. Ella ha muerto una vez a sí misma, y ahora solo encuentra vida en Mí. Por eso, ¡ella nunca morirá!

Los cobardes buscan una forma de escapar, una forma de evitar el conflicto y la tribulación. ¡Mi novia está lista para cargar contra las puertas del infierno a Mi orden! No tiene ningún miedo porque su amor por Mí se perfeccionó cuando ella murió a sí misma.

¿Mancha o arruga? No. Ella tiembla ante Mi palabra, ¡y Yo la amo más de lo que ella puede imaginar! Amén».

El Mal Siendo Traído a la Luz – 8 de julio de 2022

Yo (Kirk) le pedí al Señor que me hablara sobre los tiempos en que vivimos. ¿Qué está pasando ahora? Y más tarde, Él comenzó...

«El Ángel de los Vientos del Cambio ha estado haciendo bien su trabajo. Está descubriendo la oscuridad dondequiera que se encuentra. Ya ha destapado muchas cosas que Satanás había pensado que nunca se descubrirían. ¡Pero aún hay más por venir! Profeta, dile a la gente que Yo Soy no ha terminado todavía! ¿Están bien las cosas? ¡No! Pero cuando Yo Soy haya acabado, ¡lo estarán!

Hay muchas más cosas viles y malvadas que serán traídas a la luz. Tú miras a los demás y piensas que siguen sin saber nada del mal que hay en el mundo. Pero te digo ahora que la diferencia entre tú y ellos es mínima. ¡Sí! ¡Hay mucho más que debe salir a la luz! El mal se esconde en lugares que <u>tú</u> ni siquiera sospecharías, ni lo haces en absoluto. Hay personas cercanas a ti, con las que interactúas, que resultarán ser malvadas. Tendréis que seguir de cerca a Mi Espíritu, o sospecharéis de todo el mundo.

A medida que se acerque el final de esta cascada de acontecimientos, se descubrirá una avalancha de engaños, ¡un diluvio! No os volváis insensibles ni os sintáis abrumados. La ley debe seguir su curso, ¡y las «cosas pequeñas» no pueden simplemente ser barridas bajo la alfombra!

El Señor tiene sus ojos puestos en los jóvenes líderes mundiales y en aquellos que se creen transformadores del mundo, y el poder que hay detrás de ellos en el reino espiritual pronto será eliminado, dice el Señor de todo. Estén atentos a que estos «líderes» desaparezcan, intenten escapar, se vuelvan inestables (quizás mentalmente). ¡Entonces el final de esta farsa estará muy cerca!

Le pregunto: «¿Como Boris?». Él responde: «*Sí, como él. Amén*».

Acoger un Movimiento del Espíritu de Dios: el Objetivo de SGGM – 21 de julio de 2022

Hoy el Señor me está hablando (a Kirk) sobre nuestro ministerio: Seeking the Glory of God Ministries (SGGM) (Ministerio Buscando La Gloria de Dios). Él me está diciendo que tenemos una iglesia, iglesias en casas o domésticas, pero que eso no es lo que define a SGGM. Tenemos un canal de vídeo para devocionales, pero eso no es lo que SGGM representa. Tenemos canales con palabras proféticas y organizamos conferencias, pero, de nuevo, ese no es el objetivo de nuestro ministerio. Entonces le pregunté: «Señor, ¿cuál es el objetivo de SGGM?».

Él respondió: «*El objetivo de SGGM es acoger un movimiento del Espíritu de Dios*».

Yo respondí: «¿Un movimiento?».

Él respondió: «*Sí, un movimiento, un cambio, una remodelación del modelo actual de iglesia. Uno formado o modelado en el modelo de la Iglesia de Cristo.*

En este «modelo», el ministerio quíntuple será el gobierno de la Iglesia. Aquellos que gobiernen serán siervos de todos y no «se impondrán como señores sobre los feligreses» como se hace hoy en día.

Mis ministros considerarán innecesario recibir un salario, y les resultará desagradable pensar en ello. Serán muy pocos los que necesiten recibir un salario. La mayoría tendrá otros trabajos además de ser ministros en iglesias pequeñas (iglesias domésticas o en casas). Pero puede que haya algunos Apóstoles o Profetas que necesiten recibir un salario debido al número de iglesias que están a su cargo.

Este es un movimiento de discípulos que salen al mundo. Este es un movimiento en el que Jesucristo es el centro y, lo que es más importante, ¡en el que el Espíritu de Cristo es elevado por encima de todo! En este movimiento, FE se escribe RIESGO y riesgo se escribe ACCIÓN. Trabajar para el Señor, en obediencia al Espíritu, es lo normal, y la pereza y los que se sientan en los bancos (de la iglesia) en realidad son muy poco frecuentes.

«¿A qué iglesia perteneces?». Esta pregunta desaparecerá tras la era de las denominaciones y ya no se utilizará, al menos no como se hace ahora. Las personas serán miembros de la Iglesia Universal o no lo serán. Y aquellos que estén llenos del Espíritu se reconocerán unos a otros por el Espíritu de Dios.

Una vez más, esto es parte de lo que es SGGM. ¡El Espíritu está levantando otros ministerios, otras personas, los cinco ministerios en todo el mundo para que formen parte de Su gloriosa Iglesia!

Durante este tiempo, cada oración orada alguna vez por la Iglesia se cumplirá. ¡Todos los santos que alguna vez desearon ver una novia sin mancha para el Señor de Todos verán sus oraciones cumplirse durante este tiempo! Amén.

Tres Ramas de Gobierno, Un Solo Espíritu – 17 de julio de 2022

Palabra: "La Tierra está siendo juzgada":

«La Tierra está siendo juzgada. Yo soy el Juez, y nadie escapará a Mi justicia. He dicho que Mi recompensa será dada a aquellos que han hecho el mal y a aquellos que han hecho el bien. No he cambiado Mi opinión».

(A Tiffany:) *«Pide justicia. Dile a los tribunales que fallen con justicia y a favor de Mi Hijo. Diles que la sentencia de muerte es para los malvados y que la recompensa de vida y prosperidad, salud y bienestar es para los justos, Mis fieles los que han permanecido firmes y seguirán permaneciendo así en estos tiempos difíciles en los que Yo Soy está juzgando al mundo».*

«El Nuevo Orden Mundial no es más que caos y disfunción. Es un fracaso absoluto en todos los aspectos. El enemigo pensó que podía gobernar el Cielo, y ni siquiera puede gobernar la Tierra. Nada de lo que hace es correcto ni tiene posibilidad de salir bien. Aquellos que se someten a él se encontrarán siempre en el lado equivocado.

Pero Mi Novia Guerrera (Él sonríe al decir esto), ella es Mi deleite. Veo a Mi Hijo en ella».

Palabra: Trifecta:

Personas de todo el mundo han estado viendo números en grupos de tres. Le preguntamos al Señor sobre esto.

Oímos: *«Triple Corona: una verdadera Trifecta. Las tres ramas de gobierno lo serán en un solo Espíritu».* La gente votará por aquellos que son del Espíritu o están ungidos por el Espíritu. Así como va en Estados Unidos, así va el mundo. Por eso la gente está *viendo números de tres en todo el mundo. Esta palabra no es solo para Estados Unidos.*

El Señor está levantando Repúblicas Constitucionales en todo el mundo, para que cuando llegue la muy justa Margaret Thatcher, pueda unirlos, pero no en un gobierno mundial único. Será una verdadera unidad por el Espíritu. El Señor está levantando patrones de la Trompeta en todo el mundo, y estos ayudarán a formar estas Repúblicas Constitucionales.

(Estas dos palabras van juntas porque Dios no va a obligar a los gobiernos del mundo ni a las personas a cambiar. Él hará que ellos quieran hacerlo. Las personas tomarán la decisión. Es similar a cómo al apóstol Pablo se le dio la opción de seguir al Señor, pero era ridículo que él eligiera otra cosa. Las personas y los gobiernos verán el buen camino y lo tomarán - en su mayor parte-).

Sueño: Ten Fe para Liberar a los Rescatados del Tráfico de Personas – 19 de julio de 2022

Yo (Tiffany) soñé que había muchos niños rescatados del tráfico de personas. Luego escuché que habrá tantos rescatados que el cuerpo de Cristo tendrá que liberarlos. Serán demasiados para enviarlos a «Ministros de Liberación» o «Sanadores». El Señor dice que tendremos que tener fe en que, cuando oremos, Cristo los liberará, incluso reconfigurará sus cerebros y reparará sus recuerdos, etc. Y debemos creer que esto no llevará mucho tiempo, sino que serán liberados con una sola palabra. La ecclesia también tendrá que ayudar a adoptar, establecer casas seguras, etc., para criar a estos niños para que conozcan a Dios y sean discípulos de Jesús.

Visita a la Sala de Guerra – 21 de julio de 2022

Esta tarde, creo que se supone yo (Kirk) debo pedir ir a visitar la «Sala de Guerra» en el cielo. Cuando le pregunto al Señor, Él me dice: «*Sí, te encontrarás Conmigo afuera de la entrada de la Sala de Guerra, en el pasillo de la sala trasera del Tribunal*».

Cerrando mis ojos, me encuentro allí. Jesús me está esperando. Tiene el mismo aspecto que otras muchas veces que lo he visto. Pero, mientras camino hacia Él, siento que estoy siendo lavado en amor, aceptación, bondad. Pero también siento algo parecido al miedo, o a un profundo, profundo respeto cae sobre mí. Caigo de rodillas ante Él, lleno de amor, respeto, miedo, etc. En ese momento, Él se inclina, me da una palmada en el hombro y me dice: «*Hijo, ven. Levántate. Tenemos mucho que hacer*». Me toma de la mano y, sin esfuerzo, me pone de pie. Me siento tembloroso por dentro, pero avanzamos hacia la Sala de Guerra.

Al entrar, nos encontramos con dos ángeles guerreros que se quedan a un lado firmes mientras pasamos frente a ellos. Me superan en altura y me siento como debilucho al pasar junto a ellos. Pero tengo la sensación de que ellos no me ven así. Subimos por las estrechas escaleras hasta la «Zona de Observación» situada encima de la Sala de Guerra. Jesús se vuelve hacia mí y, sabiendo lo que ha pasado por mi mente, me pregunta si entiendo cómo me veían los ángeles al pasar. Le respondo: «No, pero parecían impresionados por mí y por ti también. No entendí por qué era así».

En ese momento, me vino una imagen a la mente. Era la de un soldado con armadura. Todas sus armas estaban enfundadas. La armadura estaba abollada y sucia. Incluso parecía que tenía sangre seca. El casco estaba quitado y, cuando miré, la persona con la armadura se volvió hacia mí. ¡ERA MI CARA! En el reino espiritual, ¡yo parecía un guerrero auténtico y probado! La visión desapareció y Jesús dijo: «*Sí, este eres tú realmente. Solo que aún no te das cuenta*».

Así que seguimos caminando. (Yo seguía pensando en cómo me veía en el espíritu, reflexionando sobre ello). Mientras mirábamos las pantallas de televisión con imágenes en 3D, noté algo muy diferente a la última vez que estuve allí. Todo era como si estuviera en «avance rápido». Tanto las «imágenes» como los ángeles se movían más rápido. No de manera imprudente, sino todo lo contrario. Era ordenado y calculado, incluso planeado, solo que más rápido. Entonces oí: «*Sí, y se acelerará aún más cuando caiga el enemigo. Este es el Evento Cascada del que te hablé*».

Caminamos un poco. Entonces Jesús se volvió hacia mí y me dijo: «*Ven*». En un segundo, estábamos en el segundo cielo. Muy alto, pero por debajo de las nubes. Señaló hacia abajo y dijo: «*Mira*». Así que lo hice. Había ángeles por todas partes, y no vi a ninguna persona. Todos estaban ocultos. Él quería que yo viera a los ángeles mientras hacían su trabajo. ¡La mayoría parecían personas normales! ¡Lo único en lo que podía pensar era en cuántos de ellos debíamos encontrarnos cada día! ¡Increíble!

Entonces Jesús dijo: «*Sí, los ángeles se asocian con vosotros para luchar contra lo demoníaco. Esa colaboración es compleja, pero los ángeles saben exactamente lo que deben y no deben hacer. También reciben poder de la fe, la oración y la valentía de aquellos a quienes ayudan. ¡Así que tened fe! ¡Nunca dejéis de orar! ¡E id con toda valentía!*».

Entonces la visión terminó. ¡Amén!

Tiempo peligroso y confuso – 26 de julio de 2022

Escucho la voz del Señor justo ahora. «*Base de necesidad de saber*» es lo que estoy escuchando. No estoy seguro de lo que quiere decir con eso. Lo he escuchado antes y creo que significa que, al igual que en el ejército, solo aquellos que tienen motivos o necesidad de saber tienen acceso a cierta información. A quienes no «necesitan» saber, se les impide conocer ciertas cosas.

Entonces el Señor dice: «*En el mundo esto es cierto, que se guardan muchos secretos y el conocimiento se protege celosamente en casi todas las esferas de influencia. Pero esto no es así en Mi reino. Como dicen las Escrituras, incluso las cosas profundas de Dios están disponibles por Su Espíritu*».

Creo que Él está hablando de estas cosas porque ayer otro profeta dijo que tenía información (no del Señor, aunque el Señor dio testimonio de ello) de que el Tribunal Supremo ya había decidido que las elecciones de 2020 fueron fraudulentas y lo había anulado. Y también que Trump iba a volver a ocupar el cargo. Así que pregunté sobre esto y creo que lo que oigo es cierto.

Entonces oí al Señor decir: «*Este es un momento muy peligroso y confuso. Peligroso porque vuestro enemigo no puede abandonar. No está en su naturaleza. Confuso porque hay muchos que no esperan cosas a la escala de lo que va a suceder. ¡Necesitáis estar preparados para saber de cosas tan malvadas que incluso los más «despiertos» de entre vosotros se sorprenderán y se sentirán repugnancia a un nivel que aún no habéis imaginado! Entonces debéis estar preparados para tener paciencia con aquellos que pertenecen a la cultura «woke» (progresista). Han estado tomando* una dieta constante de píldoras azules y se verán obligados a tragar las rojas. No pueden escapar de lo que viene. Nadie puede.

Ya casi estamos allí. El tiempo es corto. Abrid vuestros corazones en amor, y todavía la ley debe ser seguida y aplicada a aquellos que sean declarados culpables por ella. Mirad a vuestro alrededor. ¡Recordad cómo era estar esclavizados por el maligno! ¡Mirad una vez más! ¡Porque las cosas nunca volverán a ser así! ¡Nunca!

La «Iglesia» se ha convertido en un pozo negro del progresismo, ¡y ese es un lugar donde no debería haber pecado! ¡En todos los demás sitios es peor! Pero mirad ahora... porque YO SOY está en movimiento y esto cambiará.

¡No os dejéis llevar por el miedo, Pueblo Mío! ¡Ahora es el momento de golpear y derrotar a vuestro enemigo! No caerá fácilmente, pero será derrotado. Incluso sus seguidores comenzarán a desanimarse ahora. Serán llamados a hacer cosas atroces, y algunos lo harán, pero otros se alejarán de sus mentiras.

YO SOY dice hoy que estos cambios no son para un solo lugar o un solo pueblo. YO SOY estoy en una misión de rescate, ¡y es para todo el mundo! Estados Unidos, sí. Pero las ondas de lo que logre allí fluirán alrededor de todo el planeta. Amén.

El Gran Reinicio se Adelanta: 11 de agosto de 2022 a las 11:00 a. m.

¡El Gran Reinicio de Dios se ha adelantado! El martes 9 de agosto de 2022, después de que el FBI allanara Mar-A-Lago, el Señor dijo que iba a adelantar el calendario.

Cuando le pregunto sobre estas cosas, Él dice: «*Entre ahora y finales de año se producirá un cambio notable en la tierra. Estoy acelerando las cosas, tal y como observaste en la Sala de Guerra del Cielo (visión del 21 de julio de 2022). El mundo se está acostumbrando al cambio. La gente mira cada día para ver qué ha pasado. Pero a medida que acelero las cosas, cada día traerá múltiples acontecimientos de gran importancia.*

He dicho que no debéis tener miedo. ¡Esto es especialmente cierto durante esta temporada! El mal será sacado a la luz, y no sucederá sin sangre. Ahora puedes sentir la desesperación en el aire, y has visto algo de esta desesperación en los actos ilegales de los actores del estado profundo. Esto aumentará, pero también lo hará la resistencia. Se derramará sangre en este conflicto, pero no se comparará con la que se derramará al llevar a cabo la justicia.

El pueblo de los Estados Unidos está listo para que Mi ungido comience su ascenso de regreso a su lugar legítimo. Veréis cómo ocurre esto durante esta temporada, ¡y bastante rápido! Esto también ocurrirá, ¡pero no sin oposición! Mentiras, mentiras desesperadas, miedo en el campamento enemigo, confusión y, sí, violencia. Sin embargo, a medida que el tren cobre velocidad, cada vez menos actores del Estado profundo se atreverán a oponerse a la verdad. Y se verá claramente lo que les ocurre a los que lo hacen. A medida que este miedo se extienda, volverse unos contra otros se elevará a una forma de arte.

Mi pueblo, aquellos a quienes amo, se volverán cada vez más valientes en esta temporada. Verán claramente cómo la iglesia institucional les ha fallado. Y volver a involucrarse estará de moda. Tener un cartel en el jardín que diga «Confía en el Señor» irá acompañado de acciones reales en lugar de un simple lamento. Las tácticas nazis del estado profundo ya no impresionarán más ni serán temidas porque la justicia real comenzará a ser aplicada.

Por Tiffany Root y Kirk VandeGuchte

Vientos de Cambio: Vienen Grandes Cambios – 24 de agosto de 2022

A mí, (Kirk) se me dijo que mirara hacia el Oeste. Así lo hice. El cielo estaba perfectamente azul con algunas nubes grandes y esponjosas... No vi nada más. Seguí mirando. Entonces, entre un par de nubes, vi un destello de luz. Mientras observaba, se acercó y se hizo más brillante, y una vez más vi acercarse al Ángel de los Vientos de Cambio. Tenía el mismo aspecto que antes, con una gran espada y una armadura pulida y brillante. Y da una impresión de poder, en parte debido al gran tamaño que tienen él y su caballo.

El Ángel Vientos de Cambio vino a parar en mi jardín delantero mientras yo miraba por la ventana. ¡Hizo que el caballo se acercara a la casa y luego entrara directamente en ella!. Podía ver aproximadamente la mitad de las patas del caballo. El resto estaba debajo del suelo, y la cabeza del Ángel Vientos del Cambio seguía justo en el techo. Se acercó a mí, mirándome directamente. Nos miramos el uno al otro. Pensé que podría ver sus ojos a través de la rendija de su casco. ¡Es una figura muy imponente! Debería haber tenido miedo, pero no lo tuve en absoluto. Se acercó un poco más, se movió en su silla de montar y siguió mirándome directamente, y yo a él.

Entonces, él finalmente, habló: «¿Te llamas «Profeta del Fin de los Tiempos»?», preguntó. Le respondí: «Sí, así es como el Señor me ha llamado ».

Él dijo: «Bien. El Señor me ha enviado para hablarte de cosas que están por venir». Su voz me pareció muy grave y ronca, como la de un guerrero, pensé. Quizás como alguien acostumbrado tanto a recibir órdenes como a darlas. Y, sin embargo, me respetaba. Lo único que pude pensar en decir fue: «De acuerdo».

Entonces soltó de golpe que la razón por la que su armadura era tan brillante y prístina era porque ningún mal se atrevía a acercársele. ¡Él no lo permitía! Al parecer, sabía lo que estaba pensando, porque yo estaba maravillado por su armadura en mis pensamientos. Entonces empezó a hablar de cosas que vendrían.

«El Señor me ha ordenado que te diga que se avecinan grandes cambios en muy poco tiempo en la Tierra. De hecho, he estado trabajando para revelar el mal en toda la Tierra. Esta revelación del mal ahora comenzará a dar sus frutos. Vuestro gobierno en los Estados Unidos verá un cambio masivo, pero es solo una esfera de influencia. Los demás también verán cambios como nunca antes se han visto en los Estados Unidos. Este patrón de revelación y cambio ocurrirá en toda la tierra, ¡y todo lo que pueda ser sacudido será sacudido! Si has estado prestando atención, estas son cosas que ya deberías saber. Los profetas han estado hablando de estas cosas desde hace algún tiempo. Ahora, pasemos a la razón por la que vine.

Dile a la gente del mundo que se prepare. Los santos deben tener provisiones para un par de semanas en Estados Unidos y quizás un poco más en otras partes del mundo. Preguntadle al Espíritu de la Verdad exactamente qué necesitaréis en vuestra zona en particular.

Estad preparados para la sangre. Esto debe suceder, y sucederá. La gran mayoría de la gente no se verá afectada. Si el Espíritu del Señor os mueve a actuar, a hacer algo por Él, no lo dudéis. Amad a vuestro prójimo como a vosotros mismos. Compartid. Proteged. ¡Sed Jesús en el mundo! Sobre todo, ¡difundid la esperanza! No temáis en absoluto. ¡El Señor está en una misión de rescate! ¡Orad!

¡No os preocupes por «vuestro» dinero! El Señor sabe lo que necesitáis. ¿Confiáis en Él? Simplemente seguid al Espíritu de Cristo.

Los lugares de influencia en el mundo se apoyan en el gobierno para utilizar y mantener su influencia para Satanás. Cuando la influencia gubernamental falle, los otros lugares de influencia estarán maduros para el cambio. Por lo tanto, ¡Estad preparados! Preparados para ir a trabajar, para presentaros a las elecciones, para formar parte del consejo escolar, en todos los niveles, el pueblo, el pueblo de Dios, debe estar preparado para recuperar lo que ha estado perdido.

¡Decidle a la gente que disfrute viendo cómo su enemigo es expuesto y derrotado por el Señor Dios! Él desea que la alegría se extienda por todo el mundo cuando aquellos que han sido tan opresivos sean finalmente llevados ante la justicia. ¡Alégrense al ver cómo estos malhechores pierden su poder, cómo se retuercen, sí, cómo se vuelven locos! ¡Mirad a los necios mientras siguen confiando en sus máscaras con el humor que la situación merece! Vacunas, sí, ¡esa es una gran idea! (tono sarcástico) ¡Alegraos con el Señor! ¡Él es bueno! Amén».

Involución de la Tecnología – 31 de agosto de 2022

Hoy el Señor me está mostrando Su Iglesia desde Su tiempo en la tierra hasta el presente. En particular, Él quería mostrarme lo que Satanás ha intentado hacer para destruirla. Me mostró lo que Él enfrentó: la persecución por parte de los religiosos, las tentaciones y la división que se sembró entre Sus seguidores y Sus discípulos. Vi Su crucifixión. Vi cómo, tras el derramamiento del Espíritu Santo, estas cosas se intensificaron.

Cuando Satanás vio que esto no funcionaba, intentó integrar la iglesia en el gobierno, pensando que así obtendría control sobre ella y podría disponer de ella mediante regulaciones y falsa promoción. Cuando la Iglesia rompió con este escenario, Satanás intentó una simple división basada en el conocimiento intelectual de las Escrituras (Denominaciones).

En estos tiempos del fin, Satanás está utilizando todo lo que tiene a su disposición, todo lo anterior y ahora también la tecnología. A través de esta tecnología, ha logrado un engaño que antes no habría sido posible. Sí, ¡todo el planeta ha sido engañado!

«Pero yo, el Señor, declaro que esta torre de Babel caerá tan seguro como lo hizo su homónima» (habla Jesús).

Luego veo cosas que son en parte animales, en parte humanos y en parte máquinas, creadas para sustituir a los humanos y a los trabajadores humanos. Esas cosas son para servir a unos pocos que sobrevivirían a una serie de acontecimientos que acabarán con la mayor parte de la raza humana. Los «humanos» que queden en la tierra en ese momento estarán controlados por «élites» que estarán completamente poseídas por lo demoníaco.

Después de ver esto, dije: «¡Señor, esto es tan deprimente!».

Entonces Él dijo: *«Este último escenario nunca sucederá, aunque ahora mismo esté en la cúspide justo ahora. El «conocimiento» que produce estas cosas es tanto terrenal como demoníaco. Yo, el Señor, no permitiré que lo que he creado a mi semejanza e imagen sea re-creado a imagen de Satanás y lo demoníaco. Y así como la Torre de Babel fue abandonada y cayó en ruinas, así también este conocimiento y esta tecnología serán abandonados y nunca más se volverán a utilizar.*

Yo, el Señor, haré que se produzca una involución tecnológica, tal como ocurrió con la Torre de Babel. He dicho que «desconectaría» la inteligencia artificial, y esto es cierto. Pero esta involución será mucho más extensa que eso.

Cuando los pueblos de la tierra vean lo que se había planeado para la humanidad y la tierra en su conjunto, ¡quedarán completamente desolados! Los museos albergarán las aberraciones y narrarán las atrocidades cometidas en la tierra, lo que se había planeado, así como lo cerca que había estado la humanidad del precipicio. Nunca más se permitirá un uso tan imprudente de la tecnología. ¡Amén!».

Tiempo y Tecnología – 9 de septiembre de 2022

«Profeta, háblale al pueblo sobre el tiempo. Un tiempo para vivir, un tiempo para morir. ¿Qué hora es? En vuestro mundo, vuestra vida gira en torno al tiempo... un tiempo para empezar y un tiempo para parar. ¿Cuánto tiempo has dormido? ¿Qué hiciste durante este o aquel momento de tu vida? ¿Eres de los que miran atrás, deseando o anhelando vivir en tiempos pasados? ¿O miras hacia adelante, esperando que sucedan cosas y deseando que todo vaya más rápido? ¿Vivís vuestra vida realmente para Mí o para el tiempo?

Yo creé el entorno en el que vivís, la mezcla de gases que respiráis, el agua, las plantas y los animales, sí, incluso el tiempo. El tiempo que tarda la tierra en dar una vuelta completa y el tiempo que tarda en girar alrededor del sol. Al principio, le di al hombre dominio sobre su entorno. Debía gobernarlo y reinar sobre él. Pero fue engañado y cayó en manos de Satanás en el jardín. Bajo el dominio del maligno, perdió el dominio que yo deseaba que tuviera. Debido a Mi gran amor por aquellos a quienes había creado, recuperé el dominio para ellos a través de la obra de mi Hijo, Jesús. Proporcioné un camino para que aquellos que vinieran a Él nacieran de nuevo en el dominio que siempre había deseado para ellos. Ahora Satanás ha tenido mucho éxito en su engaño, y sus mentiras han cambiado las cosas de lo que yo deseo para los hombres.

Él, Satanás, siempre busca el control. Para gobernar y reinar como Yo lo hago. ¿Puedes ver que todo lo que tiene que ver con la tecnología y la invención no ha servido para mejorar o facilitar la vida del hombre, sino que se ha utilizado para esclavizarlo? La promesa de la tecnología es siempre mejorar las cosas. ¿Son las cosas mejores? ¿O se está entrenando a la humanidad para servir a la tecnología? ¿Quién o qué lleva un registro de dónde estáis? ¿Qué hay de vuestro tiempo, está rastreado y lo controláis vosotros? ¿Estáis «fuera del horario laboral» durante vuestros días, o estáis siempre disponibles? La tecnología está ejerciendo más control y más rápido que nunca en la vida de las personas, ¡y este control se opone directamente a lo que he deseado para Mi pueblo!

Yo he llamado a la comunicación en el mundo «La Torre de Babel», porque representa un solo idioma, que se está utilizando en rebelión contra Mí y Mis deseos. Y, de hecho, es uno de los intentos de Satanás para venir contra Mí. También he dicho que «Donde está el Espíritu del Señor, hay libertad». Mi Espíritu se ha derramado sobre la tierra. ¿Hay libertad? ¡La habrá! ¡Yo, el Señor, he hablado!

Mi Hijo ha dicho: «El Espíritu del Señor está sobre Mí, porque Me ha ungido para predicar el evangelio a los pobres. Me ha enviado a proclamar liberación a los cautivos y recuperación de la vista a los ciegos, a liberar a los oprimidos, a proclamar el año favorable del Señor». ¡Mi Hijo no dejará de cumplir todas estas promesas!

¡Estas cosas terrenales que oprimen a Mi pueblo serán eliminadas! ¡No se permitirá que la tecnología en manos de unos pocos gobierne en Mi lugar! Y AHORA es el momento en que intervendré para comenzar la involución de este mal que ahora está en el mundo. Amén».

Por Tiffany Root y Kirk VandeGuchte

Novia guerrera – Ejército del SEÑOR – 16 de septiembre de 2022

«Profeta, háblale al pueblo. Yo, el SEÑOR, estoy levantando un ejército, ¡Mi ejército! He hablado de Mi Novia, ¡y ella será gloriosa! ¡Ella es una guerrera! Ella se formará y funcionará como Mi Ejército.

Mientras ella forma a Mi Ejército, ¡ella morirá! Sí, Mi Ejército morirá al ser formado, porque todos en Mi Ejército habrán muerto a sí mismos y solo vivirán para Mí.

Por lo tanto, no habrá lugar para tal cosa como el miedo en ellos. ¿Qué podría hacerles un enemigo para generarles miedo? Y Yo los armaré con todas las armas del arsenal celestial. No les negaré nada de lo que pidan. Satanás habrá perdido el control sobre ellos porque solo encuentran vida en Mí.

Mi Espíritu estará sobre ellos en gran medida, y las señales, los prodigios y los milagros serán tan comunes para ellos que será muy difícil registrarlos. El amor será su tarjeta de presentación cuando vayan a la guerra, ¡y su valentía será materia de leyendas!

Mi Hijo los guiará, y Sus generales, los Apóstoles, serán muy respetados por su ÚNICO deseo, que es complacerlo a Él. Su sabiduría en la batalla y su liderazgo en la lucha solo serán eclipsados por su humildad y su capacidad para ser siervos de todos.

Mi Iglesia es Mi Ejército. Los cobardes que solo esperan escapar, y los débiles que solo se atreven a decir el nombre de Jesús en un edificio una vez a la semana, no serán tolerados. ¡Mi Iglesia será conocida por su fuerza y poder!

¡Mis guerreros desean salir AFUERA! Sí, ¡habrá una reunión de los santos para equiparlos y entrenarlos para que puedan salir AFUERA! Mi Iglesia ya no será una opción profesional para aquellos que han sido «educados» para una posición. Yo, el SEÑOR, llamaré a aquellos a quienes Yo he decidido llamar, y el único diploma requerido será el testimonio de Mi Espíritu sobre la persona. Estos ministrarán con poder, y no desde el «conocimiento» terrenal o demoníaco en absoluto.

A medida que se produzca el segundo derramamiento de Mi Espíritu durante este tiempo, aquellos que «ministran» desde la vieja forma impotente serán rápida y fácilmente descubiertos y rechazados por Mis fieles. En épocas anteriores, los religiosos han sido los perseguidores de Mi pueblo, ¡pero ya no más! Mi Iglesia, Mi Ejército, vencerá toda oposición y ocupará los lugares altos. Y Satanás y su religión, la doctrina de los demonios, serán los que huyan, ¡no Mis santos!

¡Rechazad la forma de pensar anterior, Pueblo Mío! ¿No he dicho que venceremos? Dejad de acobardaros y esconderos. ¡Levántate, Mi Novia Guerrera! ¡YO SOY está soplando el shofar y es hora de reunirse para la batalla! ¿Qué hay que temer, Iglesia Mía? YO SOY el Dador de la Vida misma. ¡Vamos, levantaos en la novedad de vida que YO SOY os estoy dando! ¡Levantaos! Amén».

Por Tiffany Root y Kirk VandeGuchte

Palabra de juicio para los «Líderes» de las Naciones para el Año Nuevo Hebreo 2022 el 25 de septiembre de 2022 Dada el 23 de septiembre de 2022

Esta palabra se publicó el 24 de septiembre de 2022 porque el Año Nuevo del calendario hebreo comienza el domingo 25 al atardecer...

«¡Profeta del fin de los tiempos, háblale esto a las naciones! Yo, el SEÑOR, he estado hablando a Mi Novia y, de hecho, a Mi Ejército, y los he preparado. ¡Yo declaro que hoy Mi Ejército está listo! Así que, Profeta, hoy Yo Soy está hablando a las Naciones. Sí, al «liderazgo» del mundo libre. Yo Soy ha sido muy misericordioso y ha concedido tiempo para el arrepentimiento. Ese tiempo ha llegado a su fin.

Al comenzar el Año Nuevo, ¡Mi paciencia para con vosotros ha llegado a su fin! ¡Con todos vosotros! Cuando el sol se ponga mañana (25 de septiembre de 2022), vuestro tiempo también habrá terminado. ¡Sí! Os estoy hablando a VOSOTROS.

Si estáis en una posición de autoridad, ¡os estoy hablando a vosotros! Desde los Presidentes y Primeros Ministros de los países hasta los militares e incluso el sheriff local. ¡Postraos ahora ante el gran y terrible día del Señor! Habéis sido como humo en Mis fosas nasales y un hedor en la tierra. Y cuando Mi mano se mueva, no habrá misericordia para vosotros en absoluto. Porque los «grandes hombres» de la tierra suplicarán y llorarán, y sus miradas lastimeras no encontrarán piedad. Los «poderosos» estarán de rodillas suplicando el pan de la misericordia, pero en su lugar encontrarán las espinas del juicio. Mi misericordia será extremadamente rara entre aquellos a quienes he dado autoridad y luego la han mal utilizado según la voluntad del maligno.

¡Creen que debido a su «alto» cargo con Satanás escaparán! (Veo al Señor riéndose aquí). ¡Estos necios que piensan que sus lujosos búnkeres y sus reservas de oro y plata los salvarán, JA! dice el Señor de los Ejércitos! ¡Las mismas cosas de las que dependen para salvarse serán las que provocarán que los cacen y los destruyan! Las naciones perseguirán sin descanso a estos miembros de la Cábala del Foro Económico Mundial implacablemente, ¡y no tendrán descanso en este mundo ni en el siguiente!

¿He mencionado que mañana comienza un nuevo año? ¡Amén!».

Israel espiritual – Isaías 43 – 28 de septiembre de 2022

Isaías 43:1-13 NASB

Pero ahora, así dice el Señor, tu Creador, Oh Jacob, y el que te formó, Oh Israel:

«No temas, porque yo te he redimido;

te he llamado por tu nombre; ¡tú eres Mío!

Cuando pases por las aguas, yo estaré contigo;

y por los ríos, no te cubrirán.

Cuando camines por el fuego, no te quemarás,

ni la llama te abrasará.

Porque yo soy el Señor tu Dios,

el Santo de Israel, tu Salvador;

he dado a Egipto como rescate por ti, a Cus y a Seba en tu lugar.

Puesto que eres precioso a mis ojos, puesto que eres honrado y yo te amo,

daré a otros hombres en tu lugar y a otros pueblos a cambio de ti;

traeré a tus descendientes desde el oriente,

y te reuniré desde el occidente.

Diré al norte: «¡Entrégalos!»;

y al sur: «No los retengas».

Trae a mis hijos desde lejos y a mis hijas desde los confines de la tierra,

a todos los que son llamados por mi nombre,

a quienes he creado para mi gloria,

a quienes he formado, a quienes he hecho.

Traed al pueblo que es ciego, aunque tiene ojos,

y al sordo, aunque tiene oídos.

Todas las naciones se han reunido para que los pueblos se congreguen.

¿Quién de entre ellos puede declarar esto

y anunciarnos las cosas pasadas?

Que presenten sus testigos para que sean justificados,

o que digan: «Es verdad».

Vosotros sois mis testigos, declara el Señor,

y mi siervo a quien he escogido, para que me conozcáis y creáis en mí y entendáis que yo soy Él.

Antes de mí no fue formado ningún dios, y después de mí no lo habrá.

Yo, Yo Soy el Señor,

y fuera de mí no hay salvador.

Yo soy el que ha declarado, salvado y proclamado,

y no hubo entre vosotros ningún dios extraño;

por lo tanto, vosotros sois mis testigos, declara el Señor.

Y yo soy Dios.

Desde la eternidad, yo soy Él,

y no hay nadie que pueda librar de mi mano;

yo actúo, ¿y quién puede revertirlo?

«¿Puede nacer una nación en un día?

¿Pueden los muertos resucitar para volver a vivir?

¿Puede el menor derrotar al mayor?

¿Puede la Palabra de Dios fallar alguna vez?

Mi pueblo responde a estas preguntas desde su corazón y no las medita antes de responder. Mi Espíritu dentro de ellos se levanta y responde, pero no con la sabiduría del mundo, sino según Mi Espíritu. Ellos (los que son Míos) han sido injertados y son Míos, un remanente que es un Israel espiritual. Mi pueblo, que ha sido elegido por Mí. Mi Palabra, Mi propio Hijo, es un Redentor, y la rama que ha sido injertada ahora es una con Mi pueblo Israel.

Ahora, leed este testimonio (¡hacedlo de nuevo!) que Mi profeta Isaías ha escrito, y ved si el Señor vuestro Dios también lo ha escrito para VOSOTROS. Amén».

(«Quiero que mi pueblo sepa que lo he hecho antes y que lo volveré a hacer»).

Trazando una Línea entre el Espíritu Santo y el Espíritu del Anticristo – 5 de octubre de 2022

El Señor dice que el espíritu de la religión y el espíritu anticristo son uno y el mismo. Ambos actúan en contra de Jesús y Su camino del Espíritu de Dios. Él lo dice claramente y traza una línea divisoria entre Su camino del Espíritu y cualquier otro camino que pueda enseñarse o seguirse. No se dejen engañar por el término «Iglesia cristiana», «Iglesia bíblica» o cualquier otro nombre que se le pueda dar a una denominación o edificio eclesiástico.

«Si no hay testimonio del Espíritu allí, si no se manifiestan los dones del Espíritu o si faltan los frutos del Espíritu, entonces abandona ese lugar porque no es de Mí, dice el Señor.

¡Mirad! ¡Yo Soy os está diciendo claramente! ¡Yo soy Uno, y Yo Soy Tres! ¿Quién os ha dado el derecho de adorar al Padre, pero no a Su Espíritu? ¿O al Hijo, pero no a Su Espíritu? Yo Soy no estoy dividido. Yo soy Uno. U os coméis todo el Cordero, o no os beneficiará. Adoradme o no. Yo Soy no estoy dividido.

Se ha dicho que la adoración no es aquella a la que cantas. Más bien, es aquella a la que tú obedeces. Yo Estoy siendo muy claro hoy. Adora en espíritu y en verdad. No más de esta doctrina de demonios que afirma adorarme y creer en Mí, pero no tiene poder. Yo Soy el poder mismo. No hay poder fuera de Mí. ¿Acaso no he creado todas las cosas? ¿Y no son todas las cosas sostenidas unidas por Mí?

He dicho que Mi novia y Mi ejército son uno, y lo son. ¡Y están listos! Están listos para este mensaje. Ellos reconocerán la Verdad en su espíritu. La religión separada de Mi Espíritu está muerta. Nadie puede ser santo sin el Espíritu Santo.

¿Os habéis dado cuenta de que Mi Hijo llamó a Sus discípulos no de la manera habitual de Su época, no entre los «sabios» o educados, como hacían los líderes y sabios judíos de Su tiempo? ¡Él eligió según le guiaba el Espíritu Santo! ¿Os habéis dado cuenta también de cómo el apóstol Pablo, siendo él mismo fariseo, tuvo que desechar lo que había ganado a través de la educación escolar y luego lo llamó «basura»? ¡El apóstol Pablo tuvo que ser reeducado por Jesús a través del Espíritu Santo también!

¡Yo no he cambiado, dice el Señor! ¡Yo tendré a Mi novia sin manchas, dice el Señor Dios! Ella será elegida porque ha caminado Conmigo y ha hablado Conmigo, y Mi Espíritu y su espíritu son Uno Conmigo. Los conozco y los amo. Amén».

¿Qué palabras proféticas provienen del Señor? – 14 de octubre de 2022

Hoy (Kirk) veo muerte y destrucción, campos de la FEMA (Agencia Federal para el Manejo de Emergencias), personas inocentes encarceladas, hambre y sed. Esto es los Estados Unidos, es el Reino Unido, es Australia, es cada continente y cada tierra. Todas las naciones de la faz de la tierra están sumidas en la pobreza y la decadencia. Las máquinas gobiernan sobre las multitudes esclavizadas, y hombres sin corazón controlan las máquinas. La muerte parece ser el escape más misericordioso de esta forma de infierno, y aquellos en autoridad están más que dispuestos a proporcionarla. Al mirar estos «campamentos», me pregunto: ¿por qué se ha mantenido con vida a los seres humanos?

Veo máquinas trabajando en todas las industrias, en la agricultura y en las fábricas, dondequiera que miro. Incluso hay máquinas que fabrican máquinas y reparan máquinas. Todo lo que puedo imaginar lo realizan la inteligencia artificial y los robots. Algunos robots parecen humanos y actúan como ellos. Otros parecen una mezcla de humano y animal, como un robot biológico. Sea cual sea su forma, todos están estrictamente controlados por un grupo élite de «humanos» cuya esperanza es alcanzar la inmortalidad a través de la tecnología sobre la que mandan. En este sistema mundial, no hay amor, ni misericordia, ni bondad, solo una existencia infernal en un mundo de miedo, indiferencia, lujuria, esclavitud y crueldad extrema.

¡Esta NO es una palabra profética! ¡No estoy profetizando que esto vaya a suceder! ¡Este no es el plan del Señor! ¡Quiero ser claro sobre esto!

He estado detrás de las líneas enemigas: un espía. He visto su plan. Los Profetas, los Profetas inmaduros, a veces ven estas cosas y creen que son una palabra profética del Señor. No lo son. Es una farsa contar cosas demoníacas como si vinieran del Señor.

¡El Señor es un Redentor! ¿Veis alguna redención en este relato? ¡El Señor está lleno de bondad y esperanza! ¿Veis bondad y esperanza? ¡El Señor es amor! ¿Veis amor? Por lo tanto, las palabras de pesimismo y fatalidad que no traen esperanza, amor, bondad ni cualidades redentoras no son palabras proféticas de nuestro Señor. ¡Arrepentíos de creer que algo de Satanás proviene del Señor! Perdonad la inmadurez en lo Profético, porque el Señor está levantando a muchos Profetas que aún no han comprendido completamente Sus caminos. Sobre todo, ¡no os dejéis engañar y no caigáis en el miedo! Amén.

El Tiempo y lo Profético – 24 de octubre de 2022

Tiempo (Una vez más)

«Profeta, quiero hablarte de nuevo sobre el tiempo.

Cuando hablo con Mis Profetas y ellos profetizan sobre un acontecimiento futuro, los saco de su paradigma temporal y los vuelvo a colocar en él en un momento diferente. Ellos ven el acontecimiento y luego regresan al lugar donde lo dejaron. Por esta razón, les resulta difícil fechar un acontecimiento futuro, a menos que Yo se lo diga, vean algo que tenga una fecha o algún otro medio por el que se pueda evaluar el tiempo. Ellos viajan a través del tiempo en el Espíritu, y solo tarda un instante en suceder.

Hay otro aspecto del tiempo que quiero mostraros. Yo existo fuera de las limitaciones del tiempo, y Yo he creado el tiempo para vosotros. Como tal, vosotros solo existís en el ahora. El pasado, por supuesto, pasó, y no podéis volver a él. El futuro solo es alcanzable si existís cuando llegue. Por lo tanto, vivís en el ahora, ¡e incluso eso está en el pasado cuando lo pensáis! El «ahora» tampoco se puede capturar ni retener.

¡Así que alcanzad el futuro! YO SOY ha puesto en vosotros un deseo por el futuro. Los Profetas miran hacia adelante. El Espíritu de Cristo os muestra las cosas que están por venir. Él os guía hacia (significando futuro) toda la verdad. El Señor ha puesto el cielo

delante de vosotros. ¡Tenéis un futuro y una esperanza! ¡No miréis al pasado sin las lentes del Espíritu Santo! Si confiáis en vuestro intelecto o en vuestra memoria, Satanás os mostrará todos vuestros defectos y os mentirá sobre todo lo que pueda. ¡Esto es agotador, deprimente y una pérdida de tiempo!

¡El miedo es la marca del infierno y de la bestia! ¿Tenéis miedo de la lluvia ácida, el agujero de la capa de ozono, la superpoblación, el aumento del nivel de los océanos, la incapacidad de producir suficientes alimentos, el enfriamiento global, el calentamiento global, el efecto 2000, el COVID-19, y así sucesivamente? Siempre hay algo que temer que, por supuesto, necesita dinero para «arreglarlo». ¿Alguna de estas cosas ha producido la devastación prometida? No.

El amor es de Dios, porque Dios es amor. El amor es Su marca. El perfecto amor expulsa el miedo. Por lo tanto, dedica tu tiempo a mirar hacia adelante, sí, ¡soñando con Dios! Se acercan las elecciones en Estados Unidos; ¡creed en lo bueno! En el Reino Unido y en toda Europa, sí, parece que se avecina un invierno frío, pero los planes de Dios son buenos. Australia, Asia, África, India, Canadá, Sudamérica, Dios tiene buenos planes, ¡y Su tiempo es perfecto! ¡Amén!

El Comienzo del Juicio – 28 de octubre de 2022

Hoy el Señor me está mostrando algunas cosas relacionadas con Su juicio. Veo el velo o cortina del segundo templo rasgado de arriba abajo cuando Jesús murió en la cruz. El velo era lo que impedía a los hombres pecadores entrar en el Lugar Santísimo, y este velo era un recordatorio constante de que los hombres y Dios estaban separados bajo el Antiguo Pacto. Y entonces vi que, después de que el velo se rasgara, Dios nunca más volvería a morar en un templo hecho por manos humanas. Dios Padre había juzgado el pecado y la muerte. Su propio Hijo, Jesús, se había convertido en pecado y había traído a existencia el juicio del Padre por nosotros, para que cualquiera que viniera a Él fuera considerado justo por el Padre, incluso la justicia de Dios en Cristo Jesús.

Esto, entonces, es el juicio en sí mismo: si uno está en Cristo, ¡ya ha sido juzgado! Si no, entonces está juzgado ya. Jesús es la única puerta al cielo. No hay otro camino. Somos libres de elegir Su regalo de redención o no.

Después de hablarme de estas cosas, el Señor dijo: «*Ahora mira, profeta. Mira al mundo*». Me abrió los ojos y miré al mundo. Parecía que estaba viendo a personas. No entendía lo que estaba viendo. Podía ver a través de las estructuras, la tierra y cualquier objeto sólido. Vi a algunas personas que parecían brillar con luz y a otras que no.

Entonces el Señor me dijo: «*¿Ves a los hijos de la luz?*». Le respondí: «Sí, creo que sí, ¡pero son muy pocos, Señor!». Parecía que solo alrededor de una décima parte, o tal vez menos, de las personas tenían la luz.

Entonces el Señor volvió a hablar. «*Sí, esos son Mis elegidos, los que comenzarán a traer la cosecha de los últimos días*».

Pensé: «¿Cómo tan pocos traerán a tantos?». Estaba pensando en la cosecha de mil millones de jóvenes.

El Señor me habló sobre mis pensamientos. «*Profeta, la mayoría de los que ves con la luz apoyarán a quienes van a salir. ¡Será una tarea enorme! ¡Pero mi Espíritu está con vosotros!*».

Entonces vi otro juicio del Señor, y mis ojos se abrieron para ver la riqueza de la tierra. A mis ojos parecía ser como agua. Había un flujo y depósitos, tanto grandes como pequeños. Entonces volví a ver a las personas que brillaban con luz. Mientras observaba, los depósitos parecían tener fugas. Al principio, las fugas eran solo un hilo, pero se hicieron bastante grandes y había un flujo constante desde los depósitos hacia aquellos que brillaban con luz. Mientras esto sucedía, los que brillaban no lo almacenaban ni lo guardaban. Pequeños arroyos de riqueza/agua se derramaban desde ellos hacia aquellos que no eran luz. Mientras observaba, este proceso parecía comenzar con un flujo rápido y luego se ralentizaba hasta convertirse en un flujo constante, pero más pequeño.

Entonces el Señor volvió a hablar. «*Mi pueblo será bendecido y ya no será maldecido. Porque la riqueza fluirá de la oscuridad hacia la luz, y los que están en la luz serán un ejemplo de cómo el amor y la riqueza deberían verse*».

Seguí observando y noté algo más. Las personas que no eran de la luz parecían clamar y estar en gran angustia. No todas. De hecho, tal vez alrededor de una décima parte de ellos hacían esto. Entonces me di cuenta de que su luz, que era oscuridad, también fue apagada. Y desaparecieron de mi vista.

Entonces esta visión se detuvo y oí la voz del Señor una vez más: «*Los últimos serán los primeros y los primeros serán los últimos. Estad atentos a Mi juicio. Mirad, está comenzando. Amén*».

Juicio para el Poder Judicial – 4 de noviembre de 2022

«*¡Kirk, prepara al pueblo para el juicio que viene!*

Cuando los fundadores de los Estados Unidos se reunieron, ¡Yo Soy estaba allí! Y cuando redactaron la Constitución de los Estados Unidos, ¡Yo Soy estaba allí! Cuando los creadores de las tres ramas del gobierno estadounidense delimitaron los límites de cada rama, ¡Yo Soy estaba allí!

Hoy quiero hablaros sobre el Poder Judicial. Profeta, dile al pueblo: ¡Habrá una sacudida en el Poder Judicial! A una rama se le asignó una tarea específica, que era mantener a las otras dos ramas dentro del marco de la Constitución, sin ser parciales hacia nada, excepto hacia la Constitución. Algunos de los Jueces lo entienden y siguen haciendo todo lo posible por mantener los principios establecidos en este documento. Esta advertencia, o palabra, no va dirigida a ellos. ¡Sino todo lo contrario!

¡YO SOY ya no toleraré a los jueces que han convertido la Ley en un hazmerreír! Por lo tanto, ¡YO SOY (estoy) iniciando una purga en el Poder Judicial! Sí, ¡el Federal! Sí, en el Estatal. Sí, ¡en el gobierno local! De arriba abajo, los antecedentes de los jueces serán medidos en relación a la Constitución de los Estados Unidos. Los que no sean encontrados faltos serán destituidos de sus cargos, y los que sean considerados traidores a los Estados Unidos serán procesados sin piedad, y se les aplicará sin remordimientos la misma ley que intentaron anular. Sí, el Congreso actuará. Y sí, el tribunal más alto del país apoyará al Presidente cuando aplique la Ley.

¡El dinero, las influencias, las amenazas y cualquier otro tipo de alteraciones ya no plagarán el poder judicial! ¡Incluso los jueces que ejercen de por vida sabrán que ejercer «mientras se mantenga una buena conducta» es necesario y no se puede tomar a la ligera! YO SOY ha hablado. Amén».

Por Tiffany Root y Kirk VandeGuchte

Una Reprimenda del Señor –16 de noviembre de 2022

«¿Estáis disgustados por las elecciones de mitad de mandato? ¿Y con el «anuncio» de Donald Trump? (Dado el 15 de noviembre de 2022, que se postulará para presidente en 2024). ¿Eso también os decepcionó? ¿O tal vez son los resultados/estafa en las elecciones de 2020? ¿Aún seguís disgustados por eso?

¿Qué hay de Mis profetas? ¿Has oído algunas «palabras» muy valientes que has decidido que no sucederán, o tal vez estas «palabras» no están sucediendo según tu tiempo en el calendario? O tal vez has decidido dejar de escuchar a Mis profetas porque al principio lo hiciste, después de las elecciones de 2020, ¡pero lo que profetizaron aún no se ha cumplido! Y oye, ¡al fin y al cabo han pasado dos años! Estos «Profetas» podrían ser falsos profetas, ya sabes... (Aunque lo que han dicho llegó a tu corazón con el testimonio del Espíritu de Dios).

Yo, el Señor, no encuentro placer en aquellas ovejas Mías que se alejan de Mí. Que buscan pastos más verdes tan pronto como se requiere fe. Que oyen Mi voz y deciden en su corazón abandonarme. ¿Seguirás al Buen Pastor solo mientras la hierba sea verde y abundante y haya agua cerca?

Mis ojos recorren la tierra de un lado a otro. ¿Dónde encontraré fe? Las ovejas no necesitan pastor cuando todo les va de maravilla. Pero, cuando las cosas se ponen difíciles y peligrosas, ¡es entonces cuando las ovejas <u>necesitan</u> un pastor!

Entonces, ¿dónde encontráis guía? ¿Dónde está la fuente de vuestra fe? ¿En quién podéis creer? ¿Quién sabe dónde estáis, qué hay a la vuelta de la esquina, dónde está el buen camino? ¿Las noticias de los medios de comunicación? ¡Ah! Eres un pensador, así que sabes dónde encontrar la verdad en Internet. O tal vez hay un patriota muy sabio que lo sabe todo y lo cuenta todo... ¡Mirad, pueblo Mío! ¡Incluso un reloj roto marca la hora correcta dos veces al día! ¡YO SOY no está roto!

Mis Profetas son elegidos por mí. Yo Soy responsable por ellos, y soy capaz de levantarlos o derribarlos. ¡Los reconoceréis por sus FRUTOS! No por su popularidad, ni siquiera por su precisión, sino por sus frutos. Los frutos de un Profeta se conocerán y se demostrarán por su inquebrantable devoción a Mí. Su único deseo en la vida es exaltar al Hijo del Dios viviente siguiendo a Su Espíritu. ¡Ellos han muerto a sí mismos y viven solo para Mí! Dinero, fama, ministerios, comodidad, detractores, patrocinadores, reputación, nada de estas cosas les importan a los que son Míos. Solo Mi aprobación, dirección y una relación conmigo importan a aquellos que son Míos.

Por lo tanto, ¡Respóndeme! ¿De dónde sacas las noticias en las que crees? ¿Y dónde pones tu fe? Amén.

Fe para los Tiempos del Fin – 25 de noviembre de 2022

«Profeta de los Tiempos del Fin, toma tu bolígrafo y Yo te hablaré.

Yo Soy ha hablado sobre estos tiempos del fin en los que vivís desde tiempos antiguos. Sí, y desde el principio de los tiempos he hablado y pensado sobre esta época de tiempo.

Los antiguos deseaban estar vivos durante estos tiempos, no porque vieran facilidad y comodidad, sino porque preveían que la recompensa por la fidelidad sería grande. Y, en verdad, todavía están emocionados y asombrados por aquellos que serán fieles durante esta época. ¡En verdad, el cielo está revolucionado y emocionado por escuchar el testimonio que vendrá de aquellos cuya fe no les falla!

Todo el cielo sabe que el Señor es el vencedor. Todo el infierno también lo sabe. Incluso Satanás sabe quién es el vencedor. Todo está decidido, excepto en la mente de los hombres. Así pues, esta batalla continúa, tal y como lo ha hecho desde los tiempos de Adán y Eva. Yo Soy les dice a todos los hombres lo que Él les tiene guardado para ellos y lo que Él les ha dado gratuitamente, y lo único que tienen que hacer es creer. Mientras tanto, Satanás intenta apartar sus ojos de Mis palabras y bendiciones, hablándoles de cosas terrenales, cosas que pueden tocar y ver, cosas que se les niegan. Por lo tanto, no le escuchéis. Es un mentiroso y un ladrón, lleno de muerte y destrucción. Pueblo Mío, si le creéis y le seguís, ¡no habrá fin a las muertes que moriréis!

Mirad, Yo Soy plenamente consciente de que deseáis ser alimentados a cucharadas, tener lo que queréis ahora, que os digan exactamente lo que sucederá en el futuro y cuándo. Sin embargo, Yo Soy exige fe. Esto no es discutible. Se requiere FE. Sí, debéis confiar en Mí. Esta fe no es una confesión «de una vez». Es algo de todos los días, morir a uno mismo, vivir para Mí.

Así que, ¿aún os preguntáis por qué Mis profetas a veces son vagos, a veces parecen estar en desacuerdo y siempre dicen: «No temáis»? No es Mi intención dejaros las cosas claras como el cristal. ¡Estos profetas Míos no son adivinos, lectores de bola de cristal ni videntes! Son Míos y dicen lo que Yo les digo, en el tono y volumen que Yo les indico.

¿Creéis que podéis engatusarme para que Yo haga algo diciendo: «Bueno, ya no creo en los profetas nunca más; llevan tanto tiempo diciendo cosas grandiosas y solo necesito alejarme de ellos»? ¿De

verdad tengo que deciros que vuestra fe está siendo puesta a prueba?

Os he enviado a Mi ungido, quien os guiará. Os he revelado cosas que, en vuestros sueños, ni siquiera habíais imaginado. Estoy derribando Babilonia de una manera que solo Yo puedo hacer. Estoy llevando a Mis fieles hacia un futuro muy brillante y los estoy bendiciendo de maneras que nunca se han visto en la tierra. ¡NO TEMÁIS! ¡TENED FE! Amén».

¡Despertad! Corred a la batalla – 9 de diciembre de 2022

Hoy el Señor dice: «*¡Despertad!*».

Me está preguntando si la gente entiende lo que está pasando. Y como me pregunta esto, no me siento muy esperanzado. Le respondo: «Señor, tú sabes...».

Entonces Él dice: «*Algunos lo entienden. Pero la mayoría no. La mayoría de la gente piensa que hay un problema político, como los de extrema derecha contra los de extrema izquierda. Otros lo descartan como un simple proceso de cambio ideológico. Otros ven correctamente que el mundo está en una batalla entre el bien y el mal, pero no tienen ni idea de que se trata de una batalla espiritual. No se trata simplemente de hombres malvados contra hombres buenos. Hay demonios que están literalmente luchando en esta batalla. También hay ángeles que literalmente están luchando en esta batalla por el mundo.*

La gente ve cosas que «simplemente no tienen sentido», cosas que causan muerte, cosas que hacen que la energía sea más difícil de obtener o más cara, granjas que se cierran sin buenos motivos, sistemas de distribución buenos siendo manipulados maliciosamente y organizaciones médicas que parecen estar más interesadas en matar que en preservar la vida, etc. Que el lector comprenda que estas cosas están impulsadas por lo demoníaco, cuya tarjeta de presentación dice: «Matar, robar, destruir». No, no es el Nuevo Acuerdo Verde para salvar al planeta del «Calentamiento Global». ¡Es el Nuevo Acuerdo Demoníaco para dar cobertura a Matar, Robar y Destruir!

¡Abrid los ojos, pueblo Mío! Vuestro enemigo ya ni siquiera se esconde más. Él abiertamente crea miedo a algo -a cualquier cosa- ¿y vosotros lo aceptáis? ¿He dicho Yo que existe algo como el calentamiento global? ¿Qué ha pasado con el enfriamiento global, la lluvia ácida, el agujero de la capa de ozono, el efecto 2000, la subida del nivel del mar? ¿De verdad se está cayendo el cielo? A estas alturas ya deberíais haber aprendido algo sobre este alarmismo. Es demoníaco. Yo Soy dice: «¡No Temáis!».

Todas estas mentiras tienen un objetivo: generar miedo y encubrir algo más que está promoviendo la agenda demoníaca.

Ahora bien, ¿no es cierto que Yo Soy ha dicho que en los últimos días habría falsos maestros y falsos profetas? ¿Que algunos de ellos incluso vendrían en Mi nombre? (¡Estos son los que generan miedo!)

Por lo tanto, ¡dejad de perseguir a los que traen la Verdad y el Evangelio! Lo demoníaco está afuera, a la vista de todos, vomitando mentiras y profetizando mentiras para generar miedo. ¡Gritad a estos mentirosos, tramposos y agentes del diablo! Pensáis que es más seguro gritar a los que son Míos, dice el Señor. Pero Yo Soy os digo a vosotros, los cobardes que hacéis esto, que no es más seguro.

¡Yo Soy el Señor! ¿Hay algo que no haya visto? ¿Algo de lo que yo no sepa? ¡NO! Yo Soy está llamando a los Míos para que salgan

de la oscuridad y entren en la luz gloriosa. Venid, fieles Míos. ¡Luchad Conmigo y con las huestes celestiales! Yo Estoy en una misión de rescate, pero deseo que todos aquellos que quieran hacer Mi voluntad disfruten de la victoria que será el resultado de esta lucha. Deshaceos de las mentiras y los embrollos. ¡Corred Conmigo a la batalla! ¡Yo Soy un guerrero! No temáis, porque Yo Soy capaz. Amén».

Hecho en América – 10 de diciembre de 2022

Yo (Tiffany) escuché al Señor decir: «*Hecho en América*». Oramos al respecto y Kirk escuchó que el Gran Reinicio de Dios se llevará a cabo en Estados Unidos. Hay otras naciones que están surgiendo y, a veces, parece que podrían liderar el camino, pero no será así. Este Gran Reinicio que el Señor está llevando a cabo se realizará en Estados Unidos. Esta nación liderará el camino y la Trompeta está al timón. Porque es verdad que el mundo se conocerá como "Antes de Trump y Después de Trump". Amén.

Actualización de la Situación en la Sala de Guerra – 16 de diciembre de 2022

Hoy, mientras yo (Kirk) estaba orando, le pregunté al Señor si hoy recibiría una «palabra» o una visión o algo así. Oí: «*Sí, ¿estás listo ahora mismo?*». Respondí: «Sí, estoy listo». Entonces el Señor dijo: «*De acuerdo, reúnete conmigo en los Tribunales del Cielo*».

Cerré los ojos e inmediatamente me encontré en el espíritu y en la zona trasera de los Tribunales del Cielo. Miré a mi alrededor y luego caminé hacia el Tribunal. Al acercarme a la pasarela principal que recorre toda la zona de asientos, vi a Jesús y caminé hacia Él. Cuando me acerqué, Él se volvió hacia mí, extendió su mano hacia mí y dijo: «¡*Hola, amigo*!». Parecía muy contento de verme, y yo también extendí mi mano como si fuera a estrechar Su mano. Pero, cuando Él tomó mi mano, me di cuenta de que Su intención era seguir de la mano conmigo mientras caminábamos.

En otras ocasiones en las que me he encontrado con el Señor en el cielo, Él me superaba en altura. Hoy éramos más o menos de la misma estatura. Caminamos hasta la parte delantera de la sala del tribunal y subimos las escaleras, pasamos por delante de la silla del juez y atravesamos una puerta en la parte trasera, que daba a un pasillo o vestíbulo, donde ya había estado antes en otra visión diferente de la Sala de Guerra. Mientras caminábamos, también hablamos. Sorprendentemente, a Él le encanta escuchar sobre mi vida y me hace preguntas sobre cualquier cosa que yo pueda estar haciendo. La conversación parecía muy relajada e informal.

Llegamos a la Sala de Guerra y los ángeles entraban y salían. Hoy estaba muy concurrida, incluso más que cuando yo la había visto en «modo acelerado» durante una visita anterior. Volvimos a subir a la zona de observación situada encima del área donde se planificaba todo y donde todos los ángeles estudiaban los acontecimientos futuros en las pantallas de televisión. (No sé muy bien cómo llamarlas. Los ángeles ven cómo se desarrollan los acontecimientos en 3D y planifican los acontecimientos futuros). Lo que era realmente diferente esta vez era el número de ángeles, santos y criaturas que había en la zona de observación. ¡E incluso había algunos que flotaban en el aire sobre la sala de guerra!

Le pregunté a Jesús qué estaba pasando para que hubiera tanto entusiasmo hoy. Jesús respondió: «*Ha sido así durante algún tiempo. Todo el cielo espera que ocurra un gran acontecimiento en* la tierra. Por eso, todos están emocionados por lo que va a pasar y están observando para ver qué ocurre. ¡Nadie quiere perdérselo! Además de Mi aparición en la tierra, ¡será el mayor acontecimiento de todos los tiempos! Cada día trae emociones frescas en el período previo a este evento, y el cielo se emociona cada vez más por verlo».*

Le pregunté a Jesús qué iba a suceder exactamente. Él sonrió con una especie de sonrisa lateral y respondió: *«Dios sabe exactamente lo que sucederá».*

Y entonces me di cuenta de que nadie en todo el cielo sabía lo que iba a suceder. Probablemente eso era parte del motivo de la emoción y también la razón por la que la Sala de Guerra estaba tan ocupada. ¿Quizás podría echar un vistazo a uno de los visores de los ángeles? Así que, después de pensar eso un rato, le pregunté a Él si yo podría saber cuándo ocurriría ese misterioso acontecimiento. Entonces se volvió hacia mí y me dijo: *«Entiendo tu curiosidad, pero nadie excepto Dios sabe exactamente cuándo ocurrirá «el acontecimiento» y, de hecho, así debe ser. Sin embargo, estamos en la temporada y, de hecho, muy cerca del momento».*

Pasó algún tiempo mientras caminábamos y hablábamos. Entonces, una vez más, el Señor Jesús se volvió hacia mí y se detuvo. Se limitó a mirarme durante un rato. Luego dijo: *«Kirk, Profeta Mío, ve y dile a la gente que aquello por lo que han estado esperando está en camino. Diles que <u>deben</u> pasar por algunas cosas en el camino... mentiras, quizás cosas desagradables. Todos necesitan un tiempo de despertar y perseverancia, una experiencia que les abra los ojos.*

Este tiempo de Mi Gran Reinicio no es un pequeño bache en el camino para que puedan volver a como eran las cosas. Es necesario que se produzca un verdadero despertar -uno que no será olvidado- para que el reinicio real tenga lugar. Yo, incluso YO SOY, les digo que algunos se impacientarán, pero será en su propio perjuicio. ¡Sed pacientes! ¡Estoy realizando una obra que nadie puede detener! ¡Ningún lamento ni persuasión la acelerarán! ¡Mantened vuestros ojos fijos en Mí, confiad en Mí y haced esto Conmigo! Sobre todo, ¡NO temáis! Amén».

Visión de Kari Lake y Donald Trump Sosteniendo un Muro – 17 de diciembre de 2022

Yo (Kirk) veo a Kari Lake y Donald Trump sosteniendo acero, como una presa. Mirando por encima del acero, veo agua y escombros que se estrellan contra la pared de acero. Kari Lake y Donald J. Trump lo están sosteniendo. Tienen las manos sobre la cabeza y han cavado con sus pies, y realmente están conteniendo la inundación. Los veo mirando a su alrededor mientras trabajan y gritan pidiendo ayuda.

La ayuda llega, lentamente al principio. Y luego, de repente, hay gente por todas partes ayudando. Veo a las personas que vinieron a ayudar con gorras de béisbol. Algunas tenían escrito «MAGA». Otras ponían «El Partido Patriota Americano». Mantienen la línea y la inundación no rompe el bloqueo.

El Feroz Amor de Dios – 23 de diciembre de 2022

«Mi amor es tan feroz, Tiffany. En todas las cosas Yo estoy motivado por amor. El amor no Me permite hacer la vista gorda ante el mal. Yo Soy amor. Mi justicia se impartirá por completo, sin que quede nada sin hacer. La tierra nunca ha visto una justicia como la que habrá en Mi Gran Reinicio. No descansaré hasta que se haga. Dije: «No me deis descanso hasta que haga de Jerusalén una alabanza en la tierra». Tampoco descansaré en esta gran obra que Yo Soy está haciendo.

Mi Hijo será exaltado en la tierra. Mi Espíritu será honrado en Mi pueblo, en Mi Iglesia, Mi verdadera Iglesia, la que verdaderamente lleva el nombre de Mi Hijo. Él es altamente exaltado en el Cielo, y Mi pueblo lleva Su semejanza en la tierra. La tierra se maravillará ante esto».

Movimiento de los Apóstoles – 23 de diciembre de 2022

La venida de los apóstoles no es algo denominacional Es un movimiento. Es como cuando surgió la Casa Internacional de Oración. No hay ninguna denominación sobre la oración. Es simplemente un movimiento de oración. Ahora es el tiempo de los Profetas. Esto tampoco es una denominación. Es un movimiento de profetas. Lo mismo ocurrirá con los apóstoles.

Este movimiento será orgánico, por el Espíritu. Los apóstoles parecerán surgir de la nada y tendrán autoridad. Esto no está organizado por los hombres, aunque los hombres participarán y los apóstoles sobre los apóstoles ayudarán a facilitarlo. Aun así, éste es un movimiento del Espíritu.

El tiempo de los profetas está llegando a su fin y comenzará el tiempo de los apóstoles. Los profetas nunca serán descartados, pero tendrán un papel diferente en el que elevarán a sus apóstoles. Será un cambio en la iglesia. La prominencia en el reino pasará de los profetas a los apóstoles para que éstos puedan guiar a la iglesia en estos tiempos del fin.

Dios no ha Cambiado de Opinión (DJT y el Gran Reinicio de Dios) – 30 de diciembre de 2022

Hoy, mientras yo (Kirk) estaba orando, escuché al Señor decir:

«Profeta, dile al pueblo: ¡YO SOY no ha cambiado de opinión! Donald J. Trump es el único a quien he elegido para liderar Mi Gran Reinicio. ¡Mis palabras a través de Mis profetas no han sido erróneas! Donald J. Trump ganó las elecciones de 2020. ¡El tren de Trump está en marcha y seguirá haciendo su recorrido a tiempo! El disparo que se escuchó en todo el mundo ha sido disparado. ¿Hay alguien en algún país que todavía crea que «ellos» tienen elecciones libres y justas? Abran sus «ojos» y «vean» la verdad de Mis palabras. ¿Ha cambiado el mundo desde que Mi bola de demolición fue elegida? Os digo que sí, y que el cambio todavía se está acelerando. Y aún queda mucho por recorrer.

¿De verdad creéis que las lenguas viperinas de los impacientes e incrédulos sin fe se callarán cuando Donald J. Trump recupere la presidencia oficial? No, sus ofensas y exigencias no se saciarán hasta que se arrepientan de su incredulidad y se vuelvan hacia Mí. No les deis el tiempo que tanto desean. Tratar de responder a su incredulidad solo provocará que miren a otra cosa más. Sus argumentos y su lógica son terrenales, demoníacos.

Por el contrario, los que son Míos, los que Yo amo, han mantenido la fe. De hecho, su fe se ha fortalecido durante este tiempo. Se ha vuelto más y más fuerte con cada desafío. Estos son aquellos a los Yo he visto como dignos. ¡Estos son aquellos a los cuales Yo he elegido para estos últimos días! Y sí, la lluvia tardía caerá sin duda sobre aquellos que han resistido la prueba y han vencido todas las tácticas y pruebas del enemigo.

Ahora, pueblo Mío, ¡mirad al futuro con gran expectación y alegría! ¡Vuestro Dios es amor y Él es bueno! ¿Puede el mal realmente ganar? ¿Podría Satanás realmente desafiarme? Se dice en la tierra que esta agitación no es política ni cultural, sino espiritual. En particular, es el bien contra el mal. O tal vez Dios contra Satanás. Pero yo os digo: ¡NO! Esta noción supone que existe la posibilidad de que YO SOY pueda perder. No existe tal posibilidad.

El caos que veis es Mi amor en acción. Es una misión de rescate que YO SOY estoy llevando a cabo de manera soberana. YO SOY Estoy invitando a Mis santos a participar en ella porque deseo regocijarme en la gran victoria que obtendrán. Estamos utilizando el Plan A. No hay ningún plan alternativo, ningún plan secundario, como el Plan B. Mi plan es perfecto y no puede fallar.

El resultado de esta gran victoria cambiará la tierra para siempre. He detallado estos cambios en otras «Palabras» y profecías. Amén».

Por Tiffany Root y Kirk VandeGuchte

2023

Las cartas – 13 de enero de 2023

Hoy, en mis oraciones, yo (Kirk) veo a un grupo de personas trabajando. Están trabajando en una máquina que imprime cartas y las mete en sobres. Están preparando una gran cantidad de sobres. Hay muchas cajas de plástico llenas de ellos. Me pregunto por qué estoy viendo esto, ya que los trabajadores y todo lo demás parecen bastante normales.

Después de observar durante un rato, me fijé en una de las cartas que estaba encima de una pila en una de las cajas. No sé cómo, pero pude ampliar la imagen de la parte delantera de esta carta. Estaba dirigida a un tal «juez Green». Eché un vistazo a todas las cajas y la mayoría de las cartas que pude ver parecían estar dirigidas a personas relacionadas con la ley. Palabras como «juez», «magistrado», «secretario», etc. eran comunes. Esto tampoco me pareció fuera de lo normal. Supuse que estas personas recibían muchas cartas del gobierno.

Empecé a preguntarle al Señor cuál era el significado de esta visión. En mi espíritu, oí: «*Es la próxima ola*». En ese momento vi Mar-A-Lago. Entonces se acabó.

Visión del Infierno – 20 de enero de 2023

Visión dada a Kirk.

El Señor dijo: «*Sube aquí*». Yo dije: «¿Dónde, Señor?».

Empecé a ver todos los diferentes lugares en el Cielo. Algunos los había visto antes y otros no. El Tribunal del Cielo, animales, caballos y perros, el agua clara y los peces, las estrellas y la tierra, los dos árboles del jardín, la Sala del Trono, todas estas cosas y muchas, muchas más pasaron rápidamente ante mis ojos.

Luego llegué a un lugar. La zona era muy luminosa a mi derecha, pero completamente oscura a mi izquierda y llena de humo. A veces percibía una bocanada de olor a infierno y muerte, igual que el olor que desprendía el demonio en el mundo natural cuando lo olí en una habitación de mi casa hace años. Era un olor horrible y seco, un hedor que me hacía contraerme. Avancé y empecé a oír voces, y de repente, ¡un grito que helaba la sangre! Conversaciones, gritos, maldiciones, palabras confusas, gemidos y todo tipo de voces humanas. A medida que me acercaba, me di cuenta de que todas las voces eran una especie de respuesta al terror que estas personas estaban experimentando.

Entonces empecé a ver algo que parecía una cinta transportadora, pero era bastante ancha y estaba casi llena de gente. El hedor de la muerte era muy fuerte allí. Era muy seco y se sentía deprimente y desesperanzador. La «cinta transportadora» transportaba a los que estaban en ella hacia la oscuridad y los ocultaba completamente de la vista. La oscuridad casi me parecía estar viva, ya que se tragaba a los que eran transportados hacia ella. De los que estaban en la cinta, algunos parecían duros, rebeldes y violentos. Otros parecían pensadores, estudiosos y seguros de sí mismos, ya que venían del extremo iluminado y se dirigían hacia la oscuridad. Sin embargo, la mayoría de estas personas parecían buenas personas de todo el mundo y vestían la ropa normal del lugar donde habían vivido.

Yo estaba allí en espíritu, como por encima y al lado de la cinta transportadora. Sin excepción, todas estas personas miraban hacia el lado en el que yo estaba, aparentemente mirando debajo de mí. Al hacerlo, sus ojos se abrían de par en par y algunos caían de rodillas, tanto jóvenes como viejos, con los ojos abiertos, y algunos decían: «Tenían razón» o «Debería haberles escuchado». (No había ningún niño, aunque sí bastantes adultos jóvenes). Y me di cuenta de que todos ellos estaban recibiendo un testimonio del Señor sobre cuál era su destino. Comprendí que todos ellos habían estado expuestos al Señor de alguna manera y lo habían rechazado, o se habían enredado en la religión y no representaron al Señor, sino que solo tuvieron una forma de religión.

Volví a mirar y vi a todos ellos desaparecer en la oscuridad. ¡Por toda la eternidad, para siempre, la oscuridad! Pedí volver. Amén.

El momento se acerca – 27 de enero de 2023

El Señor dice: «*Hasta ahora, las cosas relacionadas con Mi Gran Reinicio han estado bastante tranquilas en los Estados Unidos. Eso está a punto de cambiar. Se producirá una serie de acontecimientos que separarán el trigo de la paja. Sí, estos acontecimientos indicarán a la mente intelectual que el mundo está llegando a su fin. Aquellos cuya ancla no proviene de Mí entrarán en pánico y harán cosas que demostrarán que éste es el caso.*

¡NO LES ESCUCHÉIS! Vosotros tenéis la verdad. Habéis escuchado a los Profetas. Me conocéis a Mí. ¡No temáis! Habrá señales y habrá un gran asombro que hará que los hombres se

desmayen de terror, pero vosotros no les prestaréis atención. Vuestros ojos estarán fijos en Mí. Habrá señales en los cielos y en la tierra, y oscuridad».

[Mientras escribo estas cosas, lo que veo es que algunas (¿o todas?) de ellas serán nuestro enemigo dando su último suspiro, como acontecimientos en el agua, tal vez en el océano, que causan destrucción generada por medios artificiales. No es un acontecimiento sobrenatural, aunque pueda parecerlo. El fuego o las señales en el cielo podrían ser algo creado para la guerra, pero que se está utilizando para generar miedo y tal vez incluso muerte. La oscuridad también -no parecía literal, como si el sol se hubiera ido-. Y mis pensamientos se dirigieron a las comunicaciones eléctricas, a los apagones].

«Estos acontecimientos deben tener lugar para despertar a los pueblos del mundo, para sacarlos de su estupor. Y Yo Soy permitiré que Satanás tenga su pequeño berrinche. Y Yo lo usaré para bien. Su intento de atemorizar al mundo para que se someta ha fracasado y seguirá fracasando. He mencionado a los Estados Unidos. Sin embargo, este tipo de cosas sucederán en todo el mundo, y especialmente en las zonas donde la gente ha estado despertando. El Reino Unido, Australia, el sur y todo el norte de América, y Asia.

Apóstol Tiffany, haz saber a la gente lo que ha dicho el Profeta del Señor. Amén».

Decisiones Sobre las Bendiciones del Gran Reinicio - 3 de febrero de 2023

«¿Qué harás con las bendiciones que recibas?

El GRAN reinicio ha comenzado. Esto no es ningún secreto. Todo el mundo puede ver claramente cómo el mal está siendo descubierto y expuesto a la luz. Esta es una fase peligrosa por lo que los hombres malvados podrían verse guiados a hacer. Esta fase se superpondrá a la siguiente, que es la fase de «implicación». O podría llamarse la fase de «implicación personal», porque es el momento en el que los santos tendrán que implicarse en las siete montañas. ¡También habrá muchas oportunidades para involucrarse!

La <u>justicia</u> entrará en pleno apogeo durante esta fase de <u>implicación</u> y estará presente durante mucho tiempo, a medida que la corrupción se descubra y se trate con el total alcance de la misma. Durante la fase de implicación, la riqueza de las tinieblas comenzará a fluir hacia la luz y dará paso a un período de bendición para aquellos que se han mantenido en la rectitud. YO SOY ha ido a la guerra con Sus santos, y habrá saqueo, ¡mucho saqueo! ¡Los tesoros de las tinieblas fluirán como un río hacia la luz!

YO SOY quiere hablar sobre este flujo de tesoros y también sobre las fortunas que se harán en las siete montañas de influencia. Este será un tiempo de gran prosperidad en todo el mundo.

El Señor te está preguntando a ti, sí, ¡a ti personalmente! ¡A ti! No a tu vecino, ni a tus parientes, ni a nadie más, ¡sino a ti! Él quiere saber qué harás con esta riqueza que está por llegar. ¿La acumularás como lo hacen los del mundo? ¿O tal vez la gastarás en ti mismo?

Seguirme es más fácil para los que no son ricos; sus opciones son limitadas. Pero para los ricos, es fácil depender de sus riquezas. Yo Soy te pregunta ahora: ¿seguirás aún a Mi Espíritu? ¿O comenzarás a depender de tu nueva hallada riqueza? ¡Mentalízate hoy! ¡Decide enseñar a tus hijos! Más riqueza no resolverá vuestros problemas. Esta transferencia de riqueza es una bendición, pero la verdadera bendición solo se encuentra en Mí. ¿De verdad crees que después de Mi reinicio simplemente habrá una «vida fácil»? ¿Es eso lo que estás buscando?

Recuerda, YO SOY ha dicho que el trabajo volverá a ser considerado honorable. ¡La tarjeta de presentación de Mi gente será su ética de trabajo, amor (compromiso Conmigo) y generosidad! ¡Los bancos serán para ahorrar! ¡La industria médica será para la salud de las personas! ¡Las escuelas serán para aprender! ¡El entretenimiento será sano! Y mucho más.

Todas estas cosas requerirán mucho trabajo para mantenerlas en línea con Mi Espíritu. Recuerda que éste es Mi reinicio. Amén».

La Separación se Encuentra en el Conocimiento de Cristo – 5 de febrero de 2023

«Desde el principio de los tiempos, el hombre ha deseado conocer los misterios de Dios. El hombre incluso ha aspirado a ser Dios por el conocimiento (veo a Adán y Eva). Como sabéis, toda la sabiduría y el conocimiento están escondidos en Cristo. Por lo tanto, solo a aquellos que se humillan se le dará la visión de los misterios de Dios. Solo diciendo: «Lo dejo todo para poder tener al Hijo», uno puede ser hallado en Cristo y conocer Sus misterios. Ningún conocimiento obtenido de otra manera beneficiará al hombre. El conocimiento no servirá de nada a nadie en el Día del Juicio, excepto conocerme a Mí a través de Mi Hijo. Para aquellos que me conocen a través de Mi Hijo, todas las cosas les son añadidas. No hay nada que les retenga, porque su deseo es para Mí y para mi Hijo. Todo este conocimiento viene a través de mi Espíritu Santo.

¿Puedes ver entonces cómo uno debe humillarse? Someterte a mi Espíritu es conocer y actuar más allá de tus propias fuerzas. Esto *es difícil, en el mejor de los casos, para aquellos cuya identidad se basa en lo que tienen o pueden lograr.*

Aquellos que siguen a Mi Espíritu están llenos de gracia y verdad porque están llenos de Mi Hijo. Su vida está en ellos. Han elegido comer Su carne y beber Su sangre, participar del Cordero entero y morir a sí mismos, para que puedan vivir verdaderamente.

Lo que YO SOY estoy haciendo y estoy a punto de hacer en la tierra separará verdaderamente el trigo de la paja y la cizaña. Aquellos que verdaderamente aman a Mi Hijo no dudarán en llenarse de Su Espíritu y seguirlo. Aquellos que no lo hacen, no lo harán. La separación se hará más clara y más distinta, de modo que incluso aquellos cuyos ojos no ven comprenderán que hay una diferencia.

¿Poder? ¿Te preguntas si será el poder lo que provocará la separación? (Yo [Tiffany] me lo preguntaba…) La separación es entre aquellos que Me conocen y aquellos que no. Y como dicen las Escrituras, los que conocen a su Dios realizarán grandes hazañas (Daniel 11:32). Sí, habrá poder, como el mundo nunca ha visto antes. El poder de una vida en Cristo será una fuente de asombro para el mundo. Amén».

Su Gobierno y la Cosecha – 10 de febrero de 2023

Isaías 9:2-7 NASB

El pueblo que camina en tinieblas

verá una gran luz;

sobre aquellos que viven en tierra oscura,

la luz brillará.

Multiplicaréis la nación,

aumentaréis su alegría;

se regocijarán en Vuestra presencia

como con la alegría de la cosecha,

como se regocija el pueblo cuando se reparten el botín.

Porque Vosotros romperéis el yugo de su carga y la vara sobre sus hombros,

el bastón de su opresor, como en la batalla de Madián.

Porque toda bota de guerrero que marcha en el estruendo de la batalla,

y todo manto manchado de sangre, serán quemados, combustible para el fuego.

Porque un Niño nos ha nacido, un Hijo nos ha sido dado;

y el gobierno reposará sobre Sus hombros;

y su nombre será: Consejero Admirable, Dios poderoso,

Padre Eterno, Príncipe de Paz.

No habrá fin al incremento de Su gobierno ni a la paz

sobre el trono de David y sobre su reino,

para establecerlo y sostenerlo con justicia y rectitud

desde entonces y para siempre.

El celo del SEÑOR de los ejércitos lo llevará a cabo.

El Señor dice: «*Esta es la profecía de Mi siervo Isaías. Algunos de los acontecimientos de los que habló han ocurrido. Mirad, el campo está blanco para la siega, pero primero hay que quitar la cizaña y quemarla con fuego inextinguible. Amén».*

Visión de Manantiales en el Desierto, Guerra y Tierra Baldía – 24 de febrero de 2023

Hoy el Señor vino a mí (Kirk) y me dijo: *«Ven conmigo. Quiero mostrarte algunas cosas».*

Me llevó a una alta colina de arena que dominaba un desierto. No pude ver nada más que colinas de arena hasta donde alcanzaba la vista. Estábamos en una extensión del desierto del Sáhara llamada desierto de Arabia. Mientras miraba, el Señor me preguntó si creía que este desierto podría volverse verde y con de vida. Volví a mirar a mi alrededor. Estaba muy seco allí. Pero sabía con quién yo estaba hablando, así que le respondí: «Sí, Señor. Creo que Tú podrías hacerlo verde y fértil».

En ese momento, levantó su mano derecha y la aplanó. Luego giró lentamente en semicírculo. *«Mira de nuevo»,* me dijo. Así que miré. Ahora podía ver toda la Península Arábiga. Al mirar hacia el norte, comenzó a ponerse verde. A lo largo del mar Rojo había más verde. Había campos, cultivos de cereales, huertos frutales y todo tipo de productos donde antes había desierto. Lo miré con asombro. Él me miró y dijo: *«Sí, los manantiales en el desierto serán uno de los efectos de este Gran Reinicio».*

Aún de pie en la colina de arena, el Señor volvió a alargar su mano derecha. Al hacerlo, lo que parecía ser una enorme pantalla de cine se abrió frente a nosotros. Vi lo que parecía ser una zona devastada por la guerra, edificios y casas destrozados y en ruinas, con humo saliendo de algunos de ellos. Máquinas de guerra como tanques y otros vehículos rodaban por calles vacías. La gente, adultos y niños, se escondían donde podían y solo salían en busca de comida y agua. Podía oler la muerte y el humo acre. Era horrible.

Ambos observamos la escena que teníamos delante. Entonces, el Señor habló. «*¿Por qué ha sucedido esto? ¿Por qué razón se ha levantado este pueblo contra su vecino?*». Después de un minuto, respondí que no lo sabía.

De nuevo, Él habló. «*¿Fue por envidia? ¿Por ira? ¿Por desconfianza? ¿Alguien tenía algo que ganar? ¿O era solo el deseo de matar?*». De nuevo, pasó un rato. Entonces, «*Te digo que es la necedad lo que provoca esto, ¡la necedad demoníaca!*».

Y de nuevo, se volvió hacia mí. «*¿Qué pasaría si aquellos que escuchan, sí, los que adoran a lo demoníaco fueran eliminados? ¿Aquellos que los financian, eliminados? ¿Aquellos que enfrentan a unos contra otros, eliminados? ¿Y qué si aquellos que se benefician de la guerra fueran eliminados?*».

Respondí: «Bueno, supongo que las guerras interminables se detendrían».

«*¡Sí!*», dijo.

De nuevo levantó Su mano, señalando la escena delante de nosotros. Giró Su muñeca y cambió. Ahora veía el cielo lleno de humo negro y fuego en el suelo. (Se parecía al vídeo del descarrilamiento de un tren en Ohio). Luego vi lagos y ríos, todos contaminados, descoloridos y mortíferos. Vi ciudades de todo el mundo desiertas y vacías. ¡Vivir allí significaría enfermedad y muerte seguras! La escena cambia y veo aviones privados y a la «élite» del mundo reunida. Se tienen en gran estima y hablan de las temperaturas globales y el ecologismo.

El Señor me habla de nuevo. «*¿Alguna vez has visto a estos volar para limpiar un desastre? ¿O tal vez financiar la limpieza? Yo digo*

¡NO!. Son una fachada y no les importa la tierra ni su gente. Trabajan para el mismo Satanás». La escena ante nosotros se cierra.

Entonces el Señor se queda mirando a lo lejos. Mientras mira, comienza a hablar: «*Sí, esta es una misión de rescate, y YO la llevaré a cabo. Sé que hay quienes creen que la situación debe ponerse peor. Los ciegos guían a los ciegos. ¡Pero vosotros lo veis! No os preocupéis por ellos. ¿Qué se necesitaría para convencerlos? ¿Un argumento inteligente? ¿El hambre o la tortura? No. Ni siquiera eso los convencería de su locura. YO SOY dice: sígueme y no te molestes en perseguirlos. Te distraerán y no aportarán nada más. ¡No temáis! Mantened vuestros ojos en mí. Amén».*

La Ira del Señor se ha Despertado – 1 de marzo de 2023

Este día, el Señor dice: «*¡No toquéis aquellos que son llamados por Mí, y no habléis mal de Mis ungidos! ¡No calumniéis ni menospreciéis a Mis elegidos, a los que han respondido a Mi llamada y obedecen Mi voz! Sí, Mis Apóstoles y sí, Mis Profetas, y también el resto de Mis ministros. ¡Recordad la rebelión de Coré, vosotros, los burlones y rebeldes! Por lo tanto, el mismo Libro que apreciáis y, sí, adoráis, se levanta contra vosotros y testifica contra vosotros. Vosotros fanáticos religiosos, dejad vuestro Libro a un lado por un momento y ¡mirad hacia arriba!.*

YO SOY ESTOY muy cerca, pero vosotros no venís a Mí. Yo os he amado, pero vosotros ni siquiera me conocéis. Perseguís a aquellos a quienes he llamado y eleváis a los que se han graduado en vuestras propias escuelas. Le quitáis valor al Libro que decís creer. Tenéis una forma de piedad, pero NO tenéis poder. Afirmáis tener poder gracias a vuestros estudios y a los títulos que os otorgáis a vosotros mismos, pero estos se basan en el conocimiento y la sabiduría terrenales. Sí, ¡he dicho TERRENALES! ¡Terrenales y demoníacos! Afirmáis «conocerme», pero no es así.

Y el Padre que Me envió, Él ha dado testimonio de Mí. Vosotros no habéis oído Su voz en ningún momento ni habéis visto Su forma. No tenéis su Palabra morando en vosotros, porque no creéis en Aquel a quien Él envió. Escudriñáis las Escrituras porque pensáis que en ellas tenéis la vida eterna; son éstas las que dan testimonio sobre Mí; y vosotros no estáis dispuestos a venir a Mí para que podáis tener vida. (Juan 5:37-40 NASB)

Así que, entonces, mirad esto: ¡las mismas palabras que decís creer testifican contra vosotros! YO SOY dice que sois responsables de la revelación que se os ha dado, ¡y se os ha dado MUCHA! Por lo tanto, no vengáis a Mí esperando misericordia. YO SOY os ha dado a los Profetas y a los Padres, a mi propio Hijo, ¡y tenéis las Escrituras! Mis Apóstoles, Profetas, Evangelistas, Pastores y Maestros hablan, pero vosotros no escucháis.

Arrepentíos y venid a Mí. Yo extiendo Mis manos todo el día. He estado esperando, pero no esperaré mucho más. Amén.

Los Apóstoles – 3 de marzo de 2023

El Señor dice: «¡Mirad este desastre! ¡Incluso mis ministros quíntuples parecen ciegos guiando a ciegos! ¡Esto no debería ser así! YO SOY los he llamado, y sin embargo hay luchas internas entre ellos como si fueran del mundo!

¡Mirad! Veis a Mis Maestros y Pastores, sí, y a Mis Evangelistas, que son fáciles de reconocer, al igual que a mis Profetas, ¡también fáciles de reconocer! Pero, ¿dónde están mis Apóstoles? Oh, hay *quienes creen que son Apóstoles. Se les ha dado mucha gracia como Evangelistas o Profetas, o tal vez incluso como Pastores. Entonces la gente empieza a llamarlos «Apóstoles», y ellos lo creen. Pero hay Uno que llama. ¡Solo Uno!*

Está escrito que los dones y los llamados son irrevocables, ¡y esto es cierto! Si Yo te llamo como Profeta, entonces eso es a lo que has sido llamado. Es irrevocable. ¿No sabes lo que significa esta palabra? Significa esto: incapaz de ser revocado o anulado; inmutable; irreversible o inalterable. Por lo tanto, <u>no</u> importa lo que la persona en el oficio desee ser o piense que es. No importa cómo la llamen los demás. YO SOY te llama a tu oficio, ¡y Él ha decidido que no cambiará! Una vez Él te ha llamado, eres lo que Él te ha llamado a ser. <u>No</u> ascenderás algún día a algún otro oficio.

En el caso de un Profeta, debes ser llamado al oficio de Profeta para tener el oficio de Profeta. Si tienes el <u>don</u> de la profecía y lo usas con un efecto asombroso, y sobresales por encima de los que están en el oficio de Profeta, sigues sin ser un profeta con el oficio de Profeta. Y si tú, como Profeta en el ministerio de Profeta, superas a todos los profetas en precisión y autoridad, tampoco ascenderás al ministerio de Apóstol ni superarás la autoridad de un Apóstol. Aquellos en los cinco ministerios son elegidos irrevocablemente por Jesucristo, y esa es la única forma de acceder a uno de los cinco ministerios.

Los Apóstoles son, por tanto, los líderes de los cinco ministerios. Tienen autoridad sobre los demás ministerios. Los Profetas profetizan, los Evangelistas evangelizan, los Pastores pastorean iglesias y los Maestros enseñan. (Esto es simplificado). El éxito se mide de esta manera, pero la medida del éxito de los Apóstoles es cómo lideran. Si los demás ministerios bajo un Apóstol tienen mucho éxito, entonces el Apóstol tiene éxito.

Mi Iglesia es un desastre porque usurpadores y charlatanes se han autonombrado Apóstoles, pero estos no tienen poder real, solo *palabras persuasivas de sabiduría humana. La Iglesia está a punto de ser <u>sacudida</u> por el verdadero poder y autoridad que provienen del Señor mismo. La autoridad y el poder que se ven en los primeros capítulos de Hechos, cuando la nueva Iglesia es establecida, parecerán un juego de niños. Mi iglesia en estos últimos días volverá a estar llena de Poder y Autoridad, como lo ejemplifican mis Apóstoles. Aparecerán en escena de manera muy parecida, excepto que el poder será liberado por Mi Espíritu en <u>mayor</u> medida.*

Entonces, mirad a los Apóstoles. Algunos aparecerán en escena para llamar al resto de ellos desde su normalidad. Ellos ya saben quiénes son, pero necesitan ser liberados. Amén».

Los Enfermos y Débiles Espiritualmente – 3 de marzo de 2023

El Señor: «*Estás débil sin comida, ¿verdad?*».

Tiffany: «Sí».

El Señor: «*¿Y qué hay de aquellos que nunca escuchan Mi voz?*».

Tiffany: «Están muertos. «Nunca has escuchado Su voz ni han visto Su forma»».

El SEÑOR: «*Sí, y hay quienes solo Me escuchan para lo que ellos quieren. Creen que mis dones y Mis llamados son lo mismo que Mi aprobación de todo lo que hacen. Señalan el número de seguidores que tienen y todas las cosas externas para determinar que están en lo correcto. YO SOY los reprendo. Son débiles y ni siquiera lo saben. Están enfermos y no son capaces de verlo. Son «desgraciados, miserables, pobres, ciegos y desnudos» y no lo saben (Apocalipsis 3:17). Tiffany, la brecha se está ampliando».*

Tiffany: «¿Por qué?».

El SEÑOR: «*Porque la revelación de Mi Hijo en la tierra no se puede parar, y sin embargo la gente elige ignorarla*».

Una Visión de los Apóstoles – 10 de marzo de 2023

Yo (Kirk) fui llevado a un lugar donde me encontraba con Jesús en medio de un enorme grupo de Apóstoles. Al frente de este grupo estaban los primeros Apóstoles, los «Doce». También vi a Pablo, a Junia y a otros de los que no había oído hablar antes.

Mientras caminaba con Jesús, era como caminar a través del tiempo. Los Apóstoles que vimos vestían según la vestimenta étnica de su época y período. Todos ellos habían sido llamados por Jesús como Sus ministros y Apóstoles. Él no me habló, y mientras caminábamos, me di cuenta de que cada vez había más Apóstoles a los que Él había llamado. Mientras los miraba, empecé a intentar elegir a uno del grupo para observarlo. Y cuando lo hacía, me venía su nombre. ¡No había oído hablar de ninguno de ellos! Finalmente, le pregunté a Jesús por qué no había oído hablar de ninguno de estos Apóstoles, excepto de algunos de los primeros.

Él dijo: «*Estos son verdaderamente Mis grandes. Ellos han ministrado ante Mí con pureza y devoción. Sin embargo, eran prácticamente desconocidos para los hombres. Y la mayoría nunca sirvió en la «iglesia» de su época. En verdad, estos Apóstoles fueron los olvidados. ¡Pero Yo recuerdo a cada uno de ellos! La «iglesia» no quería tener nada que ver con ellos y, de hecho, «se deshizo» de un gran número de ellos. La «iglesia» no quería verdaderos seguidores de Mí, ni quería mi Espíritu. Ellos querían control. Todos Mis ministros fueron perseguidos, torturados, burlados o ignorados durante esta época. Sin embargo, ninguno salvo Mis apóstoles y Profetas».*

Seguimos caminando. Empecé a fijarme en la vestimenta moderna de los apóstoles, ¡y entonces vi niños! ¡Pequeñitos! Le pregunté a Jesús si ellos también eran Apóstoles. ¿Y por qué había tantos? Jesús respondió: «*Estos son Mis apóstoles de los Tiempos del Fin, y sí, ¡hay un gran número de ellos! Algunos de estos pequeños ya saben que han sido llamados como Apóstoles. Otros lo descubrirán más adelante en sus vidas. Hay un gran número de ellos y, de hecho, un gran número de todos los ministros quíntuples, porque esta es la temporada de la cosecha de los tiempos del fin. La «iglesia» tal y como es ahora nunca podría manejar esta afluencia de gente. De hecho, no se podrían construir suficientes edificios del tipo «iglesia» moderna para albergarlos. Se verían abrumados, confundidos e ineficaces. El cambio a las iglesias domésticas es de necesidad».*

Seguimos caminando y, de repente, ya no había Apóstoles y nos quedamos solos. Nos dimos la vuelta y miramos hacia atrás, hacia la multitud por la que acabábamos de pasar. El rostro de Jesús se iluminó y resplandeció. Estaba tan enamorado de estos hombres, mujeres y niños que habían sido elegidos para ser Sus Apóstoles. Se volvió hacia mí y me dijo: «*Profeta, dile a mi pueblo que se acerca el tiempo de los Apóstoles. Abrazadlos. Son Mis elegidos, los que guiarán a Mi Iglesia, la verdadera Iglesia. YO SOY voy a liberar poder también en esta temporada, y es para cualquiera que esté dispuesto a llevarlo. Pero nadie recibirá más que Mis Apóstoles. ¡Amén!».*

Por Tiffany Root y Kirk VandeGuchte

El Hedor de las Alimañas – 17 de marzo de 2023

Hoy el Señor trajo de nuevo a mis fosas nasales un olor, en realidad un hedor. Yo (Kirk) crecí en una granja familiar. Criábamos vacas, ovejas, pollos y algunos de los cultivos forrajeros que necesitaban para alimentarse. El olor del grano fresco, de cualquier tipo, siempre tenía un aroma bastante agradable y dulce. Sin embargo, el grano cosechado siempre atraía a los roedores, ratones, ratas, mapaches, etc. Y cada vez que estos aparecían, el buen olor del grano se contaminaba. Aunque no llegaras a ver las plagas, el hedor delataba su presencia. Se realizaba un esfuerzo por erradicar estos animales dañinos con el fin de prevenir la propagación de dolencias y enfermedades y la contaminación del grano, por no mencionar el robo y el desperdicio del mismo.

El Señor dice que este es el hedor que ha llegado a Sus fosas nasales en el Cielo. ¡Las alimañas del infierno se han metido en Su granero! Contaminan todo lo que tocan.

«Sí, la comida de Mi pueblo está contaminada, así como el agua que beben. Se juega con agentes infecciosos y se liberan con intenciones maliciosas. Luego se presenta un antídoto contra el veneno infeccioso ¡y se promociona como la cura¡ ¡Pero la cura es más mortal que la enfermedad! Variaciones de este mal se utilizan en las siete montañas de influencia (Familia, Religión, Educación, Medios de Comunicación, Entretenimiento, Negocios y Gobierno). Se crea un problema y luego se presenta una solución que no tiene ninguna posibilidad de funcionar para Mi pueblo, sino que solo beneficia a las alimañas.

La detección de estos parásitos en el mundo está ahora en pleno apogeo. Serán revelados más y más. Esta temporada de detección, junto con la exposición de estas plagas, lleva tiempo, pero la eliminación de todas las alimañas se basa en su detección y exposición. La sabiduría en estos asuntos dice que la eliminación de unos pocos de esta escoria sin encontrar la profundidad de la infestación total es una tontería. No obstante, la fase de eliminación ha comenzado. ¡Recordad la Parábola del Trigo y la Cizaña!

Sí, yo, el Señor, he oído los gritos: «Hopium, hopium» (falsa esperanza) y «¿Cuándo va a pasar algo?» y «¡Falso Profeta!». No escuchéis nada de esto. Sus palabras <u>no</u> son <u>Mías.</u> Sus palabras solo ayudan a los que están en contra de Mi.

Recordad, pueblo Mío, ¡YO SOY estoy invitando a Mi iglesia a participar en la gran victoria que viene! Será la historia de los siglos y un gran testimonio para aquellos que se mantengan firmes. También será una gran vergüenza para aquellos que retrocedan, sean impacientes o cobardes. Por lo tanto, venid a la primera línea de batalla. Ahí es donde YO ESTOY. ¿Hay algún lugar mejor o más seguro que estar Conmigo? ¡Amén!».

La Sala del Trono de Dios – 24 de marzo de 2023

Yo (Kirk) le pregunté al SEÑOR si tenía algo para mí hoy: una visión, una palabra o si Él simplemente querría hablar conmigo. Él dijo que tenía dos visiones para mí hoy. Luego Él me preguntó si estaba impaciente. Respondí: «Sí, con frecuencia». Entonces me preguntó: «*Bueno, ¿y hoy, en este momento?*». Y respondí que sí.

Entonces el Señor dijo: *«Kirk, sube al cielo»*. Le pregunté: «¿A qué parte del cielo, Señor?». Él dijo: *«A la sala del trono»*. Así que fui allí.

Vi que ya había mucha gente en la sala del trono. Todos parecían orbes de luz, y había quizás millones de ellos. Pero no me pareció abarrotada en absoluto. Al mirar, vi tres tronos allí. El de mi izquierda era el trono del Hijo de Dios. En el centro estaba el Padre. Y a mi derecha estaba el Espíritu Santo. Jesús se parecía bastante a un hombre, al igual que el Padre, aunque no podía ver su rostro. Y el Espíritu Santo también se parecía a un hombre, pero Él no tenía rostro. Había un altar con carbones encendidos delante de los tronos, y el humo que salía de él llenaba el lugar. (El humo salía en bocanadas, y tuve el entendimiento de que eran oraciones). Había criaturas que volaban por encima de todo esto. Estaban hechas de fuego, y su volar en círculos alrededor de los tronos hacía que el humo llenara el lugar.

Todo esto me confundía porque ya había estado antes en la sala del trono, y esto era muy diferente de las otras veces. Mientras pensaba en esto, una voz salió de los tronos. Sonaba como un trueno, y un relámpago brilló y salió de los tronos, y todo tembló. (No era como si el Padre, el Hijo o el Espíritu Santo hablaran individualmente, sino como si hablaran como Uno). La voz dijo mi nombre: *«Kirk, acércate»*.

Supongo que yo también era uno de los orbes de luz, pero me acerqué. Entonces, al acercarme a los tronos, me convertí en la forma de un hombre y me quedé de pie entre el altar y los tronos. Por un momento pensé que debía sentir miedo o algo así. No sabía qué hacer. Tan pronto como me vino este pensamiento, la voz de Dios dijo: *«No temas»*. Y aunque había pensado en el miedo, no tenía miedo de estar allí. Así que simplemente me quedé allí de pie durante un rato.

Entonces la voz volvió a tronar preguntando: «*Profeta, ¿sabes por qué estás aquí?*». Respondí que, aparte de que me habían pedido que viniera, no lo sabía. La voz dijo: «*Queríamos mostrarte dónde debes estar y reforzar tu fe y tu paciencia*».

De nuevo, la voz tronó: «*Te preguntas por qué este lugar parece tan diferente. La apariencia de las cosas aquí cambia en función de innumerables cosas o deseos. No te preocupes por esto, porque YO SOY no cambia*».

Dije: «Señor, seré paciente. ¡Por favor, ayúdame con mi impaciencia!».

De nuevo, la voz atronadora: «*Profeta, harás todo lo que te pida, al igual que tu apóstol. Sé paciente. Yo Soy bueno*».

Atrévete a soñar (con Dios) – 24 de marzo de 2023

El Señor dice: «*Estoy haciendo algo diferente en la tierra, como ya he dicho antes. No busquéis en la historia los viejos patrones y costumbres. ¡Estoy haciendo algo diferente! Nunca antes habéis recorrido este camino, y este cambio es un cambio global. Afectará a todo el planeta de formas nunca antes vistas. YO SOY ha dado pistas a los Profetas sobre los cambios que se producirán, pero estas pistas son solo pistas y generalidades. La extensión y cómo se verán todos los países y naciones en el futuro no ha sido imaginado por ningún hombre aún. ¡Los cambios son de una magnitud que impresionaría a Noé!*

Imagina que las siete montañas de influencia se reducen a tres. ¿Cuáles podrían ser esas tres montañas restantes? ¿Qué podría quitarles la influencia a estas montañas? Profeta, dile a la gente que esté preparada para cambiar su forma de pensar de manera que surja una nueva libertad nunca antes vista.

Imagina la libertad de ser justo y actuar con justicia hacia todos y esperar lo mismo de los demás. Esto es normal, dice YO SOY, y será el NUEVO normal. No esperéis el antiguo sistema renovado. El antiguo sistema va camino del basurero. ¡Está acabado y finiquitado!

Piensa en la religión desechada y tirada a la bolsa de la basura también. Todas sus formas, reglas e ideas, ¡todas eliminadas! Esa iglesia con todas sus ideas terrenales, reglas para la santidad, lugares donde los hombres afirmaban representarme a Mí pero nunca lo hicieron... YO SOY los estoy vomitando de Mi boca. El hedor en Mis fosas nasales era horrible, ¡pero el sabor es peor!

¡YO SOY Estoy tratando de que <u>vosotros</u> soñéis Conmigo! ¡Deshaceos del lamento y de la creencia de que vuestros hermanos y hermanas son básicamente malos! ¿Aquellos que están llenos de Mi Espíritu son malos? ¡El escepticismo y la desconfianza NO son virtudes! La fe y la confianza provienen de Mí. ¡No creáis más al maligno! ¡Venid, soñad Conmigo! ¡YO SOY Bueno! YO SOY el camino, y YO SOY la verdad, Y YO soy la vida. ¡Venid!».

Miedo y Alabanza – 31 de marzo de 2023

Hoy el Señor vuelve a decir: «*¡No temáis!*». Y continúa: «*YO SOY os ha hablado muchas, muchas veces en el pasado sobre el miedo, pero estos son tiempos peligrosos, ¡y habrá incluso más y aún mayores sacudidas! Veis a Mi ungido amenazado por hombres corruptos, y vuestro enemigo intenta traer miedo. Él es Mi ungido.*

Esto es cierto. Pero ¿no creéis que YO SOY podría levantar a otro si fuera necesario?

¿YO SOY tan débil que tengo que depender de un hombre, o YO SOY tan fuerte que puedo usar a un hombre para cambiar el mundo? ¡YO SOY el Señor de las Huestes! Nada Me sorprende; nada es igual a Mí; YO SOY nunca un fracaso y nunca he considerado serlo.

¿Veis una hoja temblando al viento? ¿O veis el mundo entero temblando? ¿Cuál es más difícil para Mí de salvar? ¡Son lo mismo! Mi poder no se agota, ni Mi batería puede descargarse. Mi poder es infinito y lo será para siempre.

¿Veis la desesperación que hay en el mundo en este momento? ¿Veis a un animal acorralado arremetiendo en desesperación? ¿Veis a las masas levantándose para desafiar a esta situación maligna en el mundo? ¿Veis la cizaña madurando junto con el trigo? Sí, vuestro enemigo tratará de parecer malo y fuerte, pero como un animal enjaulado, sus días están llegando a su fin.

Por lo tanto, ¡es hora de tocar el shofar! ¡Es hora de elevar un Aleluya! ¡Es tiempo de cantar alabanzas! ¡El fin de la Cábala se acerca! YO SOY no Me retuerzo las manos en preocupación. ¡No os las retorzáis vosotros tampoco!

¿Pensabais que el sistema mundial actual podría derrumbarse sin ninguna sacudida? Mis Profetas llevan mucho tiempo trayendo palabras sobre esta sacudida. Confiad en Mí. YO SOY bueno. ¡Amén!

Cuando terminó esta palabra, tuve una visión de más sacudidas: amenazas y rumores de guerras. Veo a aquellos cuya confianza está en el gobierno y el ejército, aquellos que no tienen fe... están sin aliento por el miedo. Las noticias falsas inflaman y exageran el miedo a medida que su sistema se derrumba. Las naciones del mundo crean fricciones mientras las cosas están en constante cambio, algunas buscando obtener ventajas, otras conociendo el plan. Los ejércitos de las grandes naciones del mundo están preparados y, de hecho, se acercan a una gran guerra. Sin embargo, mientras observo, no veo que eso suceda realmente…

El Gran Reinicio está Bien en marcha – 4 de abril de 2023

«Tiffany, el Gran Reinicio, Mi Gran Reinicio, está bien en marcha. Hoy Mi Trompeta fue arrestado. Le he permitido sentir ese dolor. Y, sin embargo, para él todo es alegría. Él conoce el final y sabe que es peligroso, pero está dispuesto a correr el riesgo. Le he dado el corazón de un león. Será inflexible a la hora de impartir y distribuir Mi justicia.

Yo le recordaré a él este día cuando se sienta tentado a hacer lo contrario. Le recordaré a los prisioneros del 6 de enero y a sus familias. Le recordaré a aquellos que fueron acusados falsamente y encarcelados por decir la verdad y defender la honradez. Le recordaré a los medios de comunicación mentirosos, a los políticos traidores y a la cábala satánica. Le recordaré la sangre de los niños y los bebés que claman justicia. (Orad por él).

Él cumplirá todo lo que tengo para que él haga. Le he asignado muchas personas buenas para que le ayuden. He asignado intercesores y profetas para decretar y declarar. Y he asignado a Mis santos para que vayan a las montañas de influencia y obtengan la victoria para Jesucristo. Todo esto es por Mi Espíritu y no por el poder del hombre. Mis ángeles han estado trabajando y seguirán trabajando hasta que venga el Reino. Se han estado regocijando, y YO deseo que Mi pueblo se regocije con ellos».

Habéis estado pensando en las plagas de las Escrituras. ¿Veis cómo las plagas solo afectan a los que no tienen fe? Así es como es con Mis juicios. ¡Tocad el Shofar y elevad un Aleluya sigue siendo el tema!».

Una Petición del SEÑOR Para Juicio – 5 de abril de 2023

Hoy, a petición del Señor, y como Apóstol y Profeta del Señor, en representación de Su iglesia y de las naciones del mundo, por la presente enviamos al Señor para que traiga juicio en cada parte de Su Reino.

No es porque Él necesite nuestro permiso para ser enviado, sino que más bien Él ha deseado asociarse con nosotros y nos ha pedido ese acuerdo con Él y que le enviemos a Él, en el espíritu de colaboración, a hacer lo que Él desea. Y eso es lo que hacemos ahora.

En este momento, el SEÑOR ha deseado llevar a cabo un juicio sumario. Y como Sus representantes, en representación de la Iglesia Verdadera, estamos de acuerdo con esta evaluación en relación con un juicio sumario. Vemos que Su ungido ha sido tocado, Su pueblo agraviado y nuestro adversario ha cruzado la línea.

Por lo tanto, estamos de acuerdo con el SEÑOR, y también con cualquier remedio que le parezca bueno a ÉL.

Que así sea.

Por Tiffany Root y Kirk VandeGuchte

Planeta de Pergaminos – 7 de abril de 2023

Yo (Kirk) fui llevado en espíritu a un gran planeta. Al acercarme a él, pensé que estaba completamente hecho de pergaminos. Así es como me parecía. Entonces, de repente, me encontré en un sendero que atravesaba una zona boscosa. En el propio sendero, me fijé en unas palabras. Las estudié y me di cuenta de que eran palabras de Jesús, palabras que Él había pronunciado. Miré a mi alrededor y empecé a darme cuenta de que todo aquí tenía palabras, todas eran palabras que Jesús había pronunciado. Vi troncos de árboles con palabras; las hojas de los árboles tenían palabras en ellas, ¡todo tenía palabras pronunciadas por Jesús!

Me agaché y levanté una brizna de hierba. En la parte inferior de esta brizna de hierba, decía: «*Y Dios se hizo carne*». Pensé que podría estar para siempre aquí y no ser capaz de leer todas las palabras. Era hermoso y también un poco intimidante porque, bueno, habiendo leído la Biblia y habiendo asimilado las palabras de Jesús en letras rojas, lo que había leído era menos que una gota de agua en los océanos de la tierra. Se podrían escribir innumerables Biblias, y la palabra de Dios, Jesús, sigue hablando. Es muy difícil tomar consciencia en mi mente de ello.

Mientras reflexionaba sobre lo hermoso que era y miraba a mi alrededor, Jesús se acercó a mí, caminando por el sendero. El amor me invadió y, al mirarlo, me fijé en Sus ojos. Eran tan profundos, tan llenos de amor. Esta vez, Él era tal y como yo lo imaginaba cuando Él estuvo en la tierra como Hombre. Al acercarse, Él extendió su mano derecha y dijo: «*Ven. Hay otras cosas que quiero mostrarte*».

Cuando nuestras manos se tocaron, fue como si nos convirtiéramos en luz y salimos disparados tan rápido que todo se difuminó.

Cuando volvió la claridad, estábamos de pie en un lugar donde parecía haber algo parecido a pantallas de cine al aire libre por todas partes. Había personas y otros seres, ángeles, etc., mirándolas. Me pregunté qué estaban viendo. En ese momento, Jesús habló:

«Aquí puedes ver cualquier cosa que quieras: cómo Dios formó la tierra, cualquier cosa de toda la historia está disponible, cosas detalladas sobre Nuestra intervención en la vida de cada uno, el trabajo de los ángeles a lo largo de los siglos, etc. Estos son los testimonios de Dios y abarcan todo el tiempo: el pasado, el presente y el futuro de la tierra y todo lo que hay en ella.

Profeta, te has preguntado qué hay que profetizar. Hay muchos Profetas que ya han profetizado... ¿Entiendes lo que YO SOY te estoy mostrando?».

Yo dije: «Creo que sí. Estás diciendo que hay una cantidad infinita de palabras proféticas y revelaciones. No hay un límite real para lo profético».

Jesús dijo: *«Sí, eso se ve así desde tu punto de vista».* (Comprendí que mi punto de vista era limitado, pero el Suyo no lo era, y que ni siquiera la palaba "infinita" que yo había usado representa lo que el Señor me estaba mostrando, sino que incluso había mucho más que yo ni siquiera podría entender).

Una vez más, el Señor habla: *«Ellos han tocado a Mi Ungido y desean algo mucho peor para él. Lo siguiente que viene es juicio. YO SOY No estoy complacido, y el destino de aquellos alineados contra Mi Trompeta será aún peor de lo que puedan imaginar. Para aquellos que lo han tocado, aunque sean completamente ignorantes, su destino ya está sellado. Y para aquellos que los han incitado a esto y han financiado esta farsa, son completamente malvados, irredimibles y condenados. Así sea, dice el Gran YO SOY».*

Por Tiffany Root y Kirk VandeGuchte

El Fin Está Cerca: Siente el Viento del Espíritu – 9 de abril de 2023

«Tiffany, el fin está cerca. ¿Puedes oír el sonido de Mi trompeta? ¿Puedes sentir el viento del Espíritu? ¿Puedes ver que está siendo derramado? ¿Puedes sentir la presión? ¡Pronto se derramará a plena fuerza sobre toda carne! Todos los que lo deseen a Él serán Sus portadores hasta las partes más lejanas de la tierra.

Las rocas se partieron y los muertos volvieron a la vida con la muerte y resurrección de Mi Hijo. ¿Cuánto más ocurrirá lo imposible en estos últimos días con el derramamiento de Mi Espíritu, lo que se denomina «la Lluvia Tardía»? YO SOY No me estoy conteniendo cuando Él se derrama a plena fuerza. ¡La tierra temblará como nunca antes, mientras la oscuridad huye, la justicia prevalece, la rectitud se establece y el amor es expresado a través de la fe! Amén».

Sueño: Mujeres Musulmanas Embarazadas del Evangelio – 9 de abril de 2023

En un sueño, yo (Tiffany) veía a través de los ojos de una mujer que parecía como si hubiese sido Musulmana, o yo tenía la idea de que ella solía ser Musulmana. Estaba con un hombre y ella llevaba un pañuelo o velo rosa transparente con algo escrito, con el que se cubría y descubría la cara continuamente. Luego, ella y el hombre envolvieron sus cabezas juntos, con la espalda de ella dando al frente de él. Él puso las manos delante de ella y ella las besó. Luego él le tocó la cintura y supieron que se casarían. Después de esto, tuvieron que entregar el nuevo manual para fundar iglesias a alguien más. Tuve la idea de que ese «alguien más» serían los Amish.

El Espíritu Santo dice que la mujer Musulmana del sueño representa a todas las mujeres Musulmanas. El hombre representa a Jesús. Él la tocó y ella está embarazada del evangelio. Los Musulmanes se convertirán a Cristo a través de las mujeres.

También entendí que los Amish les seguirían de cerca.

Salmo 91 Hoy, 21 de abril de 2023

Salmo 91

El que habita en el lugar secreto del Altísimo

Vivirá bajo la sombra del Todopoderoso.

Diré del Señor: «Él es mi refugio y mi fortaleza;

Mi Dios, en Él yo confiaré».

Ciertamente Él te librará del lazo del cazador

Y de la pestilencia peligrosa.

Él te cubrirá con Sus plumas,

Y bajo Sus alas hallarás refugio;

Su verdad será tu escudo y tu protección.

No temerás el terror de la noche,

Ni la flecha que vuele de día,

Por Tiffany Root y Kirk VandeGuchte

Ni la pestilencia que ande en la oscuridad,

Ni la destrucción que devaste al mediodía.

Pueden caer mil a tu lado,

Y diez mil a tu mano derecha,

Pero a ti no se acercará.

Solo con tus ojos mirarás,

y verás la recompensa de los impíos.

Porque has puesto al SEÑOR, quien es mi refugio,

Incluso al Altísimo, por tu morada,

Ningún mal te sucederá,

Ni plaga alguna se acercará a tu morada;

Porque Él dará órdenes a sus ángeles acerca de ti,

Para que te guarden en todos tus caminos.

En sus manos te sostendrán,

Para que tu pie no tropiece con piedra alguna.

Pisarás al león y a la cobra,

Y pisotearás al leoncillo y a la serpiente.

«Porque él ha puesto su amor en Mí, por eso yo lo libraré;

Lo pondré en alto, porque ha conocido mi nombre.

Él Me invocará, y YO le responderé;

YO Estaré con él en la angustia;

YO Lo libraré y lo honraré.

YO Lo satisfaré con larga vida,

Y YO le mostraré Mi salvación».

«Profeta, este salmo, escrito hace tanto tiempo, fue escrito para ti y para otros como tú. Es de naturaleza profética, ya que yo te vi a ti y a los demás que vendrían a Mí durante este tiempo. YO SOY Amo a aquellos que toman el nombre de mi Hijo para sí mismos y viven de acuerdo con Su Espíritu. Su gran amor no puede separarse de Mi amor; es uno y el mismo. Toda la Ley, los Profetas y los Padres esperaban con ansias Su tiempo. En verdad, todo el cielo ha esperado con ansias el momento cuando Mi Hijo reclame Su premio y Satanás inevitablemente reciba el suyo.

Algunos atribuyen mucha complejidad y sabiduría a Satanás. Analizan y, de hecho, reflexionan mucho sobre su plan: cómo conoce las cosas, la tecnología, el tiempo y otras cosas supuestamente místicas. Yo Soy dice: No perdáis vuestro tiempo en estas cosas. Satanás es un perdedor cuyo final es el lago de fuego para siempre. Cualquier cosa que aprendáis sobre él es una pérdida de tiempo y no os dará ningún crédito a vuestra cuenta.

Hay otras cosas que se considerarán como maleza, heno y paja. Son el miedo, la preocupación, las acusaciones, el juicio humano y toda la «sabiduría» del mundo. ¡Yo Soy nunca ha defendido estas cosas! ¡Esta «sabiduría» es terrenal y demoníaca!

¿Cuántas veces tengo que decir: «No temáis»? Por lo tanto, ¡no escuchéis a aquellos que tratan de infundir miedo! ¡No hablan en Mi nombre! ¡Yo soy un Redentor! Tomo lo malo y hago que trabaje para el bien de aquellos que Me aman y trabajan de acuerdo con Mis propósitos, ¿recordáis?

¿Qué narrativa estáis siguiendo? ¿De verdad creéis que enviaría a Mi único Hijo para reconciliar al mundo Conmigo, enviaría Mi Espíritu para que viviera en vosotros, os daría todas las ventajas que puedo daros, SÍ, he dicho todas las ventajas, y luego permitiría

que Satanás deshiciera por completo todo lo que Yo he hecho? Si eso es lo que creéis, entonces habéis aceptado una teología de «los tiempos del fin» que es una doctrina de demonios.

¡YO SOY Estoy proporcionando redención, salvación, sanación y liberación! ¡YO Soy bueno, pueblo Mío! ¡Mi fuerza es inigualable! ¡YO Soy capaz de crear cualquier cosa o destruir cualquier cosa con un susurro! ¿Por qué algunos de vosotros os habéis inclinado ante un ser creado? ¿Ante un mentiroso y un ladrón, uno que arruina todo lo que toca? ¿Por qué? Amén».

Ángel sobre Rusia – 28 de abril de 2023

Yo (Kirk) fui llevado hoy a un lugar en lugares celestiales, un lugar muy por encima de la tierra. Me encontraba en medio del cielo con el Señor y miraba hacia abajo, a la tierra. El Señor me había llamado para que fuera allí con Él. Parecía que estábamos esperando a alguien.

Mientras observaba la tierra girando debajo de nosotros, yo también debía estar moviéndome. Vi el océano Atlántico. Luego apareció a la vista Europa. Después, Rusia. Entonces, cuando Rusia estaba completamente a la vista, vi un gran ángel viniendo. Él iba en un caballo rojizo y vestía una túnica blanca con una faja roja. Parecía tener gran autoridad. He visto a Miguel y Gabriel un par de veces, y este ángel parecía tener la misma autoridad que ellos.

Cuando se detuvo cerca de nosotros, me volví hacia el Señor y le pregunté, con cierta incredulidad, si este gran ángel estaba sobre Rusia (en autoridad). El Señor dijo "Sí", que lo estaba. Le dije que nunca había oído nada bueno que viniera de Rusia. Ninguna de las voces proféticas habla bien de Rusia tampoco. Algunos han insinuado que Putin puede que no sea tan malo como lo pintan, pero eso es lo más cercano a un cumplido que he oído.

El ángel dijo: «*Profeta, si eso es lo que crees, estás creyendo una mentira. Puede que sea atractivo en lo que respecta al patriotismo, pero es una mentira*».

Me volví y miré al Señor en busca de confirmación. Él simplemente asintió con la cabeza, de acuerdo con el ángel.

El ángel volvió a hablar: «La realidad es todo lo contrario de lo que te han dicho o te han hecho creer. Rusia ha estado, y lo está ahora, trabajando <u>conscientemente</u> por el bien de los Estados Unidos».

Me quedé simplemente asombrado y solo dije: «¡No puede ser! ¡Se nos ha dicho exactamente lo contrario!». Miré y el Señor confirmó lo que decía el ángel.

El ángel volvió a hablar: «*Profeta, mira quién se opone a los globalistas y mira a quién odian y maltratan. No te dejes engañar por la propaganda, ni siquiera por la propaganda patriótica*». Continuó diciendo: «*Es cierto que Rusia también está actuando en su propio interés, pero también por cuenta de los Estados Unidos*».

Hubo una pausa y el ángel volvió a hablar. «*Profeta, he estado muy ocupado en Rusia y los países vecinos. Ellos han respondido muy bien a mi trabajo. En poco tiempo, se comprometerán a enviar equipos de misioneros a los Estados Unidos para ayudar a completar el Gran Reinicio*».

Para entonces, ya creía lo que decía, ¡pero guau! Entonces oí al Señor decir: «*Ven, es suficiente por ahora*». Y estaba de vuelta en la oficina. Amén.

Por Tiffany Root y Kirk VandeGuchte

Visión en Tiempo del Gran Reinicio de Dios – 12 de mayo de 2023

Yo (Kirk) soy llevado en espíritu adelante en el tiempo.

Veo campos con cultivos parcialmente crecidos. Se ven muy hermosos. Hay hileras e hileras de diversos tipos de plantas. Mientras miraba, me preguntaba si estos cultivos eran transgénicos o no, o si tal vez habían sido rociados con herbicidas o pesticidas. Se veían tan perfectos -todos verdes, sin malezas ni otras variaciones- ¡simplemente hermosos! Entonces escuché la voz del Señor: «*Profeta, mira lo que se puede hacer sin envenenar el agua, la tierra o los alimentos que comerá la gente*».

Yo solo exclamé: «Pero, ¿cómo, Señor?». Miré a mi derecha y allí estaba el Espíritu Santo en forma de hombre.

Entonces Él dijo: «*Todos los cultivos del mundo se cultivan ahora bajo los mismos principios guía. El primero es que todo lo que se produzca debe ser saludable para el consumo y también debe cultivarse de manera que beneficie a la tierra*».

Entonces mi mente fue a cuánta supervisión se necesitaría para controlar todos los productos del mundo. De nuevo, el Espíritu Santo habló: «*Se requiere muy poca supervisión. La gente del mundo ha escapado de la codicia por más riquezas, cada vez más y más. Los agricultores ahora cultivan y producen para el beneficio de todos. Esa es su mentalidad. Pero como resultado de ello, en realidad producen más y de mejor calidad, ¡y se les paga mejor que nunca! Sus clientes buscan calidad y se preocupan mucho por su salud y bienestar, y el de sus familias. Están dispuestos a pagar más por lo que desean*».

Lo siguiente que supe es que estaba de pie en el aparcamiento de lo que parecía un taller de reparación. Miré a mi alrededor, pero parecía estar solo. Había una puerta basculante abierta y sentí la necesidad de caminar hacia ella. Al entrar, vi varios vehículos. Tenían un aspecto muy diferente al que yo estaba acostumbrado. Eran de líneas muy puras y lisas, e incluso parecían deportivos. Una voz dijo: «¿Puedo ayudarle?».

Le dije que solo estaba admirando los vehículos y que no estaba muy familiarizado con ellos. Un señor mayor se acercó a mí y me tendió la mano. Se la estreché y entablamos conversación. Me dijo que los vehículos que había en el taller eran muy diferentes de los de tecnologías antiguas. Se dio cuenta de que estaba interesado, pero que no tenía ni idea de lo que estaba viendo. De manera muy amable y paciente, me describió cómo había cambiado tanto el transporte. Dijo que la fuerza motriz de este cambio era la honestidad. Todo lo que pude decir fue: «¿De verdad? ¿Cómo ha cambiado la honestidad toda una industria?».

Él respondió: «Bueno, la honestidad realmente ha cambiado todo el mundo, pero en lo que respecta al transporte, ahora la gente busca un producto que se adapte a sus necesidades y que se fabrique de forma ética y saludable. No es solo la economía o el orgullo lo que determina lo que la gente compra. El objetivo es beneficiar a los demás (desde las materias primas hasta el producto final) y utilizar con cuidado lo que la tierra nos da en forma de materiales con los que trabajar».

A continuación, me encontraba frente a un hospital. Era de tamaño medio o más pequeño de lo que estaba acostumbrado. «Dudo que te puedas perder dentro», pensé. Estaba solo otra vez. Me acerqué a las puertas dobles y entré. Justo al pasar la puerta, había una persona que me saludó y me preguntó si necesitaba ayuda para encontrar a alguien. Le respondí: «No, pero nunca he estado aquí. ¿Puedo echar un vistazo?».

Ella me dijo: «Claro, entonces me gustaría hacerle una visita guiada». Así que nos adentramos en el edificio y, al hacerlo, pasamos por delante de todo tipo de equipamiento para hacer ejercicio: pesas, bicicletas estáticas, cintas de correr, etc. Le pregunté si también había un gimnasio allí.

Me respondió que no, que se esperaba que los «pacientes» hicieran ejercicio mientras estaban allí. Era el procedimiento habitual. (Actuó como si yo debiera saberlo). Mientras seguíamos caminando, llegamos a una habitación, entramos y ella se volvió hacia mí y me dijo simplemente que era una habitación estándar para pacientes. Miré a mi alrededor. Había una cama en un extremo de la habitación, un sofá muy bonito y un par de sillones. Tenía el aspecto de una sala de estar muy cómoda. Me dijo que también tenían camas supletorias por si alguien quería pasar la noche con el paciente. ¡Me impresionó mucho lo acogedor y relajado que era el ambiente allí!

Pregunté por el personal, ¿dónde estaba todo el mundo? Susan (así se llamaba) respondió con otra pregunta: «¿Quién esperabas que estuviera aquí?». Entonces le pregunté por el personal de seguridad, los médicos y las enfermeras.

Salimos de la habitación y ella me señaló a un médico. También me señaló a varios miembros del personal y me dijo cuál era su especialidad. Pero todos vestían ropa de calle y, a menos que leyeras sus tarjetas de identificación (que eran muy discretas), no podías saber cuál era su profesión. Luego dijo que no necesitaban personal de seguridad.

Hice algunas preguntas más. Por lo que pude deducir tras mis preguntas, en realidad había muy pocos hospitales y los que existían se utilizaban poco porque la gente rara vez los necesitaba.

De repente, me encontré en una tienda de comestibles, aparentemente en la sección de productos agrícolas. Mientras miraba, pensaba en lo ENORME que era esa sección. La mayor parte del espacio de la tienda estaba ocupado por productos frescos. Mientras caminaba por allí, me di cuenta de que la gente era educada y no tenía prisa, y no vi ningún teléfono móvil.

La sección de alimentos procesados también era diferente. No vi nada que me resultara familiar. Algunos de los nombres de los envases me sonaban, pero el embalaje era diferente. No había nada que dijera «orgánico» o «bajo en grasas» ni cosas por el estilo. Cogí lo que me pareció un paquete de sopa. Busqué la lista de ingredientes. Solo ponía el contenido de la sopa, como «patatas, judías», etc. No había nombres químicos extraños ni conservantes.

Seguí caminando y vi una zona de la tienda donde la gente estaba sentada charlando con tazas en la mano. Era una cafetería y tetería, y era gratis. Así que le pedí a la persona que trabajaba allí una taza de té. Había muchos tipos, así que señalé uno que parecía bastante sencillo. Lo cogí y me senté. Miré a mi alrededor y me sentí fuera de lugar, no incómodo ni nada por el estilo, pero todo era muy diferente.

En ese momento, una joven se acercó a mí y me preguntó si podía sentarse en la mesa en la que yo estaba. Le dije que sí y se sentó en diagonal frente a mí. Me pareció extraño que se le ocurriera hacer eso, siendo yo un hombre y mayor que ella. Luego me preguntó mi nombre y yo le pregunté el suyo. Se llamaba Joy. Empezamos a hablar y me sorprendió lo relajada que estaba mientras hablaba conmigo. Era como si nos conociéramos de antes o algo así. Así que le pregunté si era seguidora de Jesús. Ella respondió: «Bueno, sí, claro», y me miró como diciendo: «¿De dónde eres?». No creí que debiera decirle que en realidad vivía en el pasado, así que le dije que había estado en una zona remota durante mucho tiempo. ¿Podría contarme qué había pasado mientras yo estaba fuera?

Me preguntó si sabía quién era Donald J. Trump. Le dije que sí, que sabía de Él. Ella continuó: «Bueno, se habla del mundo como «antes de Trump y después de Trump». Él trajo un gran cambio al mundo. Fue el siervo ungido por Dios para traer el cambio al mundo por el que Jesús pagó. Este cambio se llama el Gran Reinicio de Dios, y fue tan dramático que cambió a personas de todo el mundo. La honestidad y la justicia nunca más se darán por sentadas. La gente sigue estudiando qué sucedió exactamente y todavía se sorprende al descubrir lo corruptos, injustos y crueles que eran los seres humanos entre sí antes del reinicio. Pero todos comprenden que fue Satanás quien estuvo detrás de todo. Todos nosotros, toda la gente del mundo, hemos decidido no permitir que eso vuelva a suceder. Cuando todos los malvados fueron eliminados, esa decisión fue fácil». Amén.

Departamento de Justicia de Trump 16 de mayo de 2023

Yo (Tiffany) soñé que el Departamento de Justicia de Trump era uno solo y cohesionado entre departamentos.

Interpretación del Espíritu Santo:

Así será. Trump toma las cosas que son complejas y las simplifica. Despeja la mesa, empieza de nuevo y lo simplifica todo. No habrá un montón de grupos como la TSA, el DHS, el FBI, la CIA, y así sucesivamente. Será el Departamento de Justicia, o como quiera llamarlo Trump, pero será uno solo.

Todos Esperando a los Apóstoles y Profetas – 17 de mayo de 2023

«Todo el cielo y la tierra esperan que se levanten Mis gloriosos. Parecerán trabajadores comunes porque servirán a todos y elegirán a las personas con menos probabilidades para ayudarlos, tal como lo hace Dios. Todos han estado esperando, y parece que los apóstoles y profetas han llegado tarde, pero no es así. Llegan justo a tiempo para preparar y entregar la comida del Señor».

Todos Deben Elegir: el Árbol del Conocimiento del Bien y del Mal o el Árbol de la Vida – 19 de mayo de 2023

Hoy yo (Kirk) veo a Jesús en una visión. Él me tiende las manos y me dice: «*Ven*». Me acerco a Él y me toma de la mano derecha. Tan pronto como nos tocamos, estamos caminando por un campo cubierto de hierba con árboles esparcidos. Mientras caminamos, el Señor se vuelve hacia mí y comienza a hablar. «*Profeta, Yo Soy te ha estado dando «palabras» y visiones sobre el futuro y también sobre las decisiones que la gente debe tomar. Esas decisiones han sido las mismas desde que el mundo se pobló con hombres, desde Adán y Eva*».

Mientras hablaba, nos acercamos a una zona más boscosa. Entramos en el bosque y seguimos un sendero. Después de un corto trayecto, había un claro. Pensé que ya había estado allí antes, pero parecía un poco diferente. En ese momento, Jesús volvió a hablar.

«Sí, ya has estado aquí antes, pero como habrás notado, nos gusta el cambio. Aquí en el cielo nada muere, pero todo cambia. La vegetación crece; las cosas cambian».

En ese momento vi un árbol familiar en una zona bastante abierta. Los frutos grandes y colgantes lo delataban. Y el Señor dijo: *«Sí, tienes razón. Este es el Árbol del Conocimiento del Bien y del Mal, el mismo que has visto antes».* El fruto de este árbol era tan tentador como lo recordaba, muy grande y de un rojo brillante. Parece perfecto y bueno, pero sé que no debo comerlo.

Jesús vuelve a hablar: *«Sí, profeta, sabes que no debes comerlo, pero hay otros que ven lo fácil que es recogerlo y lo bonito que es. Ellos creen en sí mismos. Piensan: «Bueno, solo un bocado, o uno de los frutos, y luego me alejaré de él y no volveré a comerlo». Pero este fruto es tan tentador que perseguir el conocimiento y el aprendizaje se convierte en un hábito que, una vez desarrollado, aleja incluso a aquellos que tienen Mi Espíritu dentro de ellos. Es muy peligroso, ¡en realidad, una pendiente resbaladiza! El conocimiento, entonces, es como una droga a la que uno se vuelve adicto, y cada vez se necesita más. Entonces, cuando se alcanza una gran cantidad de conocimiento, esta persona comienza a creer que sabe lo que es bueno y lo que es malo, pero no es así».*

Caminamos más allá del Árbol del Conocimiento del Bien y del Mal, a través del bosque, hasta que llegamos al Árbol de la Vida, tal y como habíamos hecho en otra visión. Jesús se detuvo, al igual que yo, y miramos el árbol. No era tan atractivo ni como árbol ni por su fruto. El fruto era de color verde, estaba fuera de nuestro alcance y era mucho más pequeño que el fruto del Árbol del Conocimiento del Bien y del Mal. Una vez más, sentí hambre mientras mirábamos el Árbol de la Vida. El Señor dijo: *«Adelante, Profeta, come».*

Así que trepé al árbol lo mejor que pude y cogí uno de los frutos. El descenso fue más difícil porque llevaba el fruto en la mano, pero al final lo conseguí. Cuando mordí el fruto, me vinieron recuerdos de haber estado allí y haber comido este fruto. Una vez más, tuve que masticar mucho y, aun así, a veces me costaba tragarlo. Empecé a sentirme lleno después de comer solo una parte del fruto, pero también sabía que tenía que comerlo todo para obtener algún beneficio. Cuando terminé, me sentí mejor que nunca había estado, tanto mental como físicamente. ¡Vaya! ¡Y estaba muy satisfecho!

Jesús volvió a hablar: «¿*Cómo te sientes, Profeta?*». Le respondí que me sentía increíble.

Jesús respondió: «*Se necesita fe para comer esto, Mi fruto, porque no tiene la aparente bondad de su aspecto, y no está al alcance de la mano ni es fácil de obtener con la fuerza del hombre. Uno debe ser llevado a desearlo por Mi Espíritu, pero Él es un Caballero y no obligará a nadie. Él, el Espíritu, desea que todos coman de este fruto, pero muchos eligen seguir las mentiras en lugar de la verdad, que está disponible gratuitamente. Otros lo posponen para poder divertirse. Pero al postergarlo, han tomado su decisión. Otros más se dejan engañar por la religión y confían en el fruto del Árbol del Conocimiento del Bien y del Mal. Mi Espíritu los llama, pero lo único que ven es el fruto atractivo y fácil de alcanzar con su propio esfuerzo, y se enfadan si alguien intenta decirles lo contrario.*

Por lo tanto, ¡todos DEBEN elegir! Si no eligen, han elegido. El camino a la destrucción es fácil, y muchos lo eligen. Mi camino es menos atractivo y más difícil. Pocos lo encuentran y aún menos lo eligen. Amén.

Sueño: Cura Fácil para Muchas Enfermedades – 24 de mayo de 2023

Yo (Tiffany) soñé que había un par de niños que tenían sarampión, así que se quitaron las camisetas y salieron al sol. En cuatro horas se curaron. El sol había matado el sarampión.

Interpretación del Espíritu Santo:

No es necesariamente que exponer el sarampión a la luz del sol lo mate, sino que he estado pensando que hay curas fáciles para muchas enfermedades, y el Señor me dice que tengo razón. Hay curas fáciles para muchas enfermedades. Estas serán traídas a la luz durante el Gran Reinicio de Dios.

Visión de un Ritual en una Duna de Arena – 26 de mayo de 2023

Hoy yo (Kirk) le pregunté al Señor si tenía algunas «palabras» o visiones para mí. Él dijo que sí, y luego me dio instrucciones específicas sobre lo que debía hacer para prepararme. Esto me resultó extraño e implicaba hablar primero con Él y luego prepararme escuchando de nuevo lo que Él tenía que decirme para prepararme para la palabra/visión. Después de un rato, me preguntó si creía que estaba listo. Le dije que creía que sí, pero me preguntaba si realmente lo estaba debido a los extraños preparativos.

Entonces me encontré en una especie de desierto por la noche y solo. Sentí que debía empezar a caminar. No era fácil caminar por la arena, pero no sentía que tuviera prisa, así que seguí subiendo y bajando las dunas, hasta que empecé a ver árboles, clases de árboles familiares: robles, arces y también algunos pinos. Seguía siendo arena, y me pregunté si el «desierto» era en realidad arena de playa, pero no veía ni oía agua ni olas. Mientras miraba a mi alrededor, noté una tenue luz que provenía de entre un par de dunas. Reduje el paso y miré sigilosamente por encima de la duna hacia el valle.

Había un fuego y gente a su alrededor. Algunos estaban cerca de él y otros formaban un círculo exterior, como si estuvieran observando un ritual o algo así. Retrocedí un poco y me acerqué para poder ver mejor. Al hacerlo, me di cuenta de que había guardias, y parecían llevar uniformes, como uniformes militares o algo así. Me acerqué sigilosamente y no me vieron en absoluto. Era como si fuera invisible para ellos. Llegué a un punto de observación que estaba bastante cercano y miré hacia abajo para ver lo que estaba pasando.

Mientras observaba, de repente supe que se trataba de algún tipo de ritual satánico. Algunas personas llevaban túnicas extrañas. Otras estaban completamente desnudas. Estaban haciendo cosas indescriptibles con un bebé, y también había una mujer joven atada. También reconocí a muchas de las personas. Los Clinton y los Obama, por nombrar algunos. Pero había otros que nunca hubiera sospechado que fueran satanistas, y también estaban participando. Reconocí a muchas personas, pero no sé sus nombres. No puedo escribir lo que estaban haciendo. ¡Basta con decir que «matar, robar, destruir» estaba a la orden del día! No pude seguir mirando. Me alejé.

Mientras caminaba por la arena, de repente, el SEÑOR se unió a mí. To estaba llorando por lo que había visto. Caminé hacia el Señor y lo rodeé abrazándolo con mis brazos. Él también estaba llorando, así que nos abrazamos y lloramos durante un rato. Después de un rato, nos soltamos, nos miramos y comenzamos a caminar de la mano. Dejé que todo lo que había visto y oído saliera de mí. Él lo aceptó todo con gestos y sin decir una palabra. Después de unos minutos, me di cuenta de lo bien que me sentía, como si me hubieran quitado un peso de encima. Miré a Jesús y vi una lágrima en Sus ojos. De repente me di cuenta de que Él había cargado con todos los pecados de la humanidad, ¡con todos!

Nos detuvimos y nos volvimos el uno hacia el otro. Lo miré a Él. Esta vez, cuando lo miré, sus ojos parecían una llama azul, y habló y dijo: «*Profeta, YO SOY lamento que hayas tenido que ver esto. Sin embargo, tú la gente debéis saber a qué os enfrentáis. Debes decirles de qué están siendo salvados*».

Entonces, mientras continuaba hablando, ¡sentí cómo la ira se apoderaba de Él! Sentí la hoja ardiente de la espada de doble filo, palabras afiladas que atravesaban el corazón y el alma y llegaban hasta lo más profundo de mi ser. ¡Hablaba de Su recompensa y del juicio que caería sobre los malvados! Pero esas palabras afiladas me atravesaron. No había lugar donde pudieran aterrizar esas palabras en mí porque yo estaba cubierto por Su sangre, ¡justo y santo para el Señor de todo! Amén.

(Resulta que los preparativos previos eran necesarios debido a la dificultad de la visión).

El Sentido de la Vida – 27 de mayo de 2023

«*YO SOY la Vida misma, y fuera de Mí no podéis encontrar vida. Aquellos que buscan el sentido de la vida fuera de La Vida nunca lo encontrarán. Aquellos que buscan el sentido de la vida en Mí ya*

han encontrado el Camino, la Verdad y la Vida, y no necesitan buscar más.

Aquellos que buscan el sentido de la vida fuera de Mí solo encuentran lo que más les gusta a sus mentes retorcidas. ¿Qué son estas cosas comparadas con la eternidad? Y si no hay eternidad de vida, ¡entonces han encontrado algo temporal para comenzar una eternidad de muerte!». Amén.

Pecado y Religión – 27 de mayo de 2023

«¿Por qué los hombres, especialmente los religiosos, le dan tanta importancia al pecado: definiéndolo, trazando cómo se llega a cada pecado, creando leyes, reglas y principios para evitar pecar, formando un sistema de creencias en torno a un pecado percibido y dividiendo a la iglesia para evitar participar en una práctica que se ha considerado pecaminosa? ¿Acaso el YO SOY no os ha mostrado que esta práctica de seguir la «Ley» no funciona? ¿Acaso no he dicho que el Espíritu os guiará a toda verdad (justicia)? ¿Acaso no se cumple la Ley en aquellos que no andan según la carne, sino tras el Espíritu?

Entonces, ¿por qué es tan difícil abandonar el Antiguo Pacto y simplemente seguir a Mi Espíritu? Eso es porque Satanás es un legalista. Sin Ley, no hay transgresión, ni acusación, ni culpa, ni condenación. Es por esa razón que el enemigo debe mantener viva la ley del pecado y la muerte. Porque cuando el Espíritu de Dios libera a los hombres, el enemigo se ve limitado en lo que puede hacer.

Por lo tanto, cuando la religión (Satanás) se infiltra en vuestra «iglesia», está siendo preparada para el fracaso por vuestro enemigo. ¡No caigáis en la trampa de las leyes, las reglas y los principios rápidos y fáciles! ¡Es el Espíritu de Cristo el que da vida! ¡Libertad! Así que, caminad en el Espíritu y vivid por fe». Amén.

El Gran Engaño – 2 de junio de 2023

«Profeta, escribe: Tan pronto como Jesús dijo: «Está consumado», y Satanás supo que era cierto, que había sido derrotado, entonces comenzó. Primero, intentó acabar con la nueva «iglesia». Cuando eso no funcionó, él le incorporó la religión. A partir de ahí, comenzó a trabajar en el Gran Engaño. Así pues, este Gran Engaño tiene que ver con la iglesia institucional u organizada, pero eso por sí solo no es el cuadro completo.

En la iglesia institucional, o en la religión misma, Satanás ha utilizado principalmente el engaño para llevarla a donde él deseaba que fuera. Este engaño utiliza principalmente la Biblia para lograr sus objetivos. Es cierto que la Biblia contiene la verdad; sus palabras fueron inspiradas por Dios. Sin embargo, Satanás es un legalista y, al igual que un abogado hábil empeñado en el mal puede distorsionar y moldear una buena ley para convertirla en algo que nunca se pretendió que fuera, Satanás también se propuso hacer lo mismo con las Escrituras. Ha inspirado a los eruditos para que, usando un poco de verdad, escriban cosas que parecen correctas y lógicas en apariencia, pero que conducen a cosas que el Señor nunca quiso que fueran.

Satanás ha tenido mucho éxito en alejar las doctrinas y las teologías del verdadero Cristo, alejarles de escuchar la voz de Dios, e incluso ha llevado a la iglesia institucional a creer que no se puede escuchar la voz de Dios y que no se debe intentar hacerlo. Se promueve la relación con un libro (la Biblia) como «el camino», y que el conocimiento es la clave. Así que, ¡estudia la Biblia para siempre y no te involucres con los locos que escuchan a Dios y practican señales y prodigios! Satanás sigue promoviendo el Árbol del Conocimiento del Bien y del Mal. Este es, pues, el Gran Engaño de la Iglesia.

Ahora, pasemos al Gran Engaño. El Gran Engaño funciona en conjunción con el engaño de la iglesia. En su forma más básica, es simplemente conocimiento. Sin embargo, hay otras cosas involucradas, y estas, en términos más simples, podrían llamarse sabiduría, sabiduría humana. Para que este engaño funcione, las personas deben creer que son básicamente buenas. Esta creencia se opone a las palabras de las Escrituras que dicen: «El que cree en Él no es juzgado; el que no cree ya ha sido juzgado, porque no ha creído en el nombre del Hijo unigénito de Dios» (Juan 3:18 NASB).

La marca de bondad humana de Satanás cuestiona las intenciones de Dios hacia el hombre. «Bueno, si Dios es bueno, ¿cómo puede Él verme a mí como malo?». O «¿Cómo puede un Dios bueno permitir estas cosas malas?». Al cuestionar a Dios de esta manera, este sistema de creencias no necesita a Dios, lo rechaza y decide que el hombre es, entonces, la bondad suprema en la tierra.

¡Y así entra en escena el pensamiento progresista! Ahora, los adheridos a este sistema comienzan a hacer todo tipo de afirmaciones sobre lo que todo el mundo debe creer que es verdad. Y lo que la gente ha sabido y entendido desde el amanecer de los tiempos es desechado.

Ahora el hombre está en control de lo que es verdad. Las iglesias que no pueden oír la voz de Dios ahora adoptan esta «lógica» en mayor o menor grado porque ya no están cimentadas en la piedra angular, y los Apóstoles y Profetas no traen revelación ni profecías para construir un buen fundamento con Cristo como pieza central.

Pero el Señor dice hoy: «Abrid los ojos y veréis cómo desmantelo todo lo que Satanás ha hecho. ¡TODO! ¡El engaño está llegando a su fin AHORA!». Amén.

Jezabel – 9 de junio de 2023

Hoy el Señor dice: «*Mirad, os he mostrado el gran Engaño y el Retorcimiento de la verdad en la Iglesia. Ahora, YO SOY desea mostraros el espíritu que hay detrás de esto, tanto en el mundo como en la Iglesia.*

Ella se viste para parecer deseable, se rodea de falsos profetas y hace grandes promesas. Incluso amenaza a quienes no están de acuerdo con ella e intenta seducir a hombres o mujeres que puedan darle aún más control. Ella reivindica la autoridad, pero siempre a través de otra persona. Siempre codicia más influencia y poder, pero nunca a través de medios aceptables y directos, sino siempre mediante engaños y tácticas de seducción. Siempre es perversa y se opone a lo bueno y lo justo. Es muy ambiciosa y consigue que otros, a través de su acuerdo con ella, sean ambiciosos en la realización de sus deseos. Es despiadada y cruel y cambia su apariencia (2 Reyes 9:30) para intentar conseguir lo que quiere.

Este es, pues, el espíritu de Jezabel. Es uno de los principales actores en la iglesia y en el mundo actual. ¡Este es uno de los espíritus contra los que luchamos!

Una visión tal y como está escrita...

Veo a la esposa de un expresidente de los Estados Unidos y veo a otras dos mujeres que creo haber visto antes. Las veo en reuniones secretas siguiendo las órdenes de espíritus malévolos. Hay destellos de rituales en lugares elevados. También veo escenas fugaces de otras personas que ocupan puestos altos en el gobierno haciendo cosas para estas tres.

Luego las cosas cambian y veo miedo en los ojos de estas tres mujeres. Se reúnen, pero no como antes. Ya no son valientes, ni se ríen ni parecen alegres por el mal que están planeando. Parece, o tal vez solo lo intuyo, que están tratando de protegerse. Luego hay otra reunión entre ellas, pero solo aparecen dos. La esposa del expresidente no está en la reunión. Las dos que se reúnen parecen horrorizadas y asustadas.

Poco después, veo sus fotos y nombres en la portada de un periódico. Me cuesta leer lo que dice, y lo único que consigo descifrar es una palabra: «Ejecutadas». Eso es todo. Después de leer esa palabra, me di cuenta de que el espíritu de Jezabel había sido derrotado. ¡Ella (eso) había sido abatida!

Me senté, dando gracias al Señor por romper el poder de este espíritu maligno, alabándole y bendiciendo la obra que Él había hecho.

Después de esto, se produjo otra escena rápida en la que había gente confundida y algunos enfadados. La mayoría buscaba ayuda. ¡La gente del alfabeto (comunidades LGBTQ o LGBTQIA+) se dieron cuenta de que habían sido engañados y buscaban ayuda dondequiera que pudiera encontrarla! Y el Señor dijo: «*¡Es hora de ponerse a trabajar!*». Amén.

Por Tiffany Root y Kirk VandeGuchte

Misterio (y Palabra sobre los Tiempos del Fin) – 23 de junio de 2023

Hoy el Señor habla sobre los misterios.

Él dice: «*YO no SOY el Dios de los misterios. ¡YO SOY Me doy a conocer constantemente, doy a conocer mis planes a través de los Profetas, levantando a Mi Iglesia en verdad, trayendo revelación a los Apóstoles y Profetas! YO SOY el Señor Quien habla. ¿Hay alguno otro además de Mí? YO SOY el Señor, y no hay otro.*

YO SOY estoy registrado en las Escrituras describiendo los tiempos del fin de manera simple y sucinta, y sin embargo, los hombres cuyo deseo era engañar y confundir han elevado misterios, complejos y confusos, como si fueran la verdad. ¿No son las Escrituras claras?

Dios, después de haber hablado hace mucho tiempo a los padres por medio de los profetas en muchas partes y de muchas maneras, en estos últimos días nos ha hablado por medio de Su Hijo, a quien Él nombró Heredero de todas las cosas, a través del cual Él también hizo el mundo. Y Él es el resplandor de Su gloria y la exacta representación de Su naturaleza, y sostiene todas las cosas por la palabra de Su poder. (Hebreos 1:1-3a NASB)

¡YO NO SOY el Dios de la confusión! ¡Yo no uso «doble lenguaje», y YO NO SOY un hombre que mentiría!

Por lo tanto, cuando YO SOY hablé en parábolas sobre el fin del mundo, ¿no será así? (Mateo 13:24-30, 36-43, 47-52)

Pero los hombres son dados a perseguir el viento, tratando de encajar algo en sus ideas o imaginaciones a las que se entregan: mentiras del enemigo y fantasías, incluso aunque estas cosas ya hayan sucedido, tal como se había profetizado. (Es decir, tratan de encajar el libro del Apocalipsis y otras Escrituras de los tiempos del fin en sus ideas o imaginaciones, y tienen fantasías sobre tribulaciones y un rapto).

Por lo tanto, cuando veáis una gran cantidad de estudios, detalles confusos que simplemente no se pueden recordar, cosas que generan miedo, fantasías sobre escapar, entonces volved a la forma sencilla en que YO SOY ha hablado en la parábola del trigo y la cizaña o la parábola de la red de peces. ¿Podéis ver cómo hablo Yo, el Señor? De forma sencilla y directa. ¡Yo no necesito ni deseo grandes conocimientos ni estudios! «

...para que vuestros corazones sean animados, habiendo sido unidos en amor, y alcanzando toda la riqueza que proviene de la plena seguridad del entendimiento, lo que resulta en un verdadero conocimiento del misterio de Dios, que es Cristo mismo, en quien están escondidos todos los tesoros de la sabiduría y conocimiento. Digo esto para que nadie os engañe con argumentos persuasivos... Cuidaos de que nadie os cautive mediante filosofías y vanas sutilezas, según las tradiciones de los hombres, según los principios elementales del mundo, más que según Cristo. (Colosenses 2:1-4, 8)

Esto lo dice Pablo a los colosenses, pero la aplicación es clara: <u>La preeminencia de Cristo no puede ser exagerada en nuestra forma de pensar y en lo que aceptamos como verdad.</u> Él es el Camino, la Verdad y la Vida. Amén.

«*Si crees que todo sobre Mí es misterio, eso es lo único que verás, pero si crees que todo en mí es revelación, eso será lo que veas*». Amén.

Por Tiffany Root y Kirk VandeGuchte

La Verdadera Iglesia – 30 de junio de 2023

Visión dada a Kirk.

El Espíritu me lleva a un lugar donde me encuentro sentado en lo que parece ser un teatro. Está poco iluminado y creo que estoy solo allí. Me siento en silencio esperando a que suceda algo. Entonces, delante de mí, se abre el telón. Hay una pantalla de cine. Comienza una película y aparece un narrador en la pantalla. Él me parece un ángel, o me viene un pensamiento que dice que él es un ángel. La película muestra el auge del cristianismo en todo el mundo. El narrador comienza desde el principio (el Judaísmo) y recorre la época en que Jesús estuvo en la tierra. Es interesante, pero siento que realmente deseo ver algo más relevante, como un momento en el que yo pudiera ser impactado por lo que está sucediendo.

A medida que el narrador continúa, me doy cuenta de que no se trata de religión. ¡Esta es la verdadera Iglesia, esa que sigue el corazón del Señor! Mientras veo la película, llega a los años 1900 y rápidamente sigue hasta los años 2000 y siguientes. Pero los datos que se presentan están sesgados. No se parecen a lo que yo había aprendido. En los años 2000 la población de seguidores de Cristo en otras partes del mundo parece mucho mayor que en los Estados Unidos.

El presentador comienza entonces a mostrar el futuro crecimiento de los seguidores de Cristo. Aparecen puntos donde hay nuevos seguidores. La propagación parece como una matrix donde hay tantos «puntos» que el área es casi de color sólido. Además, la propagación comienza lentamente, pero ¡se construye tan rápidamente que es asombroso¡. Y lo que es realmente sorprendente es que hay muy pocos lugares en la tierra donde los «puntos» están espaciados entre sí. Creo que se me estaban mostrando iglesias, así que ¿cómo podía haber tantas?

Justo en ese momento, en la pantalla, ¡aparecen vídeos y vídeos de iglesias! Cinco, diez, veinte personas reunidas en cabañas, casas, apartamentos... ¡por todo el mundo! ¡Iglesias domésticas o en casa!

De repente, me encontré en una mesa, como una mesa de cocina. Cuando mis ojos se aclararon, ¡vi al Señor Jesús! ¡Él estaba preparando café y la habitación se llenó del aroma del café! Olía... ¡bueno, celestial! En ese momento, Él se dio la vuelta y vino a donde yo estaba sentado. Él puso dos tazas de café sobre la mesa, me pasó una y empezó a beber la otra.

«*Kirk*», dijo, «*¡me emociona volver a verte!*».

(En mi mente pensé: «¡Vaya! ¡Menudo saludo del Gran YO SOY!».

Antes de que pudiera hablar, dijo: «Oh, venga; *tú Me amas y yo te amo. Somos capaces de sentarnos y hablar*».

Sí, Él sabía lo que estaba pensando. Con voz algo nerviosa, dije: «Sí, claro», y comencé a llorar por Él. En ese momento, Él se acercó y me tocó la mano. Mi mente se aclaró y las lágrimas pararon. Una gran paz me invadió y pude hablar sin temblar. Hablamos de algunos asuntos privados y, después de un rato, pasamos a lo que Él realmente quería decirme.

Él dijo: «*Quiero que le digas a la gente que el Gran Reinicio de Dios está muy cerca. Acabas de ver un vídeo sobre cómo funcionará. El Movimiento de Iglesias Domésticas o en casa parece débil, ¡pero YO SOY te aseguro que no lo es! Mi fuerza se perfecciona en la debilidad, ¡y este movimiento es obra Mía! Mi iglesia tendrá Mi gobierno. Los ministros quíntuples serán ese gobierno. Y su único deseo será seguir Mi Espíritu en todo lo que hacen.*

Este movimiento, Mi movimiento, parecerá débil porque ninguna de las tentaciones de la iglesia institucional estarán presentes. No habrá enriquecimiento a costa de las espaldas de mis ovejas, ni clérigos de carrera. YO SOY seré la Cabeza de esta Iglesia, no los hombres. Y por eso, los hambrientos de poder también resultarán frustrados. YO SOY estoy dando un cetro de hierro a los Apóstoles y Profetas, y ellos gobernarán con justicia y amor porque YO SOY Mismo Me estoy dando a ellos.

YO SOY estoy comenzando este camino hoy, y YO SOY no me detendré hasta que haya creado el mayor ejército de creyentes que nada pueda detenerlo. Este ES, pues, el principio de la Cosecha del Fin de los Tiempos. Amén».

Expectativas – 7 de julio de 2023

Cuando esperas algo de una determinada manera, o en un momento concreto o incluso durante un plazo de tiempo, y eso no llega, existe la posibilidad de que te sientas decepcionado, frustrado, dudoso o enfadado. Este es un buen lugar para que la incredulidad se cuele. Esto se debe a que no has aprendido a separar tus expectativas de tu fe.

En otras palabras: tú nunca pensarías en forzar a Dios a hacer lo que Él hace según tus exigencias, ¿verdad? Sin embargo, ¡eso es exactamente lo que hacen las expectativas! Tú le estás diciendo al Señor que más Le vale hacer esto o aquello según tus expectativas, o dejarás de creerle.

Esto no es lo que nos parece a nosotros. Sentimos que nuestras expectativas están perfectamente justificadas. Sentimos que en realidad son fe, pero no lo son. ¡Y este enfoque de la fe no funciona!

Dios tiene que ser Dios. Él hará lo que Él quiera hacer según lo que a Él mejor le plazca.

El Señor no quiere que nuestras expectativas superen a nuestra fe.

Trump juzgando como comandante en jefe – 7 de julio de 2023

Yo (Kirk) veo una sala de tribunal, y hay un proceso en curso. Esta sala está dispuesta de forma diferente a lo que he visto en la televisión o en otros lugares. En la parte delantera y central de la sala hay una mesa de escritorio. A la derecha del escritorio hay una mesa alargada, y a la izquierda están los acusados. En el escritorio del centro hay lo que parece ser un militar muy condecorado sentado, y en la mesa de la derecha también hay militares sentados.

En ese momento, un acusado es escoltado hasta la mesa central. Se lee una breve descripción de los cargos y se presentan las pruebas que los corroboran. Los que están sentados a la mesa de la derecha hacen preguntas.

En ese momento, Donald J. Trump se acerca a la mesa del centro de la sala, se inclina ligeramente y habla con el hombre que está sentado en el escritorio. Hay una breve discusión entre los que están sentados en el escritorio. A continuación, el hombre del escritorio central toma el mazo, lo golpea con fuerza y hace un ruido fuerte. El acusado, con la cabeza gacha, es conducido fuera de la sala. Esta escena se repite una y otra vez en rápida sucesión.

Donald Trump participa en algunos juicios, pero no en todos. Entendí que actuaba como Comandante en Jefe y, como tal, tenía una influencia considerable en lo que estaba sucediendo.

Cada caso se resolvía en cuestión de minutos.

Visión: Lágrimas de Sangre Sobre las Naciones – 14 de julio de 2023

Yo, (Kirk) veo a Jesús llorando mientras observa cómo gira el mundo debajo de Él. Son los niños, el maltrato a los niños lo que le entristece. Se le llenan los ojos de lágrimas y estas caen por sus mejillas. Veo cómo las lágrimas caen a la tierra. Una cae sobre China, justo en el centro del país. Otra cae sobre la India. Una cae sobre los Estados Unidos. Otra cae sobre África, justo en el centro del continente (República Democrática del Congo) y otra sobre Kenia.

Mi atención se centra en África, y veo que las lágrimas son de sangre. La sangre de Sus lágrimas comienza a «empapar» o ser absorbida por la tierra y desaparece. Mientras observo, veo que la tierra, o el suelo, de estos países se está volviendo rojizo. Esta coloración se extiende y, poco a poco, toda África se vuelve de color rojizo. Levanto la vista y veo que los otros lugares donde han caído las lágrimas del Señor también se han vuelto de color rojizo.

Mirando de nuevo a África, veo novedad de vida y alegría en todas las personas que allí viven. Veo una nueva prosperidad y paz donde antes había conflicto. Se han construido carreteras e infraestructuras, y se viaja a lugares donde antes no se hacía. El Señor ha utilizado a forasteros, incluida China, para ayudar en estas cosas. Ellos no sabían que estaban sirviendo a los propósitos del Señor, y de hecho creían que estaban sirviendo a sus propios intereses.

Otros países similares a China se unieron en alianza con estos países «cristianos» donde las lágrimas de sangre se habían empapado y extendido, algunos de los cuales también eran países recién estabilizados en el gran continente africano gracias a la sangre redentora de Cristo. Los pueblos de este continente disfrutaron de un gran aumento en su nivel de vida, y el mundo entero fue bendecido por todo ello.

El mundo, todo el planeta, había encontrado a Jesucristo y fue bendecido más allá de toda medida por lo que había sucedido. Amén.

Rescate de niños en Arizona – 21 de julio de 2023

Hoy, mientras yo (Kirk) alababa y me preparaba para escuchar y orar, percibí un aroma del Cielo. Ahora, mientras estoy aquí sentado, vuelve a llegar en oleadas, casi desaparece y luego vuelve con fuerza. Le pregunto al Espíritu de Dios por qué estoy oliendo esto. Él responde: *«Llevarás contigo la fragancia del Cielo dondequiera que vayas»*.

Le pregunto: «¿Tiffany también?».

El Espíritu responde: *«Ella traerá el poder. Tú llevarás la fragancia»*.

De repente, estaba conduciendo un autobús turístico. Estaba en Arizona, cerca de la frontera con México, creo. Salí de la carretera principal y tomé un camino de tierra. Recorrí unos 10 km y luego giré por una pista doble y avancé otro kilómetro y medio hasta llegar a un giro lo suficientemente grande como para que el autobús pudiera maniobrar. Retrocedí unos 90 metros por donde había venido y aparqué el autobús.

Abrí las puertas y salí. ¡Vaya! ¡Hacía mucho calor fuera! Me alejé del autobús, hacia el sur, creo. Mientras caminaba, me topé con un cactus. Me aparté rápidamente, pero no me dolió. Me miré el brazo, pero no tenía ninguna herida ni espinas. Di un paso atrás para mirar el cactus con el que me había rozado el brazo. ¡Estaba lleno de espinas! Extendí la mano para tocarlo en un lugar donde no había espinas. ¡Mi dedo lo atravesó! Lo intenté con toda la mano. ¡Toda mi mano lo atravesó! Podía atravesar cualquier cactus y ni siquiera los pies se golpeaban con las piedras. ¡Atravesaban las piedras! Caminé unos 10 minutos maravillándome de este milagro por el que yo estaba caminando.

En ese momento oí algo parecido a una voz. Me dirigí hacia el sitio de donde venía. Estaba gimiendo. ¿Quizás era un niño? Di unos pasos más y me encontré con unos veinte niños, en su mayoría niñas, aunque también algunos niños pequeños. Cuando me vieron, se asustaron, pero no huyeron. Creo que estaban demasiado cansados y sedientos. Uno de ellos hablaba un poco de inglés y, al cabo de un rato, me gané su confianza. Les dije que estaba allí para rescatarlos. (En realidad no lo sabía, pero pensé que debía estar allí por eso). Les ayudé en todo lo que pude a acercarse al autobús, tratando de no pasar a través de nada para no asustarlos. Si hubieran visto mi cuerpo atravesar objetos, podrían haber pensado que era un fantasma o algo así.

Cuando llegamos al autobús, descubrí que estaba lleno de toneladas de agua y comida envasada. Así que todos comimos y bebimos, lo que hizo felices a los niños. Los subí a todos al autobús. ¡El aire acondicionado fue sorprendente! Recorrí los dos caminos de tierra hasta llegar a la carretera principal. No sabía exactamente dónde estaba ni adónde iba. Casi sentía que era como si el autobús estuviera en piloto automático, aunque yo lo conducía. Otra cosa extraña es que en el autobús todo parecía normal, como si mis manos y pies tuvieran un tacto normal y no atravesaran nada.

Conduje un par de horas y vi que se acercaba un pueblo, pero antes de llegar a él, giré de nuevo hacia el desierto por un camino de tierra. Llegué a una casa con un granero pálido y aparqué en la entrada. Salieron algunas personas y les conté lo que había pasado. Estaban encantados de ver a los niños y me dijeron que eso era lo que hacían. Reunían a los niños con sus padres. Dijeron que no tenían nada que ver con el gobierno y que se financiaban con fondos privados.

Sentí que mi papel en esto había terminado, así que volví al autobús y conduje de vuelta por el camino de tierra. No sé qué pasó con el autobús, pero de repente me encontré de vuelta en la oficina.

Amén.

Visión de Jesús con Cetro de Hierro y Dos Testigos – 28 de julio de 2023

Yo (Kirk) fui llevado a un lugar y vi al Señor de Todo sentado en un trono solitario. Su cabello era blanco. Sus ojos eran una llama de fuego alternándose con ojos marrones normales, como entre la ira y el amor. No parecía viejo, sino vigoroso y fuerte. En Su mano derecha sostenía un cetro de hierro. Tenía un mango en la parte inferior y una cruz en la parte superior. A su izquierda estaba el arcángel Gabriel y a su derecha el arcángel Miguel. Todo el aire estaba cargado de poder y había un tono bastante serio. El Señor Jesús estaba sentado como una estatua sosteniendo el cetro.

Entonces, cuando llegó el momento adecuado, Él habló. Relámpagos brillaron en todas direcciones desde el trono, seguidos por un espeso humo que se arremolinaba detrás del relámpago. Todo el lugar se llenó de humo. Yo no entendí lo que dijo, pero mientras observaba, dos personas se acercaron solemnemente al trono ante el Señor de todo.

Estos dos representaban a los Apóstoles y a los Profetas. Al acercarse, se arrodillaron simultáneamente ante el Señor. Permanecieron así durante un breve instante. El Señor se levantó de Su trono y se puso de pie ante ellos. Gabriel y Miguel dieron un paso adelante y se colocaron a los lados de los dos que estaban arrodillados, como para sostenerlos. Los dos arrodillados miraron al Señor. Los ángeles y el Señor miraron al Apóstol y al Profeta.

El Señor levantó el cetro de hierro, sujetándolo con ambas manos por el mango, y lo colocó primero sobre la cabeza del Apóstol. Cuando lo levantó de nuevo, una llama de fuego ardía sobre la cabeza del Apóstol, o tal vez por encima de ella. A continuación, se acercó al Profeta y a Gabriel e hizo lo mismo. También quedó fuego sobre la cabeza del Profeta.

El Señor y los ángeles dieron un paso atrás, y el Señor volvió a sentarse y habló. ¡Los relámpagos y el humo salían de Él, y Su poder llenaba la habitación! No pude entender lo que Él dijo debido al trueno.

El Apóstol y el Profeta se pusieron de pie, miraron al Señor durante unos segundos y luego se dieron la vuelta y se alejaron del trono. Las llamas de fuego sobre sus cabezas permanecieron mientras caminaban. Amén.

Árbol del conocimiento, Iglesias y Sabiduría – 4 de agosto de 2023

Yo, (Kirk), fui llevado por el Espíritu del Señor al jardín otra vez. Otra vez caminaba con el Señor por el ya familiar sendero que pasaba por el Árbol del conocimiento del bien y del mal y llegaba hasta el Árbol de la vida. Esta vez me sentí más preparado y realmente no me sentí tentado al acercarnos al Árbol del Conocimiento del Bien y del Mal. De nuevo nos detuvimos y contemplamos el Árbol del Conocimiento con sus frutos colgando a baja altura, grandes y tan atractivos y fáciles de recoger debido a su naturaleza de baja altura.

En ese momento, el Señor dijo: «*Este árbol desafía a los hombres por sabiduría. El fruto de este árbol es más grande, más atractivo y más abundante que el del Árbol de la Vida. Se puede recoger fácilmente y sabe mejor que el del Árbol de la Vida. Por lo tanto, desde un punto de vista terrenal, sería sabio elegir este árbol en lugar del Árbol de la Vida.*

¿Te has dado cuenta de que la estrategia del enemigo es imitar Mis caminos, pero hacerlos más atractivos, más fáciles y que sus caminos no implican ninguna responsabilidad? El amor, por ejemplo, implica compromiso y muchas otras virtudes, incluido el darse el uno por el otro. La forma de «amar» de Satanás implica tomar, usar y darse placer a uno mismo sin compromiso.

La «iglesia» que se llama a sí misma por Mi nombre ha elegido el camino del Árbol del Conocimiento del Bien y del Mal. Su «fruto» es el fruto de los esfuerzos de los hombres. Ella da, pero a sí misma. No hay amor verdadero, solo compararse con otro miembro, del cual el que hace la comparación siempre es mejor. El también llamado «fruto» de esta «iglesia» es terrenal, demoníaco. Esta iglesia está llena de orgullo y engaño, y YO SOY ME OPONGO a ella.

¡Mi Iglesia me sigue a Mí! Mi Iglesia no es perezosa, sino que elige hacer el trabajo que Yo SOY les pone delante. Aparecer solo una o dos horas a la semana ¡es aborrecible para ellos! Mi Iglesia solo tiene ojos para Mí y no se preocupa por lo que otros están llamados a hacer, a menos que necesiten ayuda, en cuyo caso están más que dispuestos!

Luego hizo una pausa antes de volver a hablar: «*Una «iglesia» que sigue una doctrina de demonios es muy fácil de localizar. Se sirve a sí misma, está centrada en sí misma, absorta solo en sí misma, tendrá programas para entretenerse a sí misma, los miembros hablarán de «la iglesia, la iglesia, la iglesia» o «el pastor, el pastor, el pastor» hasta lo nauseabundo, ¡pero Mi nombre nunca aparece! Ponen gran énfasis en los diezmos y las ofrendas, porque esta es la fuente de todo lo que hace esta «iglesia». YO SOY no estoy asistiendo a estas «iglesias», ¡y vosotros tampoco deberíais hacerlo!*». Amén.

El Ministerio Quíntuple Activo en Gobierno – 9 de agosto de 2023

El Señor: «*¿Qué lleva a los hombres a pecar?*».

«Supongo que es un deseo fuera de Ti».

El Señor: «*En Mi Gran Reinicio, los hombres no desearán cosas ajenas a Mí como lo hacen ahora. Me desearán a Mí y lo que proviene de Mí. Esto no es algo que sucederá instantáneamente. Mis cinco ministerios (Ministerio Quíntuple) serán muy activos en enseñar Mis caminos, cómo seguir a Mi Espíritu. Serán activos en el gobierno, especialmente Mis Apóstoles y Profetas, porque ayudarán a sentar una base correcta en los gobiernos de las naciones del mundo.*

El pecado será mal visto y el camino del Espíritu será enseñado. Lo que YO SOY estoy a punto de hacer cambiará el mundo para siempre. Porque estoy trayendo a la luz aquellas cosas ocultas en la oscuridad. Y YO SOY estoy revelando cosas ocultas durante mucho tiempo que beneficiarán al mundo.

La religión es opresiva, pero Mi Espíritu trae libertad. La religión ha oprimido la verdad y ha buscado activamente destruirla, pero ¿no he demostrado que la muerte ha sido vencida? Entonces ¿Hay algo que pueda oponerse a Mí? Y Después, veréis la bondad de Dios en la tierra de los vivos. Amén.

El Trato – 11 de agosto de 2023

Me transportan en espíritu a un lugar, una habitación con una mesa larga con capacidad para unas 20 o 30 personas. En esta mesa hay generales del ejército. Estos generales están tramando un golpe de Estado. Algunos se oponen y sugieren otra forma de proceder. Oigo a uno de ellos decir: «Bueno, todos sabéis que es un negociador. Creo que podríamos proponerle un trato. ¡Y no creo que pueda resistirse!». La mayoría de los presentes parecen estar de acuerdo. La reunión continúa durante un rato mientras se discuten los detalles del «trato». Luego, la reunión se disuelve y la habitación está vacía.

Entonces veo lo que creo que es la misma habitación, y una serie de reuniones con un puñado (o quizás algunos más) de esos mismos generales. Estas reuniones también incluyen a Donald J. Trump. Algunas de estas reuniones son solo con Trump. Otras también incluyen a miembros de su familia, en particular a sus hijos. El acuerdo que se alcanza es arriesgado, y todos los participantes lo saben. Fracasar sería una muerte segura, pero tener éxito sería el mayor golpe que el mundo haya visto jamás y un derrocamiento del mal como nunca antes en la historia. El acuerdo alcanzado también sería especialmente gratificante para Donald Trump, a pesar de que los riesgos eran muy reales y bastante elevados.

Al final, se llegó a un acuerdo; se hicieron promesas y ¡hecho! La primera presidencia de Trump estaba asegurada. Los tramposos serían privados de su plan para Hillary. Y la presidencia real sería un éxito increíble, además de ser la preparación de lo que estaba por venir.

En 2020, Donald Trump iba a perder las elecciones presidenciales no importando lo que pasara. ¡Tenía que hacerlo! ¡Así lo exigía el plan, y así iba a ser! Durante estos cuatro años (2020-2024), DJT debía mantener su presencia y popularidad, pero también ser el cebo de alto riesgo en un juego del gato y el ratón, sacando a relucir al Estado profundo al aparecer impotente e inepto en el sistema legal. Sin embargo, Donald J. Trump debía seguir provocando y diciendo cosas que supusieran una amenaza real para el estado profundo, de modo que no pudieran resistirse a perseguirlo de todas las formas imaginables.

Las reuniones y las palabras se paran en este punto, y yo me pregunto: «¿Qué viene después?». ¡Lo que viene después es bastante divertido!

Veo una trampa para ratas gigantesca. Es del tipo antiguo, con una base de madera y alambre grueso, que se levanta y se tira hacia el lado opuesto de un pequeño hueco en el que se pone el queso. Veo a DJT donde se supone que debe ir el queso, y hay muchas, muchas ratas tratando de atraparlo. Justo entonces oigo: «La trampa está preparada y se activará una y otra vez. ¡Nadie escapará!». Amén.

La Plomada y el Cetro de Hierro – 18 de agosto de 2023

«YO SOY dice: *¡Kirk (Profetas), tomad la plomada! Y Tiffany (Apóstoles), tomad el cetro de hierro.*

¡Los Profetas han establecido el perímetro de la Ciudad Santa! Se ha trazado utilizando la Plomada del Señor, para que tenga unas dimensiones perfectas. Esta plomada es el Espíritu Santo de Dios, y el trazado en sí mismo es perfecto porque YO SOY perfecto, dice el Señor Dios de todos.

Ahora YO SOY estoy dando el cetro de hierro a Mis Apóstoles, y ellos juzgarán y dictarán sentencias dentro de Mi Ciudad Santa, de acuerdo con (es decir, dentro de) los límites establecidos por Mis profetas. Trabajarán juntos en armonía, uno sosteniendo la plomada y el otro el cetro de hierro.

Durante este tiempo y esta temporada, ningún engaño o artimaña sesgará jamás a Mis ungidos, que gobernarán Mi Ciudad Santa con justicia y amor. Ellos solo Me seguirán a Mí y harán lo que está en Mi corazón, porque Yo Me estoy dando a ellos. Si algún mal intenta entrar en Mi Ciudad, YO SOY doy poder a Mis ángeles para reducirlo a la nada.

Los pueblos de todas las naciones y de las islas más lejanas vendrán a Mi Ciudad y vivirán como un pueblo santo en la tierra de su Padre, y allí habrá gran paz y amor. Nadie será pobre ni pasará hambre allí, porque YO SOY ha hablado. ¡Amén!».

Por Tiffany Root y Kirk VandeGuchte

Tomad Vuestra Autoridad – 25 de agosto de 2023

Hoy el Señor nos habla sobre la autoridad.

Él dice: *«Nadie puede, ni podría, darMe más autoridad. No hay nadie que tenga más autoridad que Yo. Por lo tanto, toda autoridad proviene de Mí, y puedo retenerla o darla según Yo deseo hacerlo. Yo le di autoridad a Adán. Tontamente, él la perdió ante Satanás después de ser engañado por una astuta estratagema. Por amor, Yo la recuperé y de nuevo se la di a los hijos de los hombres.*

Los hombres tienen autoridad. Es suya porque YO SOY libremente se la ha devuelto. Desde ese día, utilizando la única herramienta que tiene, Satanás ha estado tratando de debilitar esa autoridad con mentiras. Los hijos de los hombres nunca han entendido realmente lo que se les ha dado, pero Satanás lo sabe y está totalmente comprometido en mil estratagemas para convencer a los hombres de que esta autoridad tan duramente ganada que poseen no vale mucho, es débil, no existe, sigue siendo suya, que no funciona, etc.

Pero YO SOY os digo ahora mismo que si Dios consideró que valía la pena arrebatársela a Satanás, ¡NO carece de valor! Si las montañas pueden ser arrojadas al mar por la orden de alguien que cree en su autoridad, ¿qué puede interponerse en su camino?

Por lo tanto, ¡TOMAD vuestra autoridad, la que se os ha dado, y utilizadla! Yo dije: «<u>Toda</u> autoridad en el cielo y en la tierra Me ha sido dada, por lo tanto, ¡ID!». Entonces, ¿cuáles son los límites de vuestra autoridad? ¿Veis alguno? ¡No os dejéis engañar! ¡Toda autoridad en el cielo y en la tierra os ha sido dada como a todo el que está en Mí! No creáis al engañador nunca más. ¡Rechazad las mentiras y creed!

Hay mucho más en el Nuevo Pacto que he hecho con vosotros de lo que podéis ver ahora mismo. Sed valientes. Tened fe. ¡Y ejerced plenamente lo que Yo he ganado para vosotros! Amén.

Visiones del Gran Engaño – 1 de septiembre de 2023

Hoy el Señor me está mostrando (a Kirk) una visión tras otra.

En una de ellas, veo una enorme roca negra que rueda por pueblos, ciudades e incluso por el campo. A su paso, deja una estela de destrucción. Atropella y derriba casas, aplastando la fortuna y los sueños de los habitantes. Ellos ven lo que ha sucedido, pero en su mayoría no lo entienden. Están enfadados y agitan los puños, pero ¿a qué?

Luego veo una segunda visión en la que la gente está trabajando, realizando tareas difíciles y, a cambio de su trabajo, reciben papel con números impresos. No tiene ningún valor en sí mismo; es simplemente papel y tinta, pero la gente lo recibe con alegría. Los veo ir a comprar comida con este papel, solo para descubrir que necesitan cada vez más para hacer lo que necesitan hacer. También veo a los que imprimen este papel con los números en él. Son malvados y tienen un plan increíble en el que imprimen este papel y luego lo venden a los gobiernos. Los gobiernos les pagan por las materias primas para fabricarlo y una tarifa por su uso. Los gobiernos, a su vez, cobran a la gente una tarifa para pagar por su papel con números. Cuanto más cuestan las cosas que la gente necesita comprar, más papel hay que imprimir y más hay que recaudar para pagar este papel con números por parte del gobierno. Es muy lucrativo para los malvados.

Por Tiffany Root y Kirk VandeGuchte

Luego veo una tercera visión en la que hay lugares para la «educación». ¡Los malvados también han estado trabajando aquí! Los objetivos cambian constantemente en estos lugares. Sin embargo, veo un tema común. Lo importante es la «programación de los estudiantes», no su educación. El tipo concreto de programación necesario lo determinan los mismos seres malvados de las visiones anteriores: una programación para perseguir un «sueño». Estos sueños son fabricados, por supuesto. Están hechos de cosas que en realidad no son necesarias y que, de hecho, en su mayoría son absurdas. Y no se menciona el sufrimiento y el dolor que otros padecen para llevar estas cosas a quienes las necesitan. Siempre hay una crisis sobre la que los educadores deben instruir también. ¡Esto genera miedo y una urgencia por resolverla! Pero la solución real solo implica dos cosas principales: 1. Cumplimiento y control. 2. Dondequiera que haya una población con un alto nivel de vida, esta población debe pagar por la solución. Estas cosas se inculcan a los estudiantes a lo largo de su instrucción. Esta instrucción se convierte en algo muy parecido a una religión. ¡Cumplidla, porque si no...! No se permite el pensamiento libre, ¡ni siquiera en la ropa de los estudiantes!

Entonces vi la religión de la urgencia: una emergencia constante y la adhesión obligatoria a la doctrina del miedo. ¡Hay demasiada gente en el planeta! ¡El calentamiento global: la gente morirá! ¡El enfriamiento global: se avecina una edad de hielo! ¡El agujero de la capa de ozono: el exceso de luz ultravioleta causa cáncer! ¡La lluvia ácida: los cultivos morirán! ¡El efecto 2000: la red eléctrica fallará! ¡Demasiado $CO2$ (¿adónde van esos créditos de carbono?)! Y esto sigue y sigue…

Pero el Señor dice: «*¡Liberaos de todo esto! YO SOY estoy exponiéndolo todo, para que incluso un simplón sin Mi Espíritu pueda ver lo que está pasando aquí! ¡Mi pueblo! Tenéis que desear la verdad para poder verla. Levantaos y decid la verdad. ¡No sigáis sometidos a las mentiras y a los mentirosos nunca más! ¡Alzaos!*

¡Venid al frente! ¿Os conformaréis con una mentira? ¡YO SOY digo que NO! ¡Alzaos y sed contados, o morid como cobardes, sin defenderme ni a Mí ni a nada más! ¡Amén!».

Visión: Toda Autoridad en el Cielo y en la Tierra – 8 de septiembre de 2023

El Señor me llamó (a Kirk) hoy al cielo, a los Tribunales del Cielo. Yo estaba en la parte trasera, o en el vestíbulo, de los tribunales, donde se prepara a los acusados para que se dirijan al frente, donde el juez se sienta en la silla ornamentada frente a todos los allí reunidos. Al mirar a mi alrededor, vi que en realidad se estaban celebrando algunos procesos. Los asientos estaban llenos de multitud de espectadores, y los ángeles guerreros estaban alineados a ambos lados de la pasarela y subiendo las escaleras que conducían a la zona del juicio.

Mientras observaba, de repente, dos mujeres pasaron junto a mí apresuradamente. Se dirigían hacia una puerta, pero cuando se acercaron, dos ángeles muy grandes y de aspecto feroz se interpusieron delante de la puerta. Otros ángeles también se acercaron para detener a las mujeres. Estas mujeres estaban en estado de pánico y horrorizadas por este juicio.

¡Había otros allí que parecían disfrutar del juicio! Cuando se les llamaba, se adelantaban, ¡a veces silbando! Era como si no pudieran esperar ser llevados a juicio.

En ese momento, miré a mi derecha y vi a un hombre de pie cerca de mí, ¡muy cerca, justo cerca de mi sitio! Se giró lentamente hacia mí y vi que era el hombre sin rostro que me había mostrado el Cielo anteriormente. Hablamos un rato y luego le pregunté por qué algunas de las personas que se presentaban ante los Tribunales del Cielo parecían tan relajadas e incluso disfrutaban al estar allí. Se giró poniéndose frente a mí más directamente y comenzó a explicarme. Luego Él me preguntó: «*¿Qué dicen las Escrituras, profeta? ¿Cuánta autoridad tiene Jesús?*».

Respondí que Él tenía toda la autoridad en el cielo y en la tierra. El hombre sin rostro respondió: «*Eso es correcto*». Luego preguntó: «*Profeta, ¿cuánta de esa autoridad les dio a aquellos que están en Él?*».

Respondí: «Toda».

De nuevo, «*Correcto, profeta*». Luego preguntó: «*¿Toda la autoridad en el cielo y en la tierra sobrepasa a la autoridad de los tribunales celestiales?*».

Respiré hondo, pensando en mi respuesta. Dije: «¡Creo que estoy viendo que lo hace!».

El hombre sin rostro respondió: «*Has visto correctamente, Profeta*».

Entonces le pregunté a Él: «Cuando alguien es acusado y afirma que su única defensa está en Jesucristo, entonces el tribunal ya no puede condenarlo porque los tribunales no tienen la autoridad para hacerlo, ¿verdad?».

Él dijo: «*Has hablado bien, Profeta*».

Amén.

Año Nuevo – 5784 – 15 de septiembre de 2023

«*Hoy comienza un nuevo año*», dice el Señor.

«Este año será diferente al anterior. Este año, tal y como se ha profetizado, YO SOY estoy repartiendo Mi recompensa entre los justos y los injustos. Los Vientos del Cambio ha estado ocupado destapando cosas que eran inimaginables para la mayoría de la gente. Algunas personas aún están durmiendo, pero ese sueño terminará, y todos -sí, TODOS- verán el brazo poderoso del Señor mientras YO SOY obro.

Aún hay más maldad por descubrir, y eso seguirá sucediendo. No hay maldad que escape de ser traída a la luz. También habrá más violencia y pérdida de vidas. Los malvados serán malvados hasta el final. Pero el final está cerca, y no tan lejos como algunos sospechan».

A medida que la voz del Señor se desvanece, comienza una visión. Veo a aquellos que han abusado de la ley volviéndose temerosos. De hecho, están tratando de planear un final que nunca pensaron que sucedería. Aquellos que habían tomado o "ganado" las elecciones y se reían de los justos y habían utilizado la ley para pasar al ataque -para perseguir y castigar a los inocentes- sí, aquellos que estaban tan bien protegidos contra los justos que pensaban que NUNCA serían atrapados.

Las personas de menor estatus que debían encubrir a sus superiores estaban perdiendo interés en encubrirlos porque intentaban encubrir sus propios actos. En verdad, aquellos que habían estado a la ofensiva ahora estaban a la defensiva. Los vi tratando de usar la ley, tal como lo habían hecho cuando la utilizaron contra inocentes, solo que esta vez para protegerse a sí mismos, pero no funcionaba. ¡La gente se había vuelto muy, muy osada y exigían medidas y resultados! ¡Ninguna otra cosa les valía! Vi tribunales militares en acción. ¡Sí, finalmente!

Vi dos intentos de pandemias. Dos enfermedades diferentes en dos zonas diferentes del mundo. Pero esta vez la gente no cumplía con las órdenes ni con los globalistas, sin importarles las consecuencias.

Y se encontraron y utilizaron remedios reales y baratos en lugar de las «medicinas» mortales que se promocionaban.

También vi que, a través de todo esto, el Señor estaba guiando a su pueblo en su comprensión. ¡Estaban viendo todas estas cosas como algo bueno! Las teologías del pasado, como las enseñanzas sobre el rapto y la idea de que la iglesia victoriosa perdería, fueron relegadas al basurero. La gente esperaba un mundo mejor y comprendían a qué buen Dios servían.

Vi ejércitos de ángeles desplegándose en cantidades que me costaba imaginar. Los vi trabajando al aire libre, ayudando a la gente, derrotando al mal y erradicando incluso los espíritus profundamente ocultos en los linajes familiares, en las siete montañas, lugares en los que ni siquiera imaginarías que hubiera espíritus malignos. ¡Asombroso! Los ángeles también luchaban contra el espíritu de la religión, exponiendo las mentiras de la iglesia institucional y de quienes la gobernaban. Los espíritus detrás del pecado personal también estaban siendo tratados. La lujuria, la codicia, Jezabel, el miedo, etc. Todos los espíritus que podían nombrarse, y también aquellos que no tenían nombre. Ninguno escaparía al descubrimiento del Señor.

«¡La libertad está en el horizonte! ¡No os rindáis! Amén».

Sueño: Desconexión con el tiempo – 11 de octubre de 2023

Yo (Tiffany) soñé que estaba en una iglesia viendo cantar a Eric Clapton. Yo y las personas que me acompañaban movíamos las sillas para poder ver mejor. Cuando me desperté, escuché la letra de la canción en mi cabeza: «Y por eso lo llaman «blues». El tiempo en mis manos podría ser tiempo a pasar contigo». Busqué la letra y descubrí que la canción la canta Elton John. Yo no suelo escuchar ni su música ni la de Eric Clapton.

Interpretación del Espíritu Santo:

El Señor dice que hay una desconexión entre lo que estaba viendo y lo que estaba oyendo. Esto tiene que ver con el tiempo.

¿Cómo dijo Jesús *«Antes de que Abraham existiera, Yo Soy»* cuando vino como hombre? ¿Cómo contó Él la historia de Lázaro y el hombre rico como si Él estuviera allí si Él era un hombre? ¿Cómo pudo ir Él físicamente al templo y pararse en su pináculo cuando Él estaba en el desierto?

El Señor dice que debemos estar abiertos porque Él nos va a mostrar más. Hay algo aquí con respecto a tener toda la autoridad. El tiempo es creado. Tenemos autoridad sobre él.

Dos días después, el Señor trajo entendimiento a través de la siguiente palabra profética...

Dominio sobre el Tiempo – 13 de octubre de 2023

Hoy, yo (Kirk) estaba orando, y el Señor dijo: *«¿Por qué el tiempo es tu amo y por qué eres esclavo del tiempo, profeta?»*. Respondí: «Señor, estoy aquí en la carne por un tiempo limitado, por unos cuantos días, horas y minutos».

Entonces Él dijo: *«Profeta, ¿no eres mío entonces? ¿Sirves también a otro amo?»*. Respondí: «¡No, Señor! Tú eres mi Señor y Maestro. ¡Solo tú!».

Entonces el Señor dijo: «*Profeta, ¡divórciate de esta cosa creada que tiene dominio sobre ti!*». Le pregunté: «¿Cómo, Señor? Estoy atado al tiempo sin escapatoria, ¿no?».

Él respondió: «*Escucha esta oración, profeta: «Padre nuestro que estás en los cielos, santificado sea tu nombre. Venga tu reino, hágase tu voluntad, en la tierra como en el cielo»*». Se detuvo allí y preguntó: «*Profeta, ¿hay tiempo en el cielo?*». Yo respondí: «No, no lo creo».

Él respondió: «*Correcto. Por lo tanto, las cosas terrenales son las amas de aquellos que son terrenales. Profeta, ¿qué dicen las Escrituras? "Pero el tribunal se sentará para juzgar, y su dominio será quitado, aniquilado y destruido para siempre. Entonces la soberanía, el dominio y la grandeza de todos los reinos bajo todo el cielo serán dados al pueblo de los santos del Altísimo: Su reino será un reino eterno, y todos los dominios le servirán y le obedecerán*». (Daniel 7:26-27)

Le pregunté: «Pero Señor, ¿cómo puede ser esto?».

Y Él volvió a responder: «*Tú eres Mi profeta de los tiempos del fin. Por lo tanto, dile al pueblo que recuperar el dominio que Adán perdió realmente significa algo. Y cuando las Escrituras dicen que estás sentado con Cristo en los lugares celestiales, significa algo, ¡y no es simple poesía o algo así! Toda autoridad en el Cielo y en la Tierra no significa algo más allá de lo obvio. Yo estoy dando a Mis santos dominio sobre las cosas que Yo he creado. El tiempo es una de estas cosas. Intenta nombrar otras. ¡Venid y poned a prueba vuestra autoridad!* Amén».

África También es Mi Amada – 13 de octubre de 2023

«Profeta, ¡te estoy revelando cosas que han estado ocultas durante siglos! Sí, tus dos ángeles (el de Tiffany y el de Kirk) han servido en África. Y sí, ambos sienten afinidad por la gente de allí. Especialmente el tuyo.

¡Pero ella también es Mi amada! Yo elegí a Israel, Estados Unidos me eligió a mí, y te digo que TODA África también me elegirá a Mí. A África le han mentido, la han utilizado y abusado de ella, ha sido pobre y hambrienta, ¡y ha sufrido mucho! La amo mucho, y por eso Satanás le ha traído su robo, muerte y destrucción. ¡Pero ella se ha sacudido de todas estas cosas! ¡África se está volviendo hacia Mí! ¡Y Yo voy a poner fin a su tortura!

¡Levántate, Mi hermosa! ¡Levántate y mírame a Mí! Yo Soy estoy volcando mi afecto hacia ti, ¡y nunca te dejaré caer! Yo Soy estoy creando arroyos en el desierto. Yo Soy estoy creando caminos en el desierto. Yo Soy estoy trayendo recursos a África que he ocultado hasta ahora. Yo Soy estoy eliminando a aquellos que han utilizado a Mi hermosa durante tanto tiempo. Yo Soy estoy trayendo prosperidad a aquellos a quienes Yo amo en África. ¡Amén!».

Cuando el miedo habla – 17 de octubre de 2023

Orando ahora, y el Señor me muestra (a Kirk) el conflicto entre Israel y Hamás, la brutalidad y los cuerpos. Él me muestra también el conflicto entre Ucrania y Rusia. De nuevo, más pérdidas de vidas y montones de escombros donde antes había casas y edificios. Me muestra al Lunático (Biden) y a sus asesores, cómo con brutalidad y destrucción dominan el ciclo de noticias, desviando la atención del mundo hacia donde ellos desean. Se aprovechan de la bondad de la gente del mundo, los manipulan para que envíen dinero a donde sea (realmente no importa), y luego ese dinero fluye a través de diversos medios directamente a las arcas de la maquinaria política que inició el conflicto en primer lugar. ¡Matar, robar, destruir! ¿No os suena familiar? Así es como habla el miedo. Y así es como la Cábala se mantiene en el poder. Si una guerra no funciona, ¡prueban con otra!

«Pueblo Mío», dice el Señor, «¡no os dejéis engañar más! ¡Vuestra bondad, vuestro deseo de ayudar, se está usando en vuestra contra! ¿No veis que el objetivo de la Cábala es matar, robar y destruir? Por lo tanto, ¿quién ganará estos conflictos interminables? ¿Los que inician estos conflictos luchan en ellos? ¿Quién pierde su vida o sus propiedades en estas guerras, y quién sale más rico, sin haber perdido nada? ¡Despertad!».

Le pregunto al Señor: «¿Qué pasa con Estados Unidos? ¿Habrá también un ataque aquí?».

Él responde: *«Profeta, lo ha habido, y hay un plan para atacar a Estados Unidos desde dentro. Ha estado en proceso durante muchos años. Es un plan coordinado que utiliza a varios de vuestros enemigos. Sin embargo, este plan fracasará. Una vez más vuestros enemigos volverán a subestimar la determinación del pueblo Americano. Amén».*

Advertencia para Posicionarte a Tí Mismo ante lo que Viene – 30 de octubre de 2023

El Señor: «*Profeta, ¿te has posicionado tú para lo que viene?*».

Kirk: «No estoy seguro de entender de lo que me hablas».

El Señor: «*El Gran Reinicio. ¿Te has posicionado tú mismo para el cambio? ¿O entrarás en pánico?*».

Kirk: «Señor, llevas tiempo hablando de lo que está por venir. Yo creo que estoy preparado. Pero, ¿qué postura debo adoptar? No estoy seguro de lo que quieres decir».

El Señor: «*Kirk, se avecinan algunos acontecimientos que pueden causar miedo en Mis amados. Dile a la gente que adopte una postura de fe. Diles que vuelvan a re-leer las palabras de los Profetas para mantener sus ojos fijos en Mí. De esta manera, su fe no será sacudida*».

Kirk: «Señor, ¿cómo será esto en el mundo natural?».

El Señor: «*Guerra, rumores de guerras, algún derramamiento de sangre real, alguno falso o escenificado y diseñado para crear miedo, acontecimientos mundiales, violencia y amenazas de violencia que serán tan reales que incluso Mis santos se verán tentados a entrar en miedo. Pero diles (a los santos) que en este caos, ¡YO SOY tendré Mi mejor momento!*

Cuando el polvo comience a disiparse, todos los ojos verán fracasar a los malvados. Se magnificará cuando el mundo vea a los santos del Señor levantarse sin temor al mal y comenzar el proceso de impartir justicia. Esta justicia, Mi justicia, será dura y rápida. A algunos les parecerá cruel e inflexible porque el tiempo de la misericordia y la tolerancia habrá terminado. La ley, la *verdadera Constitución, se seguirá al pie de la letra y no se desviará de ella. NO habrá acuerdos con la fiscalía, ni exenciones para la clase política, y aquellos fiscales y abogados de Soros que se han burlado de nuestro sistema judicial serán los que serán condenados por traición, etc., ¡para que tampoco tengan ningún efecto en este proceso! Así que sí, <u>parecerá</u> bastante despiadado debido a cómo deben ser la ley y el orden cuando las personas son tratadas por igual según la ley».*

Kirk: «¿Cuándo sucederá esto, Señor?».

El Señor: «*Profeta, este es el tiempo en la que este asunto de la justicia ha subido ante Mí, y YO SOY no soy lento en estos asuntos. Observad el lenguaje de DJT para comprender el momento oportuno para esto. Amén*».

El espíritu de la Ley – 3 de noviembre de 2023

Esta es ña confianza que delante Dios por medio de Cristo. No es que nos consideremos competentes por nosotros mismos para atribuirnos nada, sino que nuestra competencia proviene de Dios. Él nos ha capacitado para ser servidores de un nuevo pacto, no el de la letra, sino el del Espíritu; porque la letra mata, pero el Espíritu da vida.

Ahora bien, si el ministerio que trajo la muerte, que fue grabado en letras sobre piedra, vino con gloria, de modo que los israelitas no podían mirar fijamente el rostro de Moisés debido a su gloria, aunque era transitoria, ¿no será aún más glorioso el ministerio del Espíritu? Si el ministerio que trajo la condenación fue glorioso,

¡cuánto más glorioso es el ministerio que trae la justicia! (2 Corintios 3:4-9 NVI)

Hoy el Señor está revelando estos versículos de 2 Corintios 3. Cuando Pablo escribió esto, obviamente él estaba hablando de la religión judía, incluyendo todas sus leyes y los Diez Mandamientos, que estaban «grabados en letras sobre piedra». Él lo llamaba un ministerio de muerte. Pero justo ahora el Señor está diciendo que la religión judía es solo un ejemplo de religión en general.

La religión no sigue, y de hecho no puede seguir, el Espíritu de Cristo. En cambio, adopta el modelo de seguir la letra. Incluso si se lee y se «cree» en el Nuevo Testamento, se mira éste como nuevas reglas que hay que seguir. Esto no ofrece ninguna esperanza a los seguidores, por supuesto, porque no pueden seguir la Ley mejor que los judíos en la época de Jesús. Por lo tanto, para los religiosos, el Nuevo Testamento también se convierte en un ministerio que trae muerte. ¿Por qué es así?

Es porque la gente no es capaz de seguir la Ley. Tan pronto como se dan las leyes, la gente comienza a encontrar lagunas y formas de eludir la Ley. Entonces se necesitan más leyes para controlarlos y coaccionarlos para que sigan las leyes originales. Este proceso conduce al totalitarismo, porque las personas sin ley no obedecerán las leyes a menos que se les obligue a hacerlo por la fuerza.

Pero, donde está el Espíritu del Señor, ¡hay libertad! Los creyentes llenos del Espíritu tienen inclinación hacia lo correcto. De hecho, desprecian la ilegalidad porque no proviene del Espíritu de Dios. Se necesitan pocas normas, reglas, etc. para aquellos que siguen al Espíritu del Señor. Y realmente hay libertad en este estilo de vida.

Todo esto es el trasfondo para echar un vistazo al mundo de hoy. El Señor nos está mostrando por qué ha decidido intervenir. Veo que todas las leyes que funcionaron bien durante años ahora están siendo corrompidas por los transgresores: jueces, fiscales y abogados que no tienen ningún interés en ser justos o permitir que la ley se cumpla. ¡Sus travesuras injustas e ilegales hacen que los países comunistas parezcan buenos y justos en comparación! Y el Señor dice que solo las personas buenas pueden ser verdaderamente libres, y es el Espíritu de Cristo el que hace que las personas sean buenas y justas. Amén.

Visión del Principio – 10 de noviembre de 2023

Hoy el Señor me llamó (a Kirk) para que fuera con Él a un lugar que, según el Señor, pocos profetas, si es que alguno, habían visto. Me llevó en el Espíritu y fuimos a un lugar donde no había nada. No había luz ni sonido, y la oscuridad era tan completa que parecía espesa e interminable. No podía ver nada en absoluto, ni siquiera al Señor. Sentir Su presencia era lo único que me impedía gritar. Era tan desolador que no puedo expresarlo con palabras.

Estuvimos flotando allí durante algún tiempo. Puede haber sido unos segundos o una eternidad. No había nada con lo que marcar el tiempo. Entonces sentí una mano tocar la mía. No podía estar seguro, pero pensé que Jesús podría estar colocándome en una posición determinada, como para mirar en una dirección concreta o algo así. Sentí, o pensé, que mantuvimos esa orientación durante algún tiempo, pero realmente no podía saberlo porque la única información sensorial que tenía era Su tacto en mi mano.

Entonces, en la distancia, vi un punto de luz. Parecía tan pequeño en la vasta inmensidad. Apenas tuve tiempo de pensar esto antes de que la luz creciera hasta ocupar todo mi campo de visión. Entonces nos envolvió a Jesús y a mí. No hubo ninguna sensación ni sacudida cuando nos envolvió, pero sentí como si estuviéramos dentro de una explosión. Fuego y humo, luz y polvo, todos los colores y formas diferentes pasando a toda velocidad por alrededor nuestro...

Pensé: «¿Es esto la creación del universo o algo así?».

Me volví para mirar a Jesús. Él sonreía y me dijo, como un pensamiento en mi mente: «*Antes de que existieran el tiempo, el espacio y todo en ellos, YO SOY*».

Continuó hablando a mi mente y dijo: «*Profeta, dile a la gente que todo lo que ven y lo que no ven fue hablado a la existencia. Es algo pequeño que el orden surja del desorden, que la justicia surja de la injusticia, que el bien surja del mal. YO SOY ha existido desde el principio y existirá hasta el final. Mis promesas son buenas y durarán para siempre. Por lo tanto, no tengáis miedo. Mantened vuestros ojos fijos en Mí. Confiad en Mí y veréis cosas mucho más grandes que esto. Amén*».

YO SOY Verdad – 17 de noviembre de 2023

Mientras yo (Kirk) oro, el Señor comienza a hablarme...

«*Muy pocas personas en la tierra conocen la verdad. Hay quienes tienen una gran cantidad de datos al alcance de la mano, más conocimiento que en cualquier otro momento de la historia, pero aún así no conocen la verdad. Hay personas muy inteligentes que entienden la ciencia. Tienen una visión global de las cosas que les rodean y sorprenden a la gente con sus conocimientos, pero no conocen la verdad. Hay quienes gobernarían el mundo con inteligencia artificial, máquinas que pueden resolver problemas, aprender por sí mismas e incluso imitar las emociones humanas, pero no conocen la verdad. Hay quienes, debido a su riqueza, su apellido o su supuesto estatus, creen que deben dominar el mundo y lo harán. Estos son los más engañados de todos y han cambiado la verdad por una mentira.*

YO SOY la Verdad (dice el Señor Dios). Aparte de mí no hay verdad. YO SOY el Creador de todas las cosas. Y por lo tanto, ¡YO SOY el Único que determina qué es la verdad! YO SOY el Único que era desde el principio y será para siempre. Yo abro puertas que no se pueden cerrar y cierro puertas que no se pueden abrir. Yo hablo y una cosa se establece o es derribada. Yo creo con una palabra. Yo doy vida o la quito porque no hay nadie como Yo. Yo he vivido y viviré por toda la eternidad, y nada ni nadie puede alargar Mis días ni acortarlos. Simplemente, YO SOY.

Por lo tanto, ¿el ordenador o la IA se igualarán a Mí o serán más listos que Yo? ¡El que está sentado en los cielos se ríe! ¿Será construida otra torre de Babel que Yo sea incapaz de cortocircuitar? El maligno nunca se convertirá en Mi igual, aunque sus intentos sigan y sigan. Su último intento parece aún más débil que la torre de Babel, y en su momento, tomaré aliento y lo destruiré todo.

Mi pueblo, aquellos llamados por mi nombre, ¡se levantará en estos últimos días y se convertirá en lo que se ha soñado a lo largo de los siglos! Sí, conoceréis a la Verdad, ¡y Él os hará libres! ¡Verdaderamente libres! Se conocerá lo que significan las Escrituras cuando dicen: «¡Aquél a quien el Hijo libera es verdaderamente libre!». Mi poder será derramado en estos últimos días, y todo el conocimiento y la sabiduría que han estado escondidos en Mí también serán derramados. La espera casi ha terminado. Y, de hecho, ¡Mi Espíritu se está derramando ahora mismo sobre cualquiera que desee llevarlo! Amén.

2024: La transición – 24 de noviembre de 2023

El Señor me habla (a Kirk) hoy. Él dice: «*Profeta, levanta tus ojos y mira. YO SOY te mostrará algunas cosas*».

Continúa diciendo: «*Profeta, dile a la gente que YO SOY tiene un plan. Un plan. El plan A. Y se llevará a cabo en la tierra. ¡Y diles que Mis planes son buenos*!

Ahora, sobre vuestro enemigo. Él también hace planes, pero sus planes están destinados al fracaso. Entonces debe formular planes de respaldo y reagruparse para llevarlos a cabo. ¿Qué hará? ¿Hay algo que no intente hacer? ¿Hasta qué extremo llegaría para mantener su control sobre el mundo? Así que, entonces, preparaos para este mal que se avecina. ¡No os dejéis llevar por el miedo! Pero preparaos para ver desplegadas algunas de las tácticas del enemigo. Matar, robar, destruir... Sí, esto sucederá. Pero no retrocedáis ni os acobardéis. Recordad que el Plan A sigue en vigor. Cuando los religiosos se desanimen y quieran rendirse, recordad que, de todas formas, nunca estuvieron con vosotros. Cuando estéis tentados al pánico, recordad que YO SOY aún sigue al mando».

El Espíritu me lleva a un lugar desconocido. Hay muchas máquinas trabajando, equipos de movimiento de tierras y decenas de trabajadores. Algunos están construyendo nuevas carreteras. Hay muchos ingenieros y topógrafos trazando un gran proyecto. Pregunté en mi mente: «¿Qué es esto?». La voz del Señor dice: «*La ciudad de la capital ya no estará separada de los estados que gobierna. Estará dentro y entre los estados y el pueblo, ya que estará bajo la misma ley y las mismas normas que el resto del país sobre el que gobierna. Ya no puede seguir estando separada*».

Seguí observando esta gran empresa y, al hacerlo, llegué a un edificio que estaba completamente terminado. Era grande y blanco, y tenía unos escalones muy anchos que conducían a él. Había gente reunida por todas partes. Estaba muy concurrido. Estando en el espíritu, me deslicé por encima de la multitud y miré hacia la parte superior de las escaleras, donde había un podio. Mientras esperaba, vi a un hombre acercarse al micrófono y comenzar a hablar. No pude oír lo que dijo, pero solo pronunció unas pocas palabras, extendió su mano derecha y condujo al siguiente orador al micrófono.

Donald Trump tomó entonces su lugar ante el pueblo y comenzó a hablar. Seguía sin poder oír lo que decía, pero observé, y cuando pronunció las primeras palabras, la multitud enloqueció, abrazándose unos a otros, lanzando cosas al aire, ¡una locura! En mi mente me preguntaba qué habría dicho para provocar esa reacción. Una vez más, el Señor habló: «*Acaba de recuperar el lugar que le corresponde como presidente*». ¡GUAU! ¡Yo también me sentí fuera de mí!

El presidente Trump habló durante un rato, luego dio la espalda a la multitud, extendió su mano derecha frente a él y comenzó a girar lentamente en círculo con la mano completamente extendida frente a él. Hizo un círculo completo de 360 grados. Una vez más, ¡la multitud enloqueció!

Levanté la vista justo cuando él movía la mano y vi que todo lo que estaba mal se había arreglado. La basura desapareció, las cosas rotas se restauraron, el aire se limpió, los abatidos fueron levantados, etc. Pensé: «Qué extraño. ¿Cómo puede ser esto?». Entonces volví a oír al Señor: «*YO SOY un Redentor*». Amén.

La gente se Unirá en Masa a Las Fuerzas Armadas – 25 de noviembre de 2023

«Cuando la Trompeta vuelva, la gente se unirá en masa a las Fuerzas Armadas. Volverá a ser honorable».

Kenia – 29 de noviembre de 2023

«¡Pueblo mío! ¡YO SOY estoy totalmente enamorado de vosotros! He estado con vosotros en vuestra época tribal. He estado con vosotros cuando habéis comenzado a salir de la opresión. He estado con vosotros cuando habéis venido de muchas direcciones, tribus y clanes para formar un país como un solo pueblo. ¡Y ahora YO SOY os estoy llamando a convertiros en un solo pueblo renacido en Mi Espíritu, independiente del mundo y totalmente dependiente de Mí!

¡Venid a Mí! ¡Porque YO SOY, y realmente recompenso a aquellos que Me buscan diligentemente! YO SOY un dador. Es Mi naturaleza dar LIBREMENTE (Hebreos 11:6). Aquellos que tienen Mi Espíritu también son dadores de cualquier cosa que YO SOY les estoy dando. Si es dinero, entonces den dinero. Si es fuerza, entonces ayuden a los que la necesitan. Si es comida, entonces den comida. En Mi economía, los que dan no tienen menos porque Yo los bendigo con MÁS. Esto es porque YO SOY amor, ¡y el amor nunca falla!

Así es como Yo, el Señor, veo a Kenia: un país próspero, liberándose a sí mismo del mal y el crimen, porque Mi pueblo está ocupando su lugar en el gobierno, en las escuelas y en los puestos de liderazgo a través de toda Kenia. No por sus propias fuerzas o habilidades, sino porque toda la sabiduría y el conocimiento están escondidos en Cristo Jesús, ¡y Mi pueblo puede hacer cualquier cosa en Él! Amén.

Los Cuatro Vientos – 1 de diciembre de 2023

Hoy, el Hombre Sin Rostro, el Espíritu Santo, me llevó en el Espíritu y nos elevamos muy por encima de la tierra que se extendía debajo de nosotros. El Hombre Sin Rostro estaba vestido con una luz blanca pura, y Su cabeza y brazos eran de un blanco más blanco que Su vestimenta (túnica). Miramos hacia abajo, a la esfera que se extendía debajo de nosotros. Pude ver océanos y continentes, etc. Mientras miraba, el Hombre Sin Rostro señaló una zona sobre la región norte de la tierra.

Vi un pequeño punto donde Él señalaba. Mientras trataba de ver lo que Él señalaba, mis ojos comenzaron a «acercarse» a este punto y pude ver que era un gran ángel. No tenía caballo ni armadura ni nada, pero estaba vestido de blanco y tenía grandes alas. El Hombre Sin Rostro me indicó entonces que mirara hacia la región sur, y en lo alto de la tierra, en esa zona, había otro ángel igual que el primero. También había ángeles de pie en los cielos sobre las regiones del Este y del Oeste de la tierra.

El Espíritu Santo comenzó a hablarme. «*A estos juntos, se les llama Los Cuatro Vientos. Se les ha dado el control sobre los vientos espirituales de la tierra. Satanás siempre está tratando de frustrar lo que estos hacen porque se oponen a él y a sus caminos. Los Cuatro Vientos moderan o detienen el viento destructivo que él generaría para robar, matar y destruir. El viento espiritual controla lo natural.*

¡Profeta, hoy profetiza a los Cuatro Vientos! ¡Profetiza a los vientos un nuevo poder! ¡Profetiza un viento abrumador del Espíritu de Dios sobre las naciones! ¡Profetiza un viento de destrucción sobre los malvados y un viento refrescante y bienvenido a los que siguen al Espíritu de Dios!».

Así que proteticé como se me había dicho. Mientras lo hacía, se me dió una visión dentro de esta visión. Vi una serie de visiones muy rápidas del maligno tratando, a través de aquellos que lo seguían, de lograr cosas, pero todo lo que intentaban les resultaba muy difícil, lleno de errores y fracasos que los exponían aún más. ¡Todo lo que hacían se volvía en su contra!

Luego vi otra serie de visiones breves. Los justos tenían el viento del Espíritu detrás de ellos en todo lo que hacían. Hacer el bien, frustrar el mal, traer justicia era fácil y eficiente. No cometían errores y estaban empoderados en todo lo que hacían. Entonces estas visiones desaparecieron y volví a estar con el Hombre sin Rostro.

Entonces, el Espíritu Santo me habló de nuevo: «*Lo espiritual controla lo natural, así que el inicio de este cambio vendrá en forma de vientos extraños que se notarán en la tierra*». Amén.

Rapto para los Cobardes – 8 de diciembre de 2023

«Kirk, tú eres Mi profeta de los Tiempos del Fin. Te has estado preguntando sobre el rapto de Mi Iglesia en este momento. Quiero decírtelo claramente: ¡No habrá rapto de Mi Iglesia! Mi Iglesia no quiere un rapto. Aquellos que están completamente en Mí ya han muerto a sí mismos y ahora viven para Mí. El deseo de sus corazones es hacer todo lo que Yo deseo que hagan. Son Mis guerreros y no dudarían en morir por Mí o por amor a Mí. Ellos Me aman hasta la muerte y no tienen ningún miedo, y así lo serán hasta el final.

Esos cobardes que solo piensan en preservarse a sí mismos y escapar en ese día también tienen un destino, y no es el paraíso, sino que, como está escrito, tienen una cita con lo que más temen. Sí. El lago de fuego. Amén.

Visión del Universo y la Diversidad – 15 de diciembre de 2023

Yo (Kirk) estaba orando y oí al Señor decir: «*Sube aquí, profeta*».

Así que fui. Fui tan rápido que en poco tiempo pasé la estrella más lejana de la galaxia más lejana y, al hacerlo, vi una puerta abierta. Me dirigí rápidamente hacia la puerta y la atravesé. Cuando lo hice, Jesús se unió a mí, y donde antes había una oscuridad casi total, ahora Su luz brillaba intensamente. Su ropa era de un blanco puro y muy brillante. Sus manos y pies eran aún más brillantes que Sus ropas, como rayos. Pero a pesar del increíble brillo del Señor, no había nada que reflejara la luz. Me preguntaba: «¿Dónde estamos?», mientras buscaba algo, ¡cualquier cosa!

Entonces oí a Jesús decir en mi mente: «*Profeta, estamos en el límite de la creación del Padre. Más allá de esta puerta no hay nada, no existe nada. Aunque Su creación se expande continuamente hacia y dentro de esta zona, más allá no hay nada, como antes de la creación de los mundos*».

Me pregunté si Él había creado otros universos en la nada. El Señor dijo: «*No. Solo puede haber uno*».

Volvimos a atravesar la puerta y nos detuvimos en el borde del universo, contemplando todas las estrellas, más numerosas que todos los granos de arena de todas las costas de la Tierra. Y, sin embargo, lo atravesamos como si nada, casi instantáneamente, de un extremo a otro. ¡Estaba pensando en estas cosas y en que estaba allí contemplándolo con Único que lo había creado! Entonces me pregunté si habría otro planeta en algún lugar con gente en él. Una vez más, Su suave voz vino a mi mente.

«*No*», dijo. «*¿Te has fijado en cómo Nos gusta crear cosas que son únicas? Como cada copo de nieve es diferente de todos los demás. O en las personas, cada una es diferente de todas las demás que han existido. Cada árbol, cada flor, cada roca, ninguno es exactamente igual a otro. Nos encanta la diversidad y nunca nos cansamos de ella. Vosotros también, entonces, deberíais aceptar la diversidad. Proviene del Creador, de Mí*».

Esa palabra, pensé, esa palabra «diversidad». Me trae un significado en mi mente... Al instante, Él volvió a hablar en mi mente.

«*Los océanos tienen sus límites. Como has visto, el universo también tiene límites, al igual que todas las demás cosas de la creación. Solo hay «uno» que es malvado y desea corromper lo que ha sido creado. Nosotros odiamos esas cosas corruptas porque son malvadas y se han hecho en contra de Nosotros. Sin embargo, esto también pasará. Los días de vuestro enemigo están contados. Amén*».

Mientras hablaba, pude ver que Su diversidad era buena, pero lo que el enemigo ha empujado al mundo llamándolo diversidad, cuando en realidad es pecado, es malvado. Luego, estaba de vuelta y orando otra vez.

Por Tiffany Root y Kirk VandeGuchte

Mensaje de esperanza – 15 de diciembre de 2023

Filipenses 3:13b-14 (NVI) dice:

Pero una cosa hago: olvidando lo que queda atrás y esforzándome por alcanzar lo que está delante, sigo avanzando hacia la meta para ganar el premio al que Dios me ha llamado en Cristo Jesús.

¿Quién puede retroceder en el tiempo de alguna manera? A medida que envejecen, las personas parecen mirar atrás con cariño y hacia adelante con desdén. Pero nosotros no somos de los que retroceden o miran atrás. Nosotros siempre estamos llamados a avanzar, ¡de gloria en gloria!

El Espíritu Santo nos da la gracia de ver una esperanza brillante y resplandeciente en nuestro futuro. Incluso cuando estamos rodeados por el desierto y la sequedad, cuando estamos esforzándonos, avanzamos con esperanza y con Su gozo.

¡Nuestra esperanza es una esperanza viva que brota dentro de nosotros! Nuestra esperanza y nuestro gozo no dependen de nuestras circunstancias. Por el contrario, trascienden este mundo y sus limitaciones y sistemas. ¡Nuestra esperanza viva vive dentro de nosotros, el mismo Espíritu que resucitó a Cristo de entre los muertos! ¡La Esperanza de Gloria! ¡El Espíritu de Jesucristo Mismo! ¡Él es nuestra esperanza y nuestra salvación!

Relación con el SEÑOR – 22 de diciembre de 2023

El Señor comienza a hablarme hoy...

«*Kirk, sabes que te amo, ¿verdad?*».

Yo respondo: «Sí, Señor, ¡sé que Tú me amas!».

El Señor dice: «*Kirk, hay muchos que no saben esto. ¡Ellos también son verdaderos creyentes! Hoy, Profeta, profetiza a Mi pueblo, el que es llamado por Mi Nombre. Diles que vengan a Mí y Me pregunten si Yo los amo. Diles que YO SOY deseo responderles. ¡Y lo haré!*».

Yo respondo: «Sí, Señor, lo haré. ¿Hay algo más que desees que les diga?».

El Señor responde: «*Profeta, diles que seguro que les responderé, y que esta pregunta será el punto de partida de muchas relaciones Conmigo. Yo deseo obediencia, no sacrificio, pero ¿cómo puede alguien obedecer la voz de Aquel a quien no pueden oír? ¿O cómo puede alguien tener una relación con alguien que solo exige sacrificios continuamente?*

YO no SOY un dictador ni un tirano que exige temor y sumisión. YO SOY el amor mismo. YO SOY dador de buenos dones y recompenso a quienes Me buscan con diligencia. Una mente religiosa solo ve lo que debe <u>hacerse</u> para apaciguarme a Mí y las escaleras que hay que subir para llegar a Mí.

Pero aquellos con quienes tengo una relación me conocen y Me aman. Han entrado en Mi redil por la puerta (Mi Hijo). Le siguen a Él y no seguirán a otro. Éstos son a los que Yo amo, y me seguirán dondequiera que los lleve. Estos no tienen un «sistema de creencias» o una «teología sistemática» en la que «creen». No, ¡estos son Mis hijos a quienes Yo amo! Nos hemos convertido en uno, y les he dado de Mí mismo. Ellos son los vencedores, la iglesia victoriosa. Sí, verdaderamente estos son Mi novia guerrera, que no tiene mancha ni arruga. Amén».

El Juicio – 30 de diciembre de 2023

Apocalipsis 11:11 *Pero después de tres días y medio, el aliento de vida de Dios entró en ellos, y se pusieron de pie; y un gran temor cayó sobre los que los observaban.* (NASB)

«Sí, yo, yo mismo, les daré esto de Mí Mismo y tendrán autoridad en la tierra, y juzgarán y dictarán sentencia tal como oigan. ¡Y YO SOY permitiré que esta autoridad se manifieste como un PODER que la tierra nunca ha visto antes! La tierra misma temblará y los océanos rugirán, pero no se compararán con lo que YO SOY estoy enviando a mis Apóstoles y Profetas.

¿MIEDO? Cuando los malvados de la tierra vean que estos se levantan y se den cuenta de que el juicio prometido vendrá como un grito que viene del cielo diciendo: «¡Levantaos!», y Mis elegidos asciendan a sus lugares para juzgar y hacer juicios con gran <u>Poder</u> *y* <u>Gloria</u>, *sí, el miedo a lo inevitable será como un fuego salvaje a través de toda la tierra. Y YO SOY os estoy diciendo ahora que este miedo no será infundado, porque, tal como dicen las Escrituras: «Cualquiera que desee hacerles daño morirá por el fuego que sale de sus bocas».*

Todo esto vendrá como un terremoto al planeta Tierra, y los muertos serán una décima parte de los que hay allí. El resto alabará a Dios por su gran temor, pero un juicio mayor vendrá.

Los justos estarán en su gloria, alabando a Dios y bailando en las calles. Mi Hijo será glorificado más allá de todas las expectativas por cómo Él se ha asociado con los hijos de los hombres para traer Su justicia y Su honor a toda la tierra. ¡Y cada Escritura se cumplirá en lo concerniente a Su juicio sobre los malvados! Amén».

Por Tiffany Root y Kirk VandeGuchte

2024

Oraciones Respondidas en 2024 – 7 de enero de 2024

«Veréis el resultado final de muchas oraciones este año (2024). Muchas oraciones. Son cosas que he querido hacer y en las que he estado trabajando durante mucho tiempo, y en las que os he invitado a participar Conmigo.

La fe se alimenta del testimonio de Jesús. Cada testimonio de Mi poder y obra exalta a Mi Hijo. Todos ellos forman parte del testimonio de Él. La fe de Mis hijos se elevará a niveles nunca antes experimentados durante el tiempo de Mi Gran Reinicio, a medida que Mi Hijo sea exaltado en testimonio tras testimonio.

Las obras infructuosas de las tinieblas serán expuestas hasta el más mínimo detalle y juzgadas en consecuencia por aquellos cuya única persuasión y enfoque es vivir de cada palabra que Yo digo.

Muchos han especulado sobre la marca de la bestia, pero han pasado por alto el espíritu que hay detrás de esta marca, que es el miedo. El miedo NO proviene de Mí. No es una virtud, ni una red de seguridad, ni algo admirable de ninguna forma. Lo que la gente piense y lo que hagan reflejará si están participando con este espíritu. Lo que ellos SIENTAN es irrelevante. Lo que importa es con lo que estén de acuerdo. (En otras palabras, sentir miedo no es lo mismo que estar de acuerdo con él.)

Mi pueblo, el que es llamado por Mi Nombre, no participa con el miedo. Está motivado por el amor porque ha elegido el camino del amor que ha experimentado en Mi Hijo. Ellos obedecen por amor. Ellos escuchan siempre Mi voz, y Yo no los defraudaré. Este será un gran año de testimonio del amor de Mi Hijo y de todo por lo que Él ha pagado. ¡Y esto es solo el Principio! ¡Amén!».

Inunda la Tierra con el Espíritu Santo – 4 de febrero de 2024

«Inundaré la tierra con Mi Espíritu, la gloria de Dios. La inundación de Mi Espíritu eliminará todo lo que ofende. ¡Aquellos que están sobre la Roca permanecerán de pie alabando al Señor de todo!».

Palabra profética: Atajo – 23 de febrero de 2024

Un atajo es una forma diferente de hacer algo que ahorra tiempo y esfuerzo.

A lo largo de las Escrituras hay ejemplos de personas a las que se les presentó la oportunidad de tomar un atajo. La serpiente les dijo a Adán y Eva que podrían ser como Dios si comían el fruto del árbol del conocimiento del bien y del mal, que en lugar de ser obedientes a lo que Dios les había dicho, podían tomar un atajo para ser como Él (Génesis 3). Luego, en Éxodo 33, a Moisés se le presentó un atajo. Un ángel iría delante de los israelitas, expulsando a los habitantes de la tierra y guiando a Israel a la tierra de leche y miel. Moisés rechazó este atajo. Y luego, por supuesto, Jesús fue tentado por Satanás, y si aceptaba la oferta que se le presentaba, se le darían a Él todos los reinos del mundo y su gloria (Mateo 4:8-9).

En el ministerio también hay atajos. ¡Algunos son muy, muy tentadores! Estamos llamados a seguir el Espíritu de Cristo, y nuestra recompensa proviene precisamente de hacer eso. Pero estar frente a una gran multitud enseñando o ir a un seminario y tener acceso instantáneo a una iglesia y un sueldo es muy tentador. ¿Y no querría Dios eso de todos modos? ¿Qué puede haber de malo en hacer el ministerio a la manera tradicional, la manera aceptada y habitual? ¿No querría Dios que hiciéramos cosas que son aceptables para una denominación o religión? Hacer las cosas de otra manera probablemente ni siquiera sea aceptable, ¿verdad?

Mateo 7:13-14 (NASB) dice: «*Entrad por la puerta estrecha, porque ancha es la puerta y espacioso el camino que lleva a la perdición, y muchos son los que entran por ella. Porque estrecha es la puerta y angosto el camino que lleva a la vida, y pocos son los que la hallan*».

El Señor dice: «*El camino ancho y la puerta ancha agradan a los hombres. De hecho, este es el camino establecido por los hombres según las costumbres de los hombres y del mundo. Estas personas no están dispuestas a seguir el Espíritu de Dios y, de hecho, han hecho las cosas a su manera durante tanto tiempo que ya ni siquiera oyen Su voz*».

Mateo 7:21 (NASB) dice: «*No todo el que me dice: «Señor, Señor», entrará en el reino de los cielos, sino el que hace la voluntad de Mi Padre que está en los cielos. Muchos Me dirán en aquel día: "Señor, Señor, ¿no profetizamos en Tu nombre, y en Tu nombre echamos fuera demonios, y en Tu nombre hicimos muchos milagros? Y entonces les declararé: «Nunca os conocí; apartaos de mí, vosotros que practicáis la maldad»».*

El Señor dice: *«Estos han amado más la alabanza de los hombres que la alabanza de Dios. Han predicado la sabiduría de los hombres y tienen una forma de piedad, pero sin poder. Sus ovejas son igualmente sin poder, y el que llaman su «fruto» no proviene del árbol bueno, aunque parezca «bonito». Estos estudian las Escrituras, pero ni siquiera se dan cuenta de que ellos mismos SON la reencarnación actual de los Fariseos, los sumos sacerdotes y los maestros de la Ley. ¡Son verdaderamente ciegos! ¡YO SOY ha hecho esto tan sencillo! Juan 17:3 dice: «Esta es la vida eterna: que te conozcan a Ti, el único Dios verdadero, y a Jesucristo, a quien Tú has enviado». Amén».*

El Criterio del Juicio Contra los Malvados es el Mismo Que se Aplicó a la Casa de Elí – 28 de febrero de 2024

Yo, (Kirk) recibí la instrucción de ir a 1 Samuel 3:14. Cuando lo hice, encontré que era el relato de Elí y sus dos hijos. *«Por eso he jurado a la casa de Elí que la iniquidad de la casa de Elí no será expiada jamás ni con sacrificios ni con ofrendas».*

«Profeta, prepara al pueblo para la cosecha de mil millones de almas. Prepáralos también para la recompensa del Señor, tanto para los justos como para los malvados. La iniquidad tiene su recompensa, al igual que la rectitud. Los hijos de Elí habían cometido graves inmoralidades e injusticias, y se les dio la oportunidad de arrepentirse. Pero la corrección de Elí cayó en oídos sordos, y el propio Elí permitió entonces su maldad. Además,

yo, el Señor, le había dicho a Elí que su casa iba a ser juzgada, pero aún así él no se arrepintió.

YO SOY voy a juzgar una vez más, tal como lo hice en la época de Elí. Hay quienes han vuelto a cometer graves actos de inmoralidad e injusticia contra Mi pueblo. También se les ha advertido, pero, al igual que Elí, han endurecido sus corazones. Para ellos, la recompensa será la misma que para la casa de Elí. Para ellos no hay expiación, ni sacrificio, ni ofrenda que pueda hacerse por ellos o por su casa.

Por lo tanto, debido a Mi gran amor por los que son Míos, yo les retribuiré, dice el Señor. Elí hizo la vista gorda ante lo que Ofni y Fineas estaban haciendo, a pesar de que tenía la autoridad para detenerlo. Por lo tanto, el criterio será el mismo en el tiempo de Mi Reinicio, e Icabod llegará a su fin para siempre en la tierra. Amén».

*Nota: La nuera de Elí entró en trabajo de parto cuando se enteró de que su marido y su suegro habían muerto y que el arca de Dios había sido capturada. Dio a luz a un hijo y lo llamó Icabod, que significa «sin gloria», porque la gloria se había apartado de Israel. (1 Samuel 4:19-22) El Señor está diciendo que después de Su justicia y durante Su Reinicio, la gloria de Dios nunca más partirá. La falta de gloria llegará a su fin para siempre en la tierra. ¡Porque la Gloria de Dios llenará la tierra! ¡Aleluya!

Obediencia, NO sacrificio – No me persigáis – 1 de marzo de 2024

Hoy el Señor dice que Él desea obediencia. No obediencia a las palabras escritas en un papel. Ni siquiera obediencia a un hombre o mujer de Dios. Tampoco desea que le persigamos. En cambio, Él desea una obediencia sencilla, como la que mencionó Jesús: «*Yo no puedo hacer nada por mí mismo; solo hago lo que veo hacer a mi Padre*».

Perseguir al Señor sin seguir realmente al Espíritu Santo es tomar lo que dicen las Escrituras y hacer tus propios juicios sobre lo que se dice en ellas. Esto es creer que estás haciendo Su voluntad sin saber realmente cuál es Su voluntad. Es hacer las buenas obras que se enumeran en las Escrituras sin la guía del Espíritu Santo. Sí, es gastar tu dinero dándolo a los necesitados sin el Espíritu de Dios, con el fin de ser amable o parecer amable con los necesitados, dándoles comida o refugio sin la guía del Espíritu de Dios.

Por ejemplo, puedes creer que Él aprueba los «viajes misioneros» a países pobres y, por lo tanto, «apoyas» a quienes hacen estas cosas, pero nunca le has pedido orientación al Espíritu Santo porque obviamente ves que estas cosas son por una buena causa. Te basas en versículos de las Escrituras que te parece que indican que «dar» significa que cada vez que entregas algo que te pertenece a otra persona de forma gratuita es algo bueno. Después de todo, ¡se supone que los cristianos deben ser amables! Sin embargo, inventar nuestras propias reglas sobre cómo dar nos lleva a problemas. El relato de Ananías y Safira da testimonio de ello.

Además, considera Mateo 6:1-4 que sigue. Habla de dar para ser visto por los hombres, y si haces esto, no tendrás recompensa por ello. Jesús dijo:

«Guardaos de hacer vuestras obras de caridad ante los hombres, para ser vistos por ellos. De lo contrario, no tendréis recompensa de vuestro Padre que está en los cielos. Por tanto, cuando hagas una obra de caridad, no hagas que suene la trompeta delante de ti, como hacen los hipócritas en las sinagogas y en las calles, para que los hombres los glorifiquen. De cierto os digo que ya tienen su recompensa. Pero cuando hagas una obra de caridad, no dejes que tu mano izquierda sepa lo que hace tu mano derecha, para que tu

obra de caridad sea en secreto; y tu Padre, que ve en lo secreto, te recompensará abiertamente».

Por lo tanto, aunque estés dando algo a una iglesia o a una causa muy buena, debe hacerse según la guía del Espíritu Santo. El diezmo que se enseña y se predica no puede agradar a Dios si se da al margen de la guía del Espíritu Santo. Ya no estamos bajo la ley cuando estamos en Cristo. Si Él guía a alguien a dar el diez por ciento, entonces debe hacerlo. Si no, entonces no debe hacerlo. ¡Las teologías, las doctrinas, los pastores, la ley e incluso las Escrituras no nos guían a toda la verdad! Si crees en lo que dicen las Escrituras, entonces crees que el Espíritu de La Verdad nos guía a toda la verdad, y Él nos convence de justicia, de pecado y de juicio.

Sí, el Espíritu Santo es Dios, y Jesús enseñó de Él que era tan importante que dijo que ¡era beneficioso para nosotros que Él (Jesús) se fuera y que el Espíritu Santo viniera¡. Como escribió el apóstol Pablo en 2 Corintios 3, realmente somos siervos de un nuevo pacto, no de la LETRA, sino del Espíritu. Porque la letra mata, pero el Espíritu da vida. (2 Corintios 3:6 dice: «... *quien también nos hizo aptos para ser ministros del nuevo pacto, no de la letra, sino del Espíritu; porque la letra mata, pero el Espíritu da vida*»). *Amén.*

BIOGRAFÍA DE LOS AUTORES

Biografía de los autores

TIFFANY ROOT y KIRK VANDEGUCHTE llevan a Jesús a las naciones a través del Ministerio Buscando la Gloria de Dios. Tienen un canal profético en YouTube y Rumble, que se puede encontrar en "Buscando la Gloria de Dios", y ofrecen devocionales diarios en sus canales SGGM DEVOTIONAL en YouTube y Rumble. El Señor ha dicho sobre el Ministerio Buscando la Gloria de Dios:

«El propósito del Ministerio Buscando la Gloria de Dios es albergar un movimiento del Espíritu de Dios. En este 'modelo', el ministerio quíntuple será el gobierno de la Iglesia. Quienes gobiernen serán siervos de todos, y no se enseñorearán de la congregación tal y como se hace hoy.

Este es un movimiento de discípulos que salen. Es un movimiento donde Jesucristo es central y, lo más importante, ¡donde el Espíritu de Cristo se eleva! En este movimiento, ¡FE se escribe RIESGO y riesgo se escribe ACCIÓN! Trabajar para el Señor, en obediencia al Espíritu, es normal, y la pereza y el quedarse sentado en las bancas son muy poco comunes.

"¿A qué iglesia perteneces?" Esta pregunta se desvanecerá en la era de las denominaciones y dejará de usarse, al menos no como ahora. Las personas serán miembros de la Iglesia Universal o no lo serán. Y aquellos quienes estén llenos del Espíritu se conocerán por el Espíritu de Dios.

Durante este tiempo, se cumplirá toda oración que haya sido hecha por la Iglesia alguna vez. ¡Todos los santos que alguna vez desearon ver una novia inmaculada para el Señor de todo verán sus oraciones fructificar durante este tiempo! Amén.»

Pueden encontrarse otros libros impresos en Amazon.com, haciendo una búsqueda rápida a nombre de "Tiffany Root". Entre ellos se incluyen: Las Profecías de Trump; La Revelación de Jesucristo y los Tiempos del Fin; Caminando con Dios: Devocional de 1 Año; Acelerando el Ritmo; Devocional de un Año; Corriendo libre, volumen 1 y 2 (semestral): Porque de tal manera amó Dios al mundo; ¿Cómo de fuerte puede rugir una libélula?, Problemas con los Pandas; y Pingüinos en la Antártida. También se incluyen el Manual del Apóstol y el Manual del Profeta, así como la Guía de Inicio de las Iglesias en Casas o Domésticas.

Originalmente todos fueron escritos en inglés pero el Espíritu Santo nos ha guiado a traducirlos al español junto con Él por amor a su pueblo hispanoparlante.

Visite www.sggm.world para obtener más información.

www.ingramcontent.com/pod-product-compliance
Lightning Source LLC
Chambersburg PA
CBHW060107170426
43198CB00010B/799